THE EXPLORATION FOR LEGISLATIVE TECHNOLOGY OF PUNISHMENT

蔡一军◎著

中国政法大学出版社

2020·北京

声　明　　1. 版权所有，侵权必究。

2. 如有缺页、倒装问题，由出版社负责退换。

图书在版编目（CIP）数据

刑罚立法技术初论/蔡一军著.—北京：中国政法大学出版社，2020.6
ISBN 978-7-5620-7370-3

Ⅰ.①刑…　Ⅱ.①蔡…　Ⅲ.①刑罚－立法－研究－中国　Ⅳ.①D924.02

中国版本图书馆CIP数据核字(2020)第100904号

出 版 者	中国政法大学出版社
地　　址	北京市海淀区西土城路25号
邮寄地址	北京100088 信箱8034分箱　邮编100088
网　　址	http://www.cuplpress.com（网络实名：中国政法大学出版社）
电　　话	010-58908289(编辑部) 58908334(邮购部)
承　　印	保定市中画美凯印刷有限公司
开　　本	650mm×960mm　1/16
印　　张	17.25
字　　数	220千字
版　　次	2020年6月第1版
印　　次	2020年6月第1次印刷
定　　价	69.00元

前　言 /Preface

　　在刑法中，定罪解决的是犯罪行为的定性问题，量刑解决的是行为人应受何刑罚的分量的问题。从刑法功能来看，定罪更多发挥的是教育、指引、评价功能，但是为了能达到一般预防和特殊预防的效果，这些功能需要专业人士对判决文书进行解读和对法条进行解释，即这是一个将法律从专业化传输为一般化的过程。而量刑相比较定罪更加容易达到一般预防和特殊预防的效果，所以量刑所蕴含的刑法意义能被更多的人接受。因此，刑罚的立法是否适当会直接影响到民众对刑法作用的感受。刑罚立法技术的研究要求刑罚内部保持协调，外部彰显罪责刑的一致。

　　本书是关于刑罚立法技术的研究，旨在分析刑罚立法技术的本体、刑罚立法技术与其他互涉因素的互动模式以及最终的归结点。刑罚的立法技术不是空泛的技术行为模式，如果法律层面的行为规制仅用外部框架控制，而没有价值内核，此种研究是无根据的。所以本书以外部关涉变量为相关指数，结合刑罚立法技术的价值内涵，以影响刑罚立法技术的导向——犯罪学的发展为起点，先将犯罪中与刑罚立法技术相关的要素做固定分析，以控制刑罚立法技术中的变量维度，再结合社会学、立法学中的研究成果，研究刑罚立法技术的价值提升、刑罚精细化、刑罚效果分析。

　　犯罪与刑罚是一对相互缠绕、不可剥离的概念，刑罚立法技术的偏离会使得犯罪犹如满溢之水，漫延得无边无际，因此，进行刑罚立法技术的研究是十分有必要的。刑罚是国家力量对犯罪势力的回击，刑罚以国家强制力为后盾，通过专门机关对犯罪行为人进行处罚。从这个角度来看，刑罚是国家权力对公民权利的剥夺。所以刑罚的立法技术如果失去理论的支持，就会盲目地压制犯罪，失去针对性。为了避免刑罚的立法技术失去方向，对于刑罚立法技术的研究就变得极为重要。刑罚立法技术的研究本质是刑罚权的适度性研究，刑罚权的触角太大，会使得人民的私权受到限缩，生活的安定感、幸福感下降。尤其是近年来对于风险刑法的研究不断推进，对于抽象的危险犯、过失犯的处罚增加，一般公民面对专业的法律问题深感困惑，刑罚的立法技术可从侧面将立法频率和处罚深度融合，降低国民的危机感。

但是刑罚不可抑制犯罪就没有存在的意义，刑罚与行政处罚不同，其作为一个后置性的手段，必须要严格控制其发动的必要性。基于此，刑罚的立法技术研究先要研究刑罚立法技术的必要条件，以防止其发动的恣意性。首先，刑罚立法技术作为一种客观物质条件，会约束刑罚立法，使其不被不良的价值观影响；其次，它能同诉讼法约束实体法那样，约束刑罚立法的运行过程；最后，刑罚的立法技术可以提高刑罚立法自我净化能力，其通过推动立法解释、司法解释的方式，弥补刑罚立法活动中的不足。

另外，刑罚的立法技术本身就是一个独立的科学体系，尤其在提倡司法独立的改革背景下，刑罚立法的偏倚会导致司法独立受到牵涉。刑罚立法技术的推进，能改变司法依赖立法的问题，刑罚立法技术提升了刑罚的合理化程度，并且通过刑罚条文的准确性、刑罚设置的专业性、刑罚表述的规范性，避免司法在裁量中陷入误区。

刑罚立法技术不是一成不变的，虽然我国在不同的社会形态下都有关于刑罚立法技术的建树，但是脱离时代发展的需求，仅探讨刑罚的规范化，会使刑罚立法技术失去滋养的根基。世界瞬息万变,唯有法律精神不灭不熄,刑罚的真谛不会因为社会环境的改变而湮灭,在司法改革的当下,刑罚立法技术应坚持古老的公平价值,扼住犯罪扩大的可能性,为司法改革提供净化过的环境。

在21世纪,对各种新兴权利的保护涌入视野,对于刑法如何在合理的价值尺度内调和惩罚犯罪与权利保护的问题需要更加严谨的态度。据此,刑罚立法技术的科学化应用是刑法保持自身正当性和优越性的重要方式。

首先,刑罚的立法技术是刑法适应社会发展的手段。刑法的规范范围需要与时俱进,可是刑法本身是具有稳定性的,在入罪的条件不变的情况下,刑罚的立法技术可以调和刑法灵活性与稳定性。在新的犯罪行为是已有犯罪构成的种类之一的情况下,刑罚的立法技术可以发挥完善刑罚体例的功能,在无需创造新的罪名时解决现实的需要。

其次,刑罚立法技术的应用是刑法对社会价值的取舍。刑法所保护的社会价值是多元的,但是刑法的谦抑性要求刑法对社会所存在的价值观不做过多的干涉,换句话说,刑法是在坚持社会观念多元化发展的基础上,挑选出伤害社会发展根基的价值观念进行遏制,比如,在民法中一般的不诚信行为就可以被认定为违反契约精神,但是在刑法中这种行为需要包含了欺诈的恶意才能被认定为诈骗。据此,刑罚的立法技术是体现出刑法"亲疏有别"的方式。刑罚的立法技术通过自身对刑罚种类的增设、轻重的设计,在刑法内部排列出一套有悖社会发展的社会观念。

最后,刑罚立法技术的应用是刑法作为后盾地位的保障。刑罚是调整社会最严厉的手段,当国家机关发动刑罚时,犯罪行为人面临的是财产权、人身权甚至生命权利的剥夺。最严厉的制裁手段一定需要最严格的制定标准,刑罚立法技术的研究是保障刑法正当性的技术支持。刑罚立法技术的研究不是在刑罚种类、刑罚轻重之间钻牛角尖,而是帮助刑罚的威慑力度与社会效果保持一个均衡的状态。一旦刑罚过于严厉,刑法就会从保护的后盾变为打击的工具,所以,确立刑罚立法技术的科学形象是维护刑法后盾地位的有效保障。

本书在研究方法上采用从宏观到微观的视角,从刑罚正当性的宏观视角出发,不断细化刑罚合理配置的具体方法。在前两章中,本书对刑罚立法技术的概念进行了深刻分析,在不同的语言维度解释了刑罚立法技术的内涵,在法语言学上找到了刑罚立法技术的涵涉范围。这两章主要是解释刑罚立法技术的学科定位和目前的学术发展状况,并且从刑法学、法理学、法伦理学、哲学和社会学的角度阐述了刑罚科学化的深层次依据,为全书建立了写作的范围和目标。第三章至第五章是本书的具体内容,这一部分主要阐述了有关刑罚立法技术的三个核心问题:其一,刑罚立法技术的理想范本是什么;其二,刑罚立法技术的价值指向是什么;其三,刑罚立法技术的建立需要哪些方法和考虑哪些相关因素。第一个问题解决的是刑罚立法技术的目标,即我们建立完善的刑罚立法技术是为了达到什么样的水平。第二个问题解决的是刑罚立法技术的正当性基础,只有明确了刑罚立法技术的价值取向,才能弄清楚一套科学的刑罚立法技术是为了保护什么。第三个问题是为了说明刑罚立法技术的运作需要哪些条件,这些条件包括客观条件,比如相关制度的建立、立法的改善等,也包括主观方面的树立正确的刑罚价值观。第三个问题是本书中最细节的地方,也可以说对这一个问题的分析是作者试图在构建刑罚立法技术运行的各种条件。因此,这一部分的内容比第一部分更加具体地塑造了作者理想化的刑罚立法技术体系,作者将这三个问题融入动态的刑罚运作,从刑罚基本原则的运用、刑罚的价值取向、刑罚的配置方法等多个具体的层面论述了刑罚立法技术的最终形态。本书的最后一章是对刑罚立法技术的评价,这一章对第二部分建立的刑罚立法技术体系进行反思,以明晰本书中建立的刑罚立法技术体系是否达到了第一部分中科学形态的标准。

蔡一军
2019 年 4 月 20 日

目录 / Contents

前　言 ………………………………………………………………… 1

导　言　刑罚的秩序 ………………………………………………… 1
  一、不同时代刑罚所建造的秩序 …………………………………… 1
    （一）不同时期的刑罚规定 ……………………………………… 2
    （二）不同时期的刑罚价值内核 ………………………………… 4
    （三）不同时期刑罚所期望建造的社会秩序 …………………… 6
  二、刑罚与社会秩序之间的关系 …………………………………… 9
    （一）刑罚是社会秩序建立的工具而不是目的 ………………… 9
    （二）一个国家刑罚的设置是社会秩序治理的
         风向标 ……………………………………………………… 11
    （三）刑罚的目的不应被社会目的同化 ………………………… 13
  三、未来刑罚在社会秩序运行中的作用 …………………………… 15
    （一）保护社会安全是刑罚的基础 ……………………………… 15
    （二）保护多元价值是刑罚功能的提升 ………………………… 16
    （三）刑罚是社会风险的控制方式之一 ………………………… 17

第一章　从功能论出发重塑刑罚立法技术的理论基础 ………… 19
  一、刑罚立法技术的理论现状 ……………………………………… 19
    （一）刑罚立法技术的概念纷争、研究意义与
         具体表现 …………………………………………………… 19

（二）刑罚立法技术的特征 ············· 25
　　（三）刑罚立法技术的学科定位 ·········· 29
二、刑罚立法技术的价值取向 ············· 32
　　（一）刑罚立法技术的科学化价值 ········ 33
　　（二）刑罚立法技术的规范化价值 ········ 36
　　（三）刑罚立法技术的法治化价值 ········ 39
三、刑罚立法技术的研究意义 ············· 41
　　（一）刑罚立法技术研究意义的总体内涵 ··· 41
　　（二）加强了刑罚立法的规范性构建 ······ 45
　　（三）保障了刑罚体系的科学性和及时性 ··· 49
　　（四）促进了立法稳定性与司法权的互动 ··· 52

第二章　入刑标准：刑罚立法的定质技术 ········ 55
一、犯罪化的理论基础与历史发展 ·········· 55
　　（一）犯罪化范围基本命题的引发 ········ 56
　　（二）效益评价：现实需要的理论回应 ···· 61
　　（三）刚性需求：立法科学化进程的迈进 ·· 64
二、中国面临的犯罪化问题 ··············· 83
　　（一）犯罪化呈现无限制扩张的发展趋势 ·· 84
　　（二）缺少切实可行的犯罪化准则 ········ 89
　　（三）犯罪化具有一定的盲目性 ·········· 94
三、我国应有的犯罪化标准 ··············· 97

第三章　刑罚衔接：刑罚立法的定量技术 ······· 105
一、刑罚立法衔接的理论基础 ············ 105
　　（一）刑罚正义价值是刑罚的最高价值 ··· 105
　　（二）罪刑对应是刑罚正义的基本表现 ··· 109
　　（三）刑罚阶梯是实现罪刑对应的前提条件 ··· 113

二、刑罚立法的内部衔接技术 ……………………………… 116
　　（一）生刑与死刑的衔接技术 ……………………… 117
　　（二）主刑、附加刑之间的衔接 …………………… 119
　　（三）法定刑与执行刑的衔接技术 ………………… 133
三、刑罚立法的外部衔接技术与制度填补 ………………… 136
　　（一）惩罚体系完整的需要：刑罚与行政罚的
　　　　　合理关系 ……………………………………… 136
　　（二）断裂与失位：劳动教养制度废止后的空白 … 139
　　（三）制度填补：中国轻罪制度的确立与构建 …… 142

第四章　罪刑对应：刑罚立法的评价技术 ……………… 145
一、罪刑对应的逻辑结构 …………………………………… 145
　　（一）刑罚立法与罪刑对应的关系 ………………… 145
　　（二）罪刑关系的理论回溯 ………………………… 146
　　（三）刑罚立法中罪刑对应的逻辑结构 …………… 150
　　（四）刑罚立法的价值以及立法价值的取向和依据 … 152
二、罪刑基准的确立理论与要素精细化 …………………… 164
　　（一）以犯罪为基准的理论梳理 …………………… 164
　　（二）犯罪客观危害评价要素的精细化分析 ……… 169
　　（三）以犯罪人为基准的理论考据与要素分析 …… 174
　　（四）以外部客观情况为基准的要素分析 ………… 181
三、罪刑对应模式的选择 …………………………………… 197
　　（一）罪刑对应模式 ………………………………… 197
　　（二）罪刑均衡原则与刑罚个别化原则关系之争论 … 202
　　（三）系统中心论：罪刑对应模式的最佳选择 …… 205

第五章　目的融贯：刑罚立法的反思与评估 ………… 209
一、刑罚动态运行的目的偏移与刚性流失 ………… 210
（一）刑罚立法中，刑罚目的的横向整合模式缺乏共识 ………… 211
（二）刑罚裁量中，刑罚个别化目的难以实现 ………… 215
（三）刑罚执行中，刑罚刚性出现严重流失 ………… 218
二、刑罚效果，立法预期与国民期待的差异 ………… 222
（一）立法预期、国民预测性是刑罚立法目的的重要内容 ………… 222
（二）刑罚效果违背国民预期幅度影响刑罚价值的体现 ………… 225
（三）立法效果是否达成关乎刑罚的正当性 ………… 230
三、刑罚分隔化运行的制度风险 ………… 233
（一）主体立场不一导致刑罚价值诉求的动态变化 … 234
（二）人格评估技术缺失导致刑罚目的的阶段性偏移 ………… 236
（三）制度理念多元导致刑罚执行变更的定位偏差 … 239
四、社会风险增加导致刑的精确度严格化 ………… 241
（一）行政职能不同所带来的冲突导致立法滞后和立法模糊 ………… 241
（二）社会舆论对于刑罚立法的不良影响 ………… 243
（三）特殊个案所导致的失衡 ………… 246
五、刑罚纵向运行的融贯技术与制度保障 ………… 252
（一）目的融贯 ………… 252
（二）方法融贯 ………… 255
（三）价值融贯 ………… 258

导　言
刑罚的秩序

刑罚是个听起来庄严又肃穆的词汇，不论东方还是西方，在古代，刑罚总是和威吓、惩罚甚至是暴虐相联系。遥远时代的刑罚，就像是权力者手中的鞭子，奴役和压制是当权者最主要的愿望。近现代思想解放之后，随着权利意识的觉醒，思想的先驱们为了将权利的内容固定下来，开始探讨法的目的是什么，什么是法治社会，刑罚的正当性等问题。于是刑罚的尺度从同态复仇转变为抽象的等量平衡，再到再社会化。从刑罚的衡量方式的变化，我们可以看出不同社会的刑罚追求的目的和渴望建立的秩序是不同的，刑罚究竟为谁服务，刑罚预想的社会是否符合时代进程，是否在历史的长河中留下了鲜明的印记。

一、不同时代刑罚所建造的秩序

刑罚的发展史是非常矛盾的，刑罚的发展内容中总是逃不开复仇的观念。在古代，肉刑的适用范围、程度就带着浓厚的复仇观，比如中国古代的刖刑，古西方火刑以及古兰经中的投石；在现代，关于死刑的废除和死刑执行方式的争议都有复仇的色彩，比如绞刑、水刑、注射、枪决哪个更人性化的问题。这说明，在犯罪中，人们对刑罚的有效性判断是带有主观色彩的，这不仅是某一个国家和地区的特征,在世界范围内都是如此。

不同国家和地域有着不同的地理环境、文明、经济、政治,但是世界范围内的刑罚在种类上却有相似性。这不仅是因为近现代航海技术的发展带来的世界交流的进步,在闭塞的时代刑罚的内容也表现出了相当多的一致,比如世界范围内都有削足、焚烧等残酷的刑罚,且打击盗窃、破坏婚姻、叛乱等行为都是各个国家刑法的基本内容。这些情况足以说明刑罚在不同地域具有相同的功能,并且在不同时期有明确内核,这个内核是关于刑罚期望建造什么样的社会秩序。

(一) 不同时期的刑罚规定

刑罚形成的初期,人们的意识还是建立在直观的经验观察上的,经过粗略的总结,人们认为"以牙还牙"、同态复仇的方式是符合刑罚的奥义的。那个时期,刑罚是用来偿还受损失的一方,弥补的意义大于惩罚,而公平的早期内涵也只是绝对公平,在刑罚观的早期雏形里,刑罚的内容是简单、直观的。这主要是因为在奴隶社会及之前,人们对于社会的形态、生存方式都是在摸索的,生产力低下导致所有的东西都弥足珍贵。在刑罚的立法方式上,由于奴隶主制度,立法和法律条文在早期都是隐蔽的,后期中国有子产铸刑鼎,西方有十二铜表法,可是立法过程仍是不公开的。这个时期的刑罚内容非常细化,犯罪行为、情节基本是犯罪事实描述,且罪名都是社会上正在发生的事实。在刑罚的地位上,由于等级观念,人有时候等同于劳动工具,尤其是奴隶,所以在刑罚的内容上,人的身体、意识是可以用简单、粗暴的方式处置的。

到了封建时期,社会的基本生活方式已经稳定下来,人类的文明有了一定的发展,刑罚观念逐渐对人和物做出了区分。但是这一时期,由于社会本质特征的束缚,仍然带有较强的等级观、性别观,只不过特权范围缩小,刑罚大体上适用于社会大多数成员。除此之外,在刑罚的立法方式上有专门化的雏形,中国有专门的官员制定刑律,西方也有固定的程序。这时的刑罚内容是公开的,立法过程是封闭的,也是可以随意更改的,这个时期的刑罚立法开始由具象走向抽象。在中国,古代君王享有立法权、最高行政权,所以刑罚和行政法规是含混不清的,刑罚可以根据行政的需要改变。西方虽然君主和教皇并存,教权和皇权相互斗争,但是二者在本质上都是封建地主阶级,二者的斗争丝毫不影响在刑罚立法上呈现专制、易变的特征。在刑罚的内容上,封建社会前期肉刑仍占主要地位,无论是出于君主的威慑目的还是抚慰受害人,折磨和痛苦都是刑罚的主要内容。在中国,虽然在魏晋时期就出现了缇萦救父废肉刑的实践,可是此次立法只不过是改变了行刑的方式,并且行刑之后刑罚的内容确是加重了的。到了明朝,明大典的刑罚更是严重至极,甚至创造了许多新的刑罚,整部法典都表现出了对罪犯的折磨。

到了近现代资产阶级的崛起,西方先于东方开始了思想启蒙。西方提出了平等、理性的观念,在刑罚上要求执行方式摆脱血腥、残忍。这时法学家们提出了很多观念来将刑罚由直接的身体折磨转向精神方面,比如在"罪刑法定原则"的实质性要求中提出刑罚的适当,对于自由刑的适用范围扩大,财产刑的适用研究加深。在这个时期,对于死刑的讨论很热烈,有许多国家基于这个时期的研究理论废除了死刑。不过,死刑的废立呈现往返的状态,有许多国家基于学术理论废除了死刑,废除之后却找不到死刑的替代品,长期的监禁刑不仅增加了财政负担,也更像罪犯的长期饭票,这不仅让民众们无法理解,而且让罪犯们有恃无恐。所以,很多国家又启用了死刑,为了平衡死刑的优点和缺点,很多国家选择在死刑的适用率上进行克制。另外,在这个时期,刑罚的执行更加多元化,刑罚的立法是公开的、民主的,人的意识、感受、作用在刑罚的立法中占有大量地位,最显著的特征是关注人的再社会化。

到了21世纪,刑罚的立法开始世界化。跨国犯罪日益增多,各个国家为了加强国际合作,在刑罚的内容上保持相对一致,大多数国家的刑罚内容由自由刑、财产刑和生命刑构成。另外,刑罚的内容具有更强的针对性、未来性,人的价值、环境保护、社会安全融入了立法。刑罚的内容更加丰富,刑罚的执行方式由监狱转向社会。如今,刑罚的功能开始摆脱补偿、惩罚、报复等色彩,刑罚更多地注重预防、稳定、教化、回归等内容。

(二) 不同时期的刑罚价值内核

刑罚的内容在不同时期表现出不同的特征,这些特征在时间上相互影响、继承,最终形成了刑罚的价值内核。刑罚是一定历史时期的产物,不同的社会形态需要不同的刑罚,当社会形态发生改变,刑罚在内容、目的等方面会发生新的改变,从而与新的社会形态相呼应。

在奴隶制社会中,刑罚的内容多体现为等量互换,在刑罚的效果上追求绝对公平。但是,奴隶制社会是特权社会,每一个阶层的公平是不同的,比如奴隶伤害奴隶与奴隶伤害奴隶主是适用不同的刑罚的。据此,奴隶制社会是公开宣扬特权主义的,并且在刑罚制度中通过暴力手段来维护这种社会秩序。奴隶制社会的刑罚是以数量上的公平追求不公平的效益,在价值上崇尚野蛮、专断、神秘。

到了封建社会,社会整体的水平相对于奴隶制社会有了很大的提高,人们开始讨论刑罚的正当性、刑罚的执行方式、刑罚的效果等问题。在这个时期,刑罚的价值仍然与政治目的紧密联系在一起。因此,封建时期的刑罚是很复杂的,封建地主为了保持农民与土地的关系会提倡减少对劳动力的伤害,这也使得封建刑罚相对于奴隶制刑罚减少了肉刑，增加了人身性质的刑罚，比如监禁刑、徒刑等。但是为了压制农民的反抗，封建主又会制定一系列残忍的刑罚去震慑。与前述奴隶制社会相比，封建时期的刑罚为维护国家稳定的目的更突出。在价值上，封建时期的刑罚保持了压制、专制的特征，不过因为生产力发展的需要，封建刑罚更注重社会保持稳定，而不是绝对的压制。封建主在刑罚的价值选择上更加复杂，除了稳固统治之外，还会考虑到自然环境、经济发展、民族文化等因素，刑罚虽然仍显示为特权色彩，不过在这些因素的影响下，公平的范围开始扩大到一般公民，或者说公民的范围有所扩大。

17世纪之后，随着哲学、法学、政治学、社会学的发展，刑罚被要求符合人类文明的需要，这一时期刑罚不仅要求在身体上减少对人的折磨，在精神上也要求执行方式的改善。可惜，这一时期正处于第一次世界大战和第二次世界大战，战争很快地摧毁了人们对于刑罚的克制。在战争中，很多惨无人道的刑罚被用来处罚异己，刑罚权的发动简单、快速且没有追责程序。在战争结束之后，人们开始反思刑罚的威力，如何降低国家权力的滥用和少数派的集中是一项重要的议题。刑罚的制定如何更加科学化、民主化、人性化是二战后刑罚价值的重要内容，同时，人们开始接受犯罪是不可被消灭的这一命题。在社会法学派的观点里，犯罪是社会中一种现象，在一定的社会承受范围内，犯罪的发生是合理的，刑罚的主要任务是将犯罪控制在社会可承受的范围之内。

19世纪之后，刑罚的价值呈现多元化的状态。首先，法学派复兴和新兴法学派增多，这导致刑罚的学术观点日益增多，每个学派从自己的价值立场上提出了对刑罚的论述，这也使得刑罚的惩罚范围和保护范围争议增大。其次，在刑罚经历的压制、扩张、抑制之后，法学家们希望更深层次地挖掘刑罚的正当性问题，刑罚正义的独特性价值得以彰显。最后，刑罚与行政强制措施、保安处分措施的关系得到重视,刑罚不再要求效率、快速,刑罚的设定开始定位于未来。除了上述特征之外,刑罚价值呈现很多矛盾性,预防和防止权力扩张相对、社会矫正与回归和安全相对、财产刑的扩大适用与富人特权相对,这些矛盾相互辩论,帮助人们在矛盾中认识刑罚的真正价值。

(三) 不同时期刑罚所期望建造的社会秩序

不同社会时期的刑罚具有不同的内容特征和价值选择,这些内容特征和价值选择并不一定是相匹配的,一国选择的刑罚内容和价值代表的是应然层面,而一国基于刑罚措施创造的社会秩序则是实然层面的,二者之间的差异受制于国家的物质基础、地理环境、文化习惯、法律传统等。据此,一国选择的刑罚模式并不一定能够创造出立法者理想的社会秩序,而刑罚背后的理想社会秩序将通往什么地方也是值得关注的。

刑罚所期望创造的社会秩序和刑罚实际创造的社会秩序代表了刑罚的效率,即使在目前看来不正义的刑罚观,在某个特殊的时期也创造了积极的影响,所以刑罚维护的社会秩序仍然要放入特定的时期去讨论。另外,刑罚是有一定的历史使命的,每个历史时期的刑罚承担了不同的任务,因此,刑罚所想创造的社会秩序是刑罚的历史使命,是立法者的综合目的。

在奴隶制社会时期,公民的范围是有限的,对奴隶主来说,奴隶是财产,是同牲畜、车具一样的生产工具,在生产力特别低下的时代,奴隶的社会地位甚至低于牛、马车等劳动工具和运输工具。在这个时期,极少数贵族、奴隶主占有社会大量的财富,成百的奴隶、牲畜供养一个或者几十个奴隶主,所以奴隶主渴望保持这种极端的不平衡。但是,奴隶社会处于人类文明发展的早期,人们对如何维持和运作一个社会的认知仍然不足,奴隶主虽然已经认识到建立规范与秩序的重要性,但他们却很难阐述清楚规制的原理、运行方式和后果,于是奴隶社会的法律早期是公开的,而公开之后的法律则是以描述事实为基础的。这个时期的理想社会秩序很容易从法律描述的事实去探究,比如《十二铜表法》第二表中家属终身在家长权的支配下。家长得监察之、殴打之、使作苦役,甚至出卖之或杀死之;纵使子孙担任了国家高级公职的亦同。这个时期的法律主张的社会秩序主要有以下几点:①维护奴隶主的特权,强调奴隶主特权的合理性。②部分保护奴隶的内容是因为直接侵犯了奴隶主的利益,并且此部分内容很少用刑罚解决,大部分严重侵犯奴隶的行为会折抵为物质赔偿,比如杀死奴隶补偿财产。即使是特别严重的侵害奴隶的利益,以至于造成奴隶主重大损失的情况也不会以肉刑解决,而是使用罚金刑。③这个时期的刑罚侧重于对社会风俗的保护,因此在性别、年龄和身份上体现出差别对待,比如,女性在婚内有越轨行为和男性的处罚不同,并且对婚姻的保护非常严苛,对破坏婚姻的行为会使用死刑。④这个时期的刑罚没有独立价值,刑罚可以用来解决一切问题,刑罚是社会控制的主要手段。综合以上几点,奴隶制社会的刑罚期望达到的社会效果是在保持国家现有民族习惯的基础上强调奴隶主利益,并且要求受压迫人民继续帮助奴隶主获得利益的社会运作情况。

到了封建社会上述某些情况已经发生了改变。首先,随着生产力的发展,封建地主对佃农的支配关系是建立在契约上的。奴隶主与奴隶的关系是绝对特权,即二者的不平等的根源在于奴隶是物,所以奴隶主在人身和财产上都是高于奴隶的。但是,地主与农民是契约关系,地主将自己的土地租给农民耕种,并且通过增长租金的方式压迫佃农。因此,地主与农民之间的不平等主要是财产上的不平等,农民与地主之间的人身依附关系是建立在土地上的,所以在农民可以满足租金的要求时,二者之间没有支配关系。据此,封建社会的刑罚主要是保障地主在财产上的绝对优势。

不过，这个时期的刑罚仍然保留了奴隶制社会的一些特征，比如同样关注对民族习惯和风俗的保护。这是因为在封建社会保持社会的稳定性需要保持民族习惯的稳定。这一时期民族的习惯调整的内容非常广泛，而且比法律更具有约束力，这时刑罚不需要对习惯的重要性进行强调，只需要保障习惯的延续即可。同时，这一时期各个国家都经历了国家建立、版图更替等，在保障一国的习惯之外，刑罚还有特殊的使命，即将自己国家的习惯发展到新的疆域中去。在这里可以看到许多特殊时期的刑罚规定，比如必须使用某一种文字，不得阅读某一种书籍等，刑罚可以基于特殊的目的对公民的生活进行干预。封建社会以农耕和游牧为主，基于这种生产习惯，国家刑罚对于破坏生产和侵犯财产的行为处罚重于奴隶制社会，封建社会渴望用刑罚建造一个保障社会生产、强化国家统治的地主特权社会。

经历了奴隶制社会与封建社会的压迫，16、17 世纪的东西方都开始转变思想，明末的黄宗羲提出了反对孔学的观点，认为"存天理，灭人欲"的观点是错误的，明朝盛行的程朱理学受到了批判。西方更是展开了程度更深、范围更广的思想启蒙。这个时期传统的封建国家统治观点受到挑战，刑罚有了非常重要的任务，就是维护统治。在中国，自主的思想启蒙在开始的时候就被遏制了，在这里刑罚起到了很大作用，在明末清初出现了一批思想家以破除不平等和儒家束缚为任务开启了对社会地位、合理权利内容等问题的讨论，但是这个时期的统治者对于思想的压迫是严厉的，通常会对他们处以死刑，这也导致这些思想家在思想启蒙方面只是提出了部分想法，而没有形成系统的理论和明确的观点。西方倡导思想进步的学者们同样受到了压迫，并且也被处以非常重的刑罚，比如火刑、公开处以断头等。不过西方的资本主义经济快速发展，资产阶级力量壮大，各个国家的思想解放成果迅速传播并得到了广泛的认同与支持。在这个时期，刑罚被用来作为克制社会转变的工具以维护即将结束的封建社会，也正是这个原因，在封建社会末期人们对刑罚权的内容展开了深入讨论。

到了资本主义发展的成熟时期，世界的社会制度开始多元化，这一时期并存着奴隶制、封建制、资本主义制度以及开始构建社会主义制度，刑罚在不同的国家有着不同的功能。另外，这个时期是社会发展的特殊时期，由于战争，很多社会问题在此时展现，这个时期刑罚担任两个任务，一是对战后社会秩序的重建，二是如何避免权力滥用的重演。战争波及了各种制度的国家，且每个国家都要求在战后尽快地恢复生产，增强国力，故在这个时期大多数民主国家对犯罪采取宽松的政策。

二、刑罚与社会秩序之间的关系

（一）刑罚是社会秩序建立的工具而不是目的

上文已经就不同社会的刑罚特征和不同时期的刑罚建造了什么样的社会做出了分析，这里很明显可以看出，不同的社会有不同的任务，根据国家不同的需要制定不同的刑罚。在和平年代，国家追求繁荣昌盛，因此对犯罪相对宽容，国家对刑罚效果的要求体现在效率高、能快速有效地遏制犯罪，这个时期着重适用自由刑甚至死刑，在财产刑方面习惯使用剥夺财产。在国力较弱的时期，国家一般采用休养生息的手段，这个时期对犯罪更注重成本，包括刑罚的成本和罪犯作为劳动力的成本，所以这个时期更多采用罚金刑和短期自由刑。

不论从社会的横向发展还是纵向发展来看，一国的社会秩序与刑罚之间的关系是非常紧密的，良好社会秩序的建造离不开刑罚的作用。其一，刑罚权的内容是多方面的，刑罚权丰富的内容导致它在国家治理中具有重要地位。刑罚权从权力的运行看来包括制刑权即刑罚立法权,刑罚裁判权即量刑权,行刑权即刑罚执行的权力,而上述这些权力的核心是一个国家如何构建刑罚发动的正当性。刑罚发动的正当性,对内要在法理上合乎法学的一般理论、法的正义、法存在的基础等,对外要符合一国的国家制度、政治体系、经济状况、社会秩序。在这个层面上看,刑罚权的建设之初就会把社会秩序包含的内容考虑在其中。其二,社会目的是刑罚目的之一。即使各个法学派都认为刑罚有不同的目的,但是为维护社会秩序服务必须是刑罚的任务之一,如《中华人民共和国刑法》(以下简称《刑法》)第2条明确规定:"中华人民共和国刑法的任务,是用刑罚同一切犯罪行为作斗争,以保卫国家安全,保卫人民民主专政的政权和社会主义制度,保护国有财产和劳动群众集体所有的财产,保护公民私人所有的财产,保护公民的人身权利、民主权利和其他权利,维护社会秩序、经济秩序,保障社会主义建设事业的顺利进行。"其三,刑罚是抑制手段,必须以社会秩序正常运行为限度。在社会治理中,刑罚是抑制某种行为发生的手段,刑罚通过弥补犯罪造成的损害,削弱、剥夺再犯罪的能力的方式来控制犯罪行为,因此,刑罚不仅是威吓,还有实质性的惩罚。这种惩罚是通过公权力的发动来限制犯罪人权利的扩张,所以刑罚的物质、精神力量都来源于社会。为了避免刑罚变成社会负担,防止刑罚成为社会犯罪的原因,刑罚的消耗应在社会承受的正常范围内,刑罚对社会的压力必须以社会正常运行为前提。

从积极的层面来讲,刑罚是为社会秩序服务的,刑罚不能罔顾社会秩序的状态来压制犯罪。如果在某个社会中,全体社会成员对于压制犯罪的态度是一致的,那么刑罚立法可以快速立法,精准打击。但是如果在一个社会中,社会成员的价值观是多元的,对于打击犯罪的态度不一,刑罚就需要综合社会秩序的运行状况加以考虑。在这之中,刑罚需要协调社会各方的利益、观点,还要搭配社会物质基础的发展状况,在刑罚立法之初,刑罚的立法动向就要为社会服务。另外,刑罚的效果是通过社会秩序的状况来回应的。除了与犯罪有着密切关系的人之外(这里着重指犯罪人及其亲属,受害人及其亲属,证人,司法工作者等亲历犯罪的人),大多数社会成员对刑罚的感知来源于社会秩序是否良好。假设一个社会里残酷的犯罪频发,人们会觉得刑罚的克制没有效果,如果一个社会秩序良好,人们对刑罚则保持认可的态度。

刑罚在社会秩序的运行中会产生负能量。立法者在设置刑罚时是期望帮助建立良好的社会秩序的,可是如上所述,刑罚是抑制手段,抑制手段具有明显的弊端。①抑制手段具有强制性,甚至具有暴力性,当刑罚在压制犯罪时会激起犯罪人的自主反抗,比如犯罪人在作案后往往选择逃匿,在抓捕过程中会抗拒抓捕等。这些反应和行为是由刑罚的震慑作用引起的,当一个人处在除犯罪既遂的任何阶段,这种震慑效果都能起到阻止犯罪既遂的作用,而在犯罪既遂之后,刑罚的震慑效果主要起到刺激犯罪行为人自首和坦白的作用。相反,如果一个人犯罪之后既遂之前没有主动停止犯罪的念头,并且既遂之后努力逃避法律的裁决,那么刑罚的残酷性就是加速他走向反社会的原因之一。②刑罚会剥夺犯罪行为人享有的部分权利,权利的丧失会导致犯罪行为人不能进行某些行为,从而产生不平等情绪。刑罚通过剥夺人的某些权利去惩罚犯罪行为人,削弱其财产会影响犯罪分子的生活水平,限制其自由会影响犯罪分子的活动范围,限制其资格会降低犯罪分子的社会评价,剥夺其生命会终结犯罪分子的一生。对犯罪分子而言,不论哪一种结果都会造成其享有的权利种类、质量的减少,对比社会其他成员,在社会地位上是不平等的,这些不平等会导致犯罪分子憎恶刑罚、憎恶规制、憎恶秩序。

(二) 一个国家刑罚的设置是社会秩序治理的风向标

刑罚的宽严程度是根据社会发展需要来确定的,为了满足社会发展的不同情形需要，刑罚在控制宽严程度上设置了很多内容，包括：入罪标准、法定刑幅度、附加刑、数个刑罚之间的关系（吸收、并科、限制加重）、缓刑和假释的适用范围、考察期等。从刑罚的基本内容看，入罪标准和法定刑是每个个罪的基本搭配（本书把入罪标准放入刑罚中讨论，是认为先有入罪才能适用刑罚），个罪的犯罪构成又严格区分了刑法保护的法益，社会秩序属于法益范畴，刑罚与社会秩序的关系如下图所示。

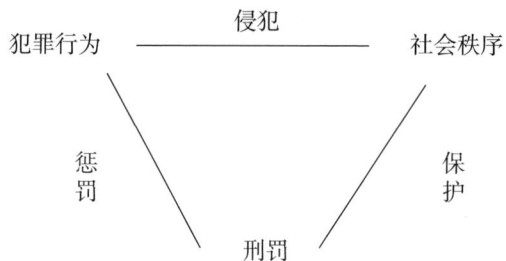

假设社会关系遭到犯罪行为的破坏，刑法会设置罪名 A 去保护社会关系，这里假设罪名 A 的法定刑是 B，根据前述，一个刑罚的严苛程度还包括其他内容，这里假设附加刑、数个刑罚之间的关系（吸收、并科、限制加重）、缓刑和假释的适用范围、考察期等为 C、D、E、F、G，因此，我们可以得出罪名 A1＝B1＋C1＋D1＋E1＋F1＋G1，A2＝B2＋C2，A3＝B3＋C3＋E3……另外，关于刑罚严苛程度的标准这里将它设置为 K，K1、K2、K3 的关系应当是先评价 A、B、C、D、E、F、G 是否齐全，在齐全的情况下，再判断 A1、A2、A3 的大小，B1、B2、B3 的大小，C1、C2、C3 的大小。当不齐全的情况下，应当判断哪个的主刑更多，再判断附加刑的种类，最后再判断刑罚解除的条件。

从以上分析可以看出，社会关系被破坏的程度可以通过刑种、刑期、刑罚解除的困难程度反映，假设最后衡量出来的结果是 K1＞K2＞K3，这就说明从社会关系被破坏的程度来看 A1＞A2＞A3，

A1 所保护的社会秩序需要的保护程度最高，也是目前社会发展最重要的社会关系。

另外，一国刑罚中 C、D、E、F、G 的设置情况也是社会秩序发展的显现。首先，刑罚中设置 C、D、E、F、G 是犯罪的特殊规定，比如有的情形适用缓刑而特殊累犯不适用，有的数罪之间适用并科原则，有的则适用吸收原则，这些因素是根据犯罪的特征来定的。而 C、D、E、F、G 的分类越细化，越详尽，就说明国家在打击犯罪时更有针对性，一国的社会治理思路更清晰。其次，C、D、E、F、G 的适用可能是不同的国家机关在执行，比如缓刑有专门的机关执行，未成年人的附条件不起诉有专门的机关执行（附条件不起诉可以视作未成年人刑罚执行的考察期），这就说明国家机关在设置时分工明确，这些国家机关不仅是在保障刑罚的实施，也是在防止犯罪分子进入社会后再破坏社会秩序。从这个角度来看，刑罚的搭配越精细，一国的社会对犯罪的再改造程度就越高。最后，一国对刑罚严苛程度 K 的评估因素越丰富，衡量指标越具体，这就说明社会对刑罚的科学性要求越高，反过来，刑罚在社会治理中的作用就越明显。从前述可知，K 中除了 A、B 之外，其他要素是根据犯罪的危害程度、犯罪行为人的可矫正程度、犯罪的特殊状况（如行为人的年龄、其他介入因素、行为人的精神状况、被害人因素等）来搭配的，K 所对应的具体犯罪事实和抽象的处罚原则都不是固定的，也就是说 K 设置的初衷就是使法定刑符合复杂的社会行为、社会关系的。当 K 的内容越丰富，K 的功能就越贴近其保护的法益，即特殊法益的特殊保护是完善的。从上图出发，社会中的法益被保护的程度越高，刑罚在社会中的作用就越强，刑罚对社会秩序的维护程度就越高。

（三）刑罚的目的不应被社会目的同化

刑罚与社会的关系是非常紧密的，一方面，没有良好的社会秩序作为基地，刑罚很难被有效实施；另一方面，社会中存在的犯罪需要靠刑罚规制。另外，二者在其他方面的目标也具有一致性，如保护一国的文化、环境资源保护、人口素质的提高等。不过前述已经介绍，刑罚的正当性来源是其本身的正义，而不是其功能的显现。刑罚的功能与作用是凸显其正义的结果，而正义本身是抽象的、内敛的。在此，刑罚的目的与社会目的虽然有一致性，但也无法被吸收和同化，因为二者在价值选择、内在理论、存在的条件方面都是不一样的。

抛开刑罚和社会运作的个性，单独只说刑罚的任务，社会保护也只是刑罚目的的一个方面。刑法保护的整体法益是抽象的，所以其设置个罪来细化法益的层次、特征以及将侵害法益的行为加以提炼来更加精准地保护法益。所以，刑罚的根本目的是保护法益，在刑法中，关于犯罪的条文是解释什么样的行为伤害了法益，而刑罚则是告诉人们伤害法益的后果。刑罚对社会秩序的保障以及对社会治理的促进是它在保护法益的过程中产生的附加效益。如果将刑罚的目的和社会治理的目的合二为一，刑罚的方向就会发生偏倚。这对刑罚来说是非常可怕的，刑罚如果不经历慎重的程序而追求高效、均衡会失去裁判法则的公允，如果社会治理追求压制、严肃，也会失去其协调各方的优势。

因此，社会功能不是刑罚的唯一目的，刑罚也不能成为社会治理的主要手段，二者各有核心和重点，二者主次颠倒会导致社会治理的失衡和国家法治的混乱。一国的内部管理有不同的系统，社会治理手段和法制运行的错位会将国家的已经明确分工的权力混淆，国家内部的权力集中于一个机关、一个部门，国内的权力行使会专断。

三、未来刑罚在社会秩序运行中的作用

现在刑罚的发展已经非常完善了，目前刑罚的研究主要集中在刑罚理论的真理探究和刑罚执行的适当性，刑罚在整体上框架已经成熟，与其他学科的关系也十分融洽，并且能够在学科研究中彰显自己的独特定位。在未来社会秩序的建立和治理中，刑罚必然发挥更重要的作用，但是更重要的作用并不一定是占主要分量的作用，刑罚需要恪尽职守地做好分内工作，之后再发挥其特殊性价值。

（一）保护社会安全是刑罚的基础

刑罚设置的初衷是抑制犯罪，维护社会稳定，在任何时期刑罚都不应该放弃它保护社会安全的功能。虽然，现代社会人们普遍有了很高的教育水平，对人身、财产、秩序的理解提高到了更深的层次，人们对于法治、规范都有了认同，但是社会矛盾是无法消灭的。

在当今社会中依然还有传统的生存、文化的冲突，因此传统的犯罪仍然是存在的，只不过随着社会生活的改变，犯罪行为形式可能发生改变，但是其本质仍是犯罪。另外，社会发展的加速，导致社会经济、文化、观念的分层，社会矛盾增多。除了外在的原因，人类本身动物属性也会激发犯罪。虽然人类通过文化教养已经形成了文明社会，但是仍不排除通过暴力方式解决问题，特别是暴力方式往往比文明的方式更高效，能更快地满足犯罪行为人的欲望。

正是文明社会的形成使人们对安全价值的渴望更加突出。文明的社会要求解决冲突的途径更加规范，法律设置了专门的程序和

结果来保障冲突的有效解决。人们在法律的制定中达成了解决冲突的共识，并且也承认了相应机关的处理权限，因此，从这个角度来看，人们在法律制定的过程中割舍了一部分解决方式，比如被诈骗之后不得通过抢劫的方式转移财产。这就意味着法律的执行达到很好的效果，人们对生活的安全感才能得到保护。不过，人们放弃了更加快速解决问题的方法也会对法律抱有更高的期待，在刑罚方面的最突出的表现就是渴望刑罚消灭残忍的犯罪。特别是在死刑慎用的时期，人们仍然希望刑罚能够达到"一命还一命"的效果，这不仅是对受害人的补偿，也是彻底消除犯罪行为人再犯的可能性。

所以，不论刑罚如何改变其执行方式，保护社会安全仍然是其使命。如今，刑罚在执行方式人性化，刑罚设置科学化上进行了深入探讨，刑罚的轻缓化也有了深度的研究，只是无论怎么改变刑罚的外在，其内在的安全价值不可抛弃。

（二）保护多元价值是刑罚功能的提升

刑法立法将立法者认为应当作为犯罪的行为归纳出来，并为其设置符合其规制程度的刑罚，在刑法立法的过程来看，刑法先对某些行为做出了否定评价，将其认定为犯罪行为，之后再为其配置刑罚，刑法在立法之初就对行为的好坏做出了判断，它将严重危害社会的行为定义为犯罪，并为其设置刑罚。

刑法挑选犯罪行为的过程实质是价值评价和价值选择的过程，这其中有人类发展永恒的价值观，也有一些随着社会发展而树立起来的价值观。刑罚也需要根据价值观念的变化来协调处罚的程度，这样才能保障刑罚设置的科学化。因为刑罚是在入罪标准之后的，入罪标准对行为做出了犯罪化的评价，刑罚才会对其作出是否处罚，做何种处罚的评价，既此，刑罚不能偏离入罪化的价值标准。而入罪化的评价是与时俱进的，入罪化一旦脱离社会的价值体系就会导致刑罚的对错和人们认知的对错有偏差，刑法不仅失去了社会的认可变得无效，也会难以发挥其教育、指导、引导、强制、评价的社会作用。

（三）刑罚是社会风险的控制方式之一

在风险社会，风险是突发的、多变的、不确定性的，风险的衡量和预防也成为一个难题，人们对未知的恐惧较多地来源于对危险的认知不足和对危险的克制无能，刑法为了保护社会发展了风险刑法的理论，其中突破了刑法很多传统理论，危险犯的提倡与运用也遇到了很多争议，风险刑法会不会变成危险刑法成为刑法的风险之一。

假设刑法本身的法益保护范围随着风险社会的变化而变化，这就意味着刑法的法益是不确定的，刑法克制的对象是突发的，受害规模是不确定的，甚至受害对象、行为手段、犯罪构成的要素都可能是较为模糊和不完整的。在此时，刑罚需要调整自身的优势和弊端来与犯罪的理论协调。刑法中犯罪的理论跟随风险刑法提出了对非既遂犯的处罚，刑罚则要相应地对预备犯、中止犯和未遂犯的处罚做区别对待，比如我国《刑法》第23条规定："已经着手实行犯罪，由于犯罪分子意志以外的原因而未得逞的，是犯罪未遂。对于未遂犯，可以比照既遂犯从轻或者减轻处罚。"

另外，社会发展代表的是整体主体的进步，对犯罪的特殊情况如身份、性别差异、特殊年龄、特殊身体状况的矫正情况应当做出改善，我国近年来已经在这几个方面做出了比较大的调整，比如《刑法修正案（八）》和《刑法修正案（九）》都对其做出了规定。但是，刑法的发展仍然面临特殊主体的挑战，比如在青少年建立世界观、价值观、人生观时，这批三观未完全建立的行为主体却受到了各种外界因素的影响，《刑法》在面对犯罪低龄化和低龄化犯罪残暴化的问题上是否需要作出调整。

有基于此,刑法在风险社会面临了行为主体和法益保护的多重问题,而自身弊端的发展和外在挑战的克服要求它发挥犯罪化和刑罚的不同优势,这时犯罪化和刑罚的灵活性就得到了不同的体现。刑罚对于法益伤害大、持续长、毁灭性高的行为侧重于严惩,以达到即使是生活中常见情形下的行为都可以被立即制止,或者说这种生活中存在的行为被严惩是人们可以接受的,比如酒驾、醉驾。除此之外,对于特殊行为的处理是符合社会发展需要的,如预备犯的处罚、帮助犯的正犯化等。这些类别化的行为应当如何处罚需要严格考究其犯罪化的合理性,然后根据这些行为与刑法中已经存在的类别行为的关系进行处罚,比如预备犯与既遂犯的关系,帮助犯与正犯的关系等。

在未来,刑罚仍然是法律体系内控制社会风险的最严厉手段,这是由刑罚在法律体系内的定位决定的。刑罚作为最严厉的手段需要调整自己的行使方式和程度,因为刑罚的最严厉是由刑罚在法律体系内的严厉程度界定的,而不是说每个罪名都要以严厉的刑罚为特征。也就是说,除了与犯罪的规定相配合之外,刑罚的轻缓也需要根据社会对风险的反应做出区分。社会对风险的承受力度、接纳程度、消解方式都是影响刑罚轻缓的因素之一,刑罚对社会风险的防范一方面是使风险不发生或者小规模发生以造成小的法益损失或者没有法益损失,另一方面,刑罚通过调整社会对风险的承受方式、解决方法和对风险后果的评估,加速社会适应风险,以提高社会抵抗风险的能力。

刑罚在社会中的作用是非常重要的,刑罚帮助部落在分散时期组成社会;在社会初建时期形成秩序使人们形成社会生活;在社会发展时期建立社会规模,为社会的物质和精神积累创造好的环境;在社会转型时期,刑罚也能形成符合新的社会类型的法的精神和执行方式,帮助新的社会建立。

第一章
从功能论出发重塑刑罚立法技术的理论基础

一、刑罚立法技术的理论现状

（一）刑罚立法技术的概念纷争、研究意义与具体表现

研究的前提在于概念的轮廓，对概念界定不同，讨论的问题也各自相异，讨论范围自也不同。对于刑罚立法技术这一概念，国外的相关研究较少。[1]

一般认为，刑罚分配（how to punish）与刑罚的正当性（why punish）是刑罚学的两个基本理论问题，并且刑罚分配理论取决于刑罚正当性理论，即不同的正当性理论对刑罚如何分配有不同见解，在理论论证路径上表现为刑罚的正当性—刑罚的目的—刑罚目的的实现。刑罚目的的实现主要依赖三个阶段：刑罚制定阶段、刑罚裁量阶段及刑罚执行阶段，而刑罚立法技术就是指在刑罚制定阶段也即刑罚种类、刑度分配以及刑罚在各罪上的布置过程中所必须依赖的规范化、科学化、体系化的方法与技巧的总称。

刑罚立法技术依赖于刑罚立法的实践，但目前理论界对于刑罚

---

[1] 对于此现象，邱兴隆评价为："也许，这在论者本人看来，该概念的蕴涵不言自明，不需予以界定。"参见邱兴隆：《罪与罚讲演录》（第1卷·2000），中国检察出版社2000年版，第114页。

立法的基本外延并没有形成统一的认识。对于刑罚立法的关系范围问题，邱兴隆教授曾对刑罚过程提出了一个狭义的"制刑""动刑""配刑""量刑"的四大过程范畴，增加了哈特（H. L. A. Hart）的理论。在对哈特的刑罚分配理论研究的基础上，邱兴隆教授认为："由于财产的分配的类比中，哈特提出了刑罚的分配概念本身及其内涵。按他的界定，刑罚的分配指的便是受刑罚惩罚的资格——应动用刑罚与否，以及受多重的刑罚惩罚——应动用多重的刑罚。哈特的这种融配刑资格与配刑的分量于一体的配刑概念，可以称为广义的配刑概念。但是，正如哈特本人所指出的一样，资格问题与分量问题是应该区分的两个完全不同的问题。而且，在刑罚问题上，这种区分是极为重要的。所谓配刑的资格，是一个质的问题，对于国家来说指的是是否动用刑罚。而对于犯罪人来说，则指的是是否受刑罚惩罚。而所谓配刑的分量，则是一个量的问题，对于国家来说，指的是予以多重的刑罚，而对于犯罪人来说，指的是应受多重的刑罚。简言之，前者指的是是否分配刑罚，后者则是指分配多重的刑罚。然而，正如质与量虽然密不可分但二者是两个彼此独立的范畴一样，为了突出刑罚是否动用与动用多少这种质与量的区别，本文认为有必要提出一种窄义的配刑概念，以其限指配刑的分量问题，而以另一个概念来涵括配刑的资格问题。"

邱兴隆教授在《配刑辩》一文中进一步系统阐释了"配刑"概念与"制刑"的关系问题：首先，刑罚配置以解决罪刑关系的量为宗旨。罪刑关系包括质和量两方面的内容，质即对具体的行为或行为人是否应施加处罚，而量是指在既定施加处罚的情况下应对其施加多重的处罚。那么质属于动刑的范畴，而量属于配刑的范畴，这样配刑可与动刑区分开来。其次，配刑包括立法和司法两个层面的内容。在立法上，配刑体现为在既定的刑罚体系下对于具体各罪刑罚的量的分配，而制刑解决的是创设什么样的刑罚体系与刑罚方法。邱兴隆教授认为，因为制刑只关乎立法者，而配刑关乎立法者和司法者两个方面，因此有必要把二者区分开来。配刑与量刑是种概念与子概念的关系，配刑包括立法上法定刑的配置也包括司法上判定刑的裁量，因此，配刑与量刑是整体和部分的关系，不能混为一谈。在与行刑的关系上，行刑是指将判处的刑罚付诸实行，以配刑中的量刑为前提，因此，配刑与量刑之间又是前提与结果的关系。最后，配刑是法定刑的配置与判定刑的配置的有机统一。可以说，在这一特征上，邱兴隆教授着重论述了配刑的理论特质。一方面，法定刑的配置与判定刑的配置构成纵向的层次关系而非横向的并列关系，法定刑的配置构成裁量判定刑的范围即限度，而判定刑的裁量则是法定刑的现实化，亦即其归宿所在。而另一方面，二者在精神上有绝对的同一性，二者均应服从同一理性，即立法者的法定刑配置依据同样也应该是司法者裁量判定刑的依据。邱兴隆教授同样对其所认定的刑罚配置的特征进行分析，从而区分了若干概念，并最终认为刑罚配置这一范畴的引入将传统注释刑法学的"犯罪—刑罚"的静态转变为"制刑—动刑—配刑—行刑"的动态分析，因此，刑罚立法的基本构成包括制刑、动刑以及配刑的立法阶段，进一步而言，刑罚立法需要解决刑罚种类与体系设定的理论问题、犯罪化（入刑）的理论基础问题以及法定刑的配置问题。

而其他许多论及"刑罚立法"的学者们也是从最狭义的角度即法定刑的角度去阐释这一概念的，如周光权教授博士论文《法定刑研究——罪刑均衡的建构与实现》一文中，对于法定刑的配置以及裁量问题进行了研究，其从配置的根据出发论述了法定刑的配置原则、模式、种类、幅度以及裁量等问题。但是，周光权教授并没有明确地提出和界定"刑罚立法"的概念，其讨论也是严格围绕着法定刑而展开。

第一，尽管国内外研究在刑罚立法的定义上观点各异，但是刑罚立法包括法定刑的种类设定、体系设定以及各罪刑罚设定，这一点在各类研究之中是得到了普遍承认的。法定刑是刑罚立法的现实化过程，也是刑罚立法的最终结果表现，是刑罚立法的必然环节。因此，刑罚立法技术的定义分歧最终表现在刑罚立法的范围问题上，也即刑罚立法与"配刑""动刑""制刑"的关系的问题上。只有对这些关系进行梳理，方能有效地界定刑罚立法的全貌，而刑罚立法所涉及的技术问题方能有立足之地。具体表现为：

（1）刑罚立法与配刑。刑罚立法不能仅限于法定刑的配置，刑罚立法贯穿于刑法总则与分则的全过程，而通过一个整合性的刑罚立法原则可以将刑罚自足性体系的基本问题进行一个通盘性的考虑，显然，这一范畴的提出是有其存在的理论空间的，也基于此，法定刑的配置应当属于分则中刑罚立法的范畴，而除此之外，刑罚立法在总则部分还应包括刑种的选择、罪刑对应模式以及刑罚裁量与执行等理论问题。因此，刑罚立法与法定刑配置在理论体系上属于纵向的层次关系。

（2）刑罚立法与动刑。邱兴隆教授提出了一个"质与量"的概念，认为质的问题关乎刑罚是否应当施与，而量的问题则关乎刑罚在什么程度上施加于犯罪人。前者属于动刑的范畴，后者属于配刑的范畴。[1] 在这个问题上，首先应明晰邱兴隆教授对于"动刑"的理解。对于动刑一直以来有两种理解，一种是对于某不轨行为是否应当犯罪化并以刑罚处罚，另一种是行为在构成犯罪的情况下是否加以处罚。显然在这里从罪刑关系的角度出发，邱兴隆教授是从第二种角度理解动刑的。在这一前提下，笔者认为刑罚立法应当包括"动刑"也即犯罪化的理论基础问题。刑罚立法的核心是要解决罪刑关系的问题，刑罚是犯罪的后果，但并非所有的犯罪都是通过刑罚进行处置，因此是否施加刑罚本身就属

---

[1] 蔡一军：《刑罚配置的基础理论研究》，中国法制出版社2011年版，第7页。

于刑罚立法的另一种表现。尽管笔者同意邱兴隆教授关于刑罚立法必须要解决罪刑之间的量比问题，但对于"量"的问题不能做过于狭义的理解，不施加刑罚同样也是一种量的立法形式。需要着重说明的是，笔者此时所论述的是在行为构成了犯罪的前提下不施加刑罚（如定罪免处），对于不构成犯罪的轻微行为采取其他形式的非刑罚方式规制当然不属于罪刑关系的范畴。总之，动刑这一范畴本身也应属于法定刑配置的形式并进而归于刑罚立法的范畴。这样一来，刑罚的立法阶段才可与刑罚的司法阶段实现均衡。通说认为："量刑是指人民法院根据犯罪人所犯罪行及刑事责任的轻重，在定罪的基础上，依法决定对犯罪分子是否判处刑罚，判处何种刑罚、刑度或所判刑罚是否立即执行的刑事审判活动。"而邱兴隆教授区分动刑与配刑显然有体系完整性追求的考虑，为了析出"动刑"概念，其不仅区分动刑与刑罚配置，甚至在量刑上也将量刑界定为"司法上判定刑"的裁量，而将"是否判处刑罚"归于司法上刑罚发动的问题，以从立法和司法两个方面合力将"动刑"概念分离出来。这一理论努力当然有其分类上的价值，但笔者认为，刑罚立法这一范畴的存在意义并非在于其理论范畴上的独立，其更大的理论价值在于其方法论上的意义，透过刑罚立法这一理论线索或者说一种更为整合性的视角，可以更为系统地考察刑罚立法是如何在功能、结构与体系融贯上体现刑罚正当性的要求，这才是其价值所在。

（3）刑罚立法与制刑。刑罚立法包括制刑即刑罚种类和刑罚方法等刑罚体系的构建，但绝不能将二者等同相待。刑罚立法的核心关注在于罪刑关系，也就是罪与刑如何实现平衡和相抵的问题。那么作为一个关系范畴，其并不单独存在于犯罪或是刑罚之中，因此，刑罚体系的构建即制刑的问题不仅包括在刑罚立法的范畴之内，刑罚的发动以及罪刑的立法对应同样也是刑罚立法的理论范畴。其中，制刑是刑罚发动与刑罚配置的前设性基础，同时也是将刑罚发动与刑罚配置限制于某一特定刑罚体系和刑罚方法的范围之内。

综上，在刑罚立法的概念上笔者持一种最广义说，认为刑罚立法应当包括制刑、动刑以及配刑的立法阶段的配置。刑罚立法这一概念的塑造，可以使立法技术问题在刑罚立法过程中获得一个更为整合性的视角。同时，刑罚立法的理论原则应当统一地纳入刑罚塑造的全过程，从而实现制刑、动刑与法定刑的融贯性协调，改变以往将刑罚种类、体系、结构与犯罪化理论、法定刑理论研究相割裂的局面。从这一个角度来说，从立法技术角度研究刑罚立法这一范畴有其独特的理论价值和意义。

第二，刑罚立法技术的具体内涵。本书结合前述对刑罚立法技术所下的定义，认为其基本内容应当包含以下几个层面：其一，刑罚立法技术的价值问题；其二，刑罚立法技术的技术应用；其三，刑罚立法技术的反思。这三个问题是一个有机联系的整体，前文已述，由于对刑罚的目的、作用和所持有的法的价值理念的差异，不同的法学家会采用不同的角度来构建理想的刑罚体系。因此，刑罚立法价值的选择是整个刑罚立法技术体系的基调。诚然，假若仅从技术层面理解刑罚立法技术，那么它是中立的，因为技术本身只是一种方法，不带有任何价值色彩。但是，为了防止技术在不良价值观的驱动下被滥用，刑罚立法技术应当保持几种基本的价值取向，这样才能在社会运作中发挥技术的良性作用。有基于此，本书在下面一节中将详细论述本书所采取的价值观，并且深入解释本书认为的刑罚的正当性问题。第二个问题是刑罚立法技术的具体内容，包括制刑与配刑的基本原则、刑种的设置与衔接、刑期的长短、刑罚的整体框架等。这一部分内容不仅包括了刑罚立法技术有哪些，并且会说明刑罚立法技术是如何运用的。本书之所以采取动态的过程来叙述刑罚立法技术，是因为单纯地罗列技术的种类是不足以说明本书所持观点的，只有把技术放入对刑罚均衡性和刑罚目的的考察中才能显示技术的作用。第三个问题是刑罚立法技术的反思。本段已述，刑罚立法技术作为一种方式、手段存在，其本身的性质是中立的，这就意味着启用什么样的刑罚立法技术将会达到的什么样的立法效果，这些问题是技术本身不能回答的。而刑罚、刑法都是有特定的社会职能的，如果技术不能满足刑法发展的需要，就会破坏刑法对社会安全与安定的防护作用。从这个层面出发，刑罚立法技术体系内应当包含一套自我反思、自我审查的体系，这就相当于在立法的事前审查中再前置一个自我反思的审查步骤，以达到立法的最佳效果。

（二）刑罚立法技术的特征

第一，就刑罚立法技术的概念本身而言，其首先是一种方法和技巧的总和。

在理论位阶之中，刑罚立法技术隶属于一般立法技术的理论范畴，因此，刑罚立法技术也可以认为是在刑罚立法中，"出于立法工作上的一种技巧，而用来实现立法使命之方法，增加条文效用之手段"[1]。其基本特征有三：

（1）刑罚立法技术是技术与价值取向的结合体。刑罚立法技术不同于刑罚立法程序，也不同于刑罚立法活动，而是在刑罚立法活动中，在遵循法定立法程序的前提下，为了有效实现和熔铸内在刑罚价值和立法效果而采取的特定的立法方式和经验手段。就合法性而言，只要遵循立法程序的刑罚立法都具有合法性基础。但是，基于不同的刑罚文化和刑罚价值观念，所采纳的刑罚立法技术必然呈现不同模式选择。从这个意义上而言，刑罚立法技术实际上就是刑罚价值取向在立法活动中的具体化。

（2）刑罚立法技术是在刑罚立法活动中产生的。刑罚立法技

---

[1] 陈顾远：《立法要旨》，"中国国民党中央执行委员会"训练委员会编印1942年版，第56页。转引自周旺生：《立法论》，北京大学出版社1994年版，第179页。

术必须首先遵循一般立法活动的基本规律，满足创制、修改、补充以及认可刑罚立法所需要的最基本的原则和结构形式，此系立法活动的共性要求。而就刑罚立法的个性而言，其具有与一般的刑事立法活动所不同的关注焦点。具体包括：首先，刑罚立法的"质性"技术问题。刑罚的本质特征在于恶害性的惩罚，国家通过刑罚立法，将刑罚与犯罪勾连对应，进而展现了对这些犯罪行为的规范性谴责态度。行为一旦与刑罚形成对应关系，就实际上被定义为犯罪。因此刑罚立法技术的关注焦点首先是犯罪化技术的问题。其次，刑罚立法的"量性"技术问题。刑罚的功能在于对犯罪进行评价与惩罚，而实现功能的前提在于合理的刑罚体系的构造技术。即通过不同的刑阶分层，构造一个刑量上区别而又相互衔接的刑罚体系。因此，刑罚立法技术的第二个重要焦点在于刑罚体系构造技术，而构造的核心在于刑种刑阶、刑内刑阶和刑外刑阶的构成技术。再次，从罪刑对应的角度而言，刑罚立法技术的关注焦点之三就在于刑罚立法的"对应"技术，也即犯罪与刑罚在法定刑量上的勾连技术。贝卡里亚曾言："刑罚应尽量符合犯罪的本性，这条原则惊人地进一步密切了犯罪与刑罚之间的重要连接，这种相似性特别有利于人们把犯罪动机同刑罚的报应进行比较。……所以，刑罚不但应该从强度上与犯罪相对称，也应从实施刑罚的方式上与犯罪相对称。"[1] 在此过程中，我们不仅要在量的问题上对犯罪轻重进行序列性排列，实现"犯罪阶梯"的构建，而且要在此基础上，自下而上或者自上而下地排列刑罚阶梯，以实现罪刑均衡。最后，刑罚立法技术还应关注刑罚"刚性"的立法技术问题。所谓刑罚刚性就是指，从刑罚制订到刑罚执行这一整体过程均维持刑罚严厉的完整性，从而保证罪刑法定原则的有效实施。刑罚刚性是刑罚公正价值的内在要求。而有效

---

[1]［意］贝卡里亚：《论犯罪与刑罚》，黄风译，中国大百科全书出版社1993年版，第66页。

维持刑罚刚性，就必须在刑罚立法尤其是刑罚变更执行的相关立法中有着必要的技术设计，通过有效的制约技术来维持刑罚的刚性。

（3）刑罚立法技术贯穿于刑罚立法的始终。刑罚立法技术关系到刑罚立法的各个环节。"在形式用语方面的格调之选择，次序之排列，字句之推敲，自可谓立法技术。但在实质上，立法技术之运用，并不以此为限。"[1] 从狭义上而言，刑罚立法技术的范围仅仅是指刑罚立法的草构和完善技术；而从广义上来分析，刑罚立法中所有含有技术内容的部分，均应属于刑罚立法的技术范围。笔者认为，刑罚立法是一个系统性工程，需要依赖成熟及完整的立法技术进行整体性考量。任何一个环节的缺失，都有可能导致刑罚立法的整体上失衡。尤其是在当下中国刑罚改革的大背景下，刑罚在其轻重二极进行大幅度的调整，在此过程中牵一发而动全身，需要依托刑罚立法技术的视角进行整体性的再设计。如在重的一极上，死刑罪名被大幅度地削减，但在此过程中，我们除应关注死刑改革的公众认同与阻力问题以外，还应从刑罚内部着手分析，死刑削减对整体犯罪阶梯的排列与刑罚衔接（如生死刑衔接）的影响；在轻的一极上，社区矫正被逐步推广，劳动教养停摆后轻罪罚制度的缺失，等等，都有可能造成刑罚与行政罚的交叉、重复甚至轻重位阶的颠倒，这也需要我们在制度设计上予以重视。

第二，关于刑罚的立法解释也应当同《刑法》的其他条款一样严谨，或者更加严格地咬文嚼字。

因为同《刑法》的其他条文相比，关于刑罚的条文有三种情形：第一种是在总则中以原则性的要求出现，并随之给予处罚标准，即设置一个准用型的刑法条款，如我国《刑法》第24条第2

---

[1] 周旺生：《立法论》，北京大学出版社1994年版，第179页。

款规定"对于中止犯,没有造成损害的,应当免除处罚;造成损害的,应当减轻处罚。"第二种是以法律条文的形式,规定可处罚的情形,但并未言明处罚的标准,未设置法定刑,这类条款只是单纯的介绍某种行为的处罚方式,如《日本刑法》第44条规定:"处罚未遂犯的情形,在各本条中予以规定。"第三种是刑法分则中最常见的方式,前半部分描述罪状,后半部分规定精确的法定刑。上述三种情形,对刑罚的规定有密有疏,但个罪往往不止一个法定刑,就会导致不论是总体规定还是精细化规定,或者不同处罚幅度都需要相应的解释来填补。相比起刑法中关于犯罪的规定,刑罚条文的解释更侧重于文义解释,其原因有二:一是关于刑罚的规定是为罪状的规定做终局服务的,所以其包含的法益侵害需要援引每一种具体罪状下的侵害法益,简而言之,就是刑罚与法益的关系是透过犯罪化连接的,对刑罚条文的实质性解释会导致对法益的二次解释,这些解释重叠交叉会产生冲突,有违立法者的本意。二是关于刑罚的规定很大部分是技术性条款,这些法定刑的设置是立法权限、立法需求和立法效果等多种因素相互角逐产生的结果,因而一个刑罚条款的产生会比犯罪化条文产生需要更多的实证考量,比如如何设置法定刑,设置几个法定刑幅度都需要严格的标准。此时,比起罪状的叙述,刑罚的设置包含的更多的是技术因素,而一个国家的刑罚立法是一套统一的标准,所以在对刑罚条款做解释时,如果采用实质性解释,会导致所有解释千篇一律,法律解释会失去其存在的价值。

总之,刑罚立法技术的范围应当贯穿于刑罚立法的全过程,不能简单地认为刑罚立法技术仅仅只涉及上述几个焦点命题的范围。事实上,刑罚在个罪上的微观构造,量刑情节的立法选择以及免于处罚的赦免制度问题上都有其技术性考量。但本书囿于篇幅问题对其他技术问题拟不做深入探讨,而仅仅针对刑罚立法中的重要技术命题进行阐述,这也是在前文所必须交代之处。

(三) 刑罚立法技术的学科定位

刑罚立法技术目前尚不是一门独立的学科，本书之所以用这个标题是想强调刑罚立法技术的独特价值。刑罚立法技术目前并不是一门独立的学科，这并不意味着其在价值属性和功能上也从属于其他学科，比如刑法包括犯罪和刑罚，可是犯罪学仍然可以成为一门独立的科学。从一门学科的构成来看，刑罚的立法技术属于刑罚范畴，同时其也属于立法学范畴，它是部门法的立法学研究。因此，刑罚的立法技术既要从刑罚的属性、刑罚与犯罪关系、刑罚体系等刑罚的角度考量，也要从立法学中的立法价值、立法成本、立法方式等方面去分析。在刑罚的立法技术中，刑罚的内容是控制了立法的目的、立法的具体内容和立法效果的考量，立法学的内容则提供了刑罚立法的方式、立法的幅度和立法的审查。除此之外，刑罚的立法技术还包含了其他学科，比如统计学为其提供了参考幅度，社会学为其提供了立法方向，经济学为其提供了立法成本的计算。综合以上，刑罚立法技术融合了多门学科的优势，本节将说明刑罚立法技术与其他学科的关系，以及其自身的地位。

1. 刑罚立法技术与刑法的关系

如前所述，刑罚立法技术从属于刑罚，而刑罚则从属于刑法，因此刑罚立法技术与刑法是种与类的关系。刑罚立法技术解决的是刑罚的建设问题，从学科的归口来看，其最终的成果属于刑法的范畴。不过，刑罚立法技术本身解决的是个罪与具体的法定刑之间的关系，特别是刑罚立法技术不关涉具体的罪名、犯罪构成，所以其与刑法内部条文的联系是很少的，在刑法典内部涉及刑罚立法技术的条文更是没有。但是，我们仍不能认为刑法与刑罚的立法技术无关。是故，刑法约束着刑罚立法技术的形成和发展。

（1）刑罚立法技术必须符合刑法的一般要求。刑罚立法技术除了自身的一般原则之外，因为其与刑法的关系，它还需要遵循刑法的基本原则，例如罪责刑均衡原则。所以，刑罚立法技术在形成之初就有确定的方向，其必须为了刑法服务。另外，虽然刑罚立法技术并不对具体的罪名做出说明，但是其需要符合不同章节与条款之间的一般规律，比如罪行轻重的分布。

（2）刑罚立法技术必须符合现有的刑法体系。刑罚立法技术的成果最终是刑法的一部分，因此刑罚立法技术的运用要与现有的刑法内容相吻合。这其中包括刑罚的种类、刑期、刑罚的执行方式。虽然刑罚立法技术可能对现有刑罚进行突破与创新，但是其突破与创新的范畴是受制于现有刑罚体系的，比如不可设置肉刑。另外，在刑罚的实施方式上，现有刑罚体系已经有了一套完整的实施程序，刑罚立法技术可以对其进行精进，但是不可创设难以实现的刑罚方式，比如耗费大量物力、人力的执行方式。

（3）刑罚立法技术必须符合刑法的目的与功能。这是评价刑罚立法技术的产出是否有效的最终标准，一方面，如果刑罚立法技术最终的立法成果与刑法的目的、功能不相匹配，那么所产生的法律不能称之为刑法，也就不能纳入刑罚。另一方面，如果刑罚立法技术最后的成果与刑法的目的和功能不符，那么立法是否成功也是需要思考的。立法活动花费了大量的资源，最后产生的法条却不能发挥实质的效果是有违立法的初衷的。再者，这些经过法定程序产生的法条一旦无法达成效果，则需要经过法定程序修改或撤销或者由于长期无法使用业已失效，这其中无论哪一种结果都会导致法律资源的浪费。

综上，刑罚立法价值因其与刑法的关系应当密切关注刑法的主题，这样才能保证刑罚的合法性、合理性、有效性。

2. 刑罚立法技术与立法学的关系

刑罚立法技术是立法活动的一种，它属于立法学理论的贯彻与实施，刑罚立法技术与立法学的关系是实践与理论的关系。立法学为刑罚立法技术提供立法的指导原则与方法，并且立法法也严格规定相关的程序与步骤，这使刑罚立法技术能够有序地应用到立法活动。刑罚立法技术在立法实践中积累相关经验，并且把这些经验反馈到立法学，从而推进了立法学的进步。立法学是关系到所有法律的制定、修改、撤销的学科，它在宏观上指引了刑罚立法技术的方向，也在具体的每一个环节约束着刑罚立法技术的操作，刑罚立法技术应用的过程就是立法学在实际中的反映。

3. 刑罚立法技术与统计学的关系

刑罚立法技术不仅仅是单纯的技术问题，在刑罚立法技术的实施过程中，立法者需要根据技术抉择刑罚的范围和分量。刑罚的合理程度除了刑法意义上的法益侵害、罪责程度等因素，立法者在设置刑罚时还需要考虑个罪侵害社会关系的一般状态。这种个罪侵害社会关系的一般状态将成为法定刑起点和不同法定刑幅度的依据。这些数据的来源、分析便是由统计学提供的，统计学为刑罚立法技术的刑罚设立提供了依据，也为个罪的刑罚立法变动提供了思路，比如某一种犯罪出现了新的犯罪方式，那么是否应当根据新的犯罪方式设定不同种类的法定刑，这个法定刑在整个个罪的法定的范围内应当存在于哪个幅度都需要统计学提供支持。

4. 刑罚立法技术与社会学的关系

刑罚立法技术与社会学有密切的关系，这源于其服务的对象——刑法。法是社会规范的一种，刑法属于法律，它当然也是一种社会规范。刑罚立法技术是一项立法活动，其立法成果显示为法律规范，因此从这个层面来说，刑罚立法技术的研究也是为了社会稳定服务的。虽然刑罚立法技术讨论的问题和社会学没有直接的交叉，不过刑罚立法技术必须运用社会学的相关知识来分析问题。犯罪行为是在社会生活中发生的，对犯罪行为的惩罚也应当放入社会环境中去考虑，特别是刑罚立法技术应当考虑中国的本土国情，理解社会交往中的思维和习惯，否则利用技术手段设计出来的刑罚是不符合社会生活需要的，这样很难被公民接受。

5. 刑罚立法技术和经济学的关系

刑罚立法技术所引起的立法活动是一种公权力行为，公权力行为是利用社会资源发动的，所以应当注意其成本。刑罚立法技术中的成本主要包括人员和物资，物资的使用很好理解，主要包括：刑罚立法活动进行时的费用；立法调研的费用；刑罚执行方式产生的费用，比如偏远地区的刑罚执行是否合理；财产刑的拍卖、变卖、没收产生的费用；自由刑的执行场所的建立和选择；生命刑的执行费用等。刑罚立法技术的人员成本主要来源于聘请专家学者的费用、专家咨询的费用、对于刑罚执行人员的培训费用、岗位设立产生的费用等。上述这些费用只是刑罚立法技术产生的一部分，为了保障立法活动的效益，刑罚立法技术的运用必须运用经济学思维来衡量利弊。除了上述几门科学之外，刑罚立法技术的科学化运用还需要参考心理学、地理学、民族学等学科的知识。总的来说，刑罚立法技术的应用应当因地制宜，既要结合国外各个学科的长处，又要落实于中国的本土特色，以建立符合我国国情的刑罚制度。

二、刑罚立法技术的价值取向

本书探讨的是刑罚的立法技术，但是每一套技术都是有其存在的意义的，更何况立法本身就是价值取舍的问题，作为对立法技术的研究，本文应当先厘清立法中的轻重缓急，至此才能讨论立法行为的优良。但何为刑罚立法技术的价值？刑罚立法技术有哪些价值？这些价值如何排列？

这些问题不是浅言浅析、一言两语可以说清楚的。刑罚的立法价值是刑罚立法技术的内涵。关于法律的内涵有很多论述，自然法学派认为其是法律的善，即法律中包含的普世价值观。富勒将法分为法的外在道德和法的内在道德，法的内在道德决定了法之所以是法，而法的外在道德保持法的规范性。从这个层面来说，刑罚的立法技术属于法的外在规范，将这种观念转换到刑罚立法技术中，即刑罚的立法技术维护的法律真谛，其中包含着正义、公平、人权这些单个的概念，同时也包含着"法律不强人所难"这样的法律格言，但是总的来说它代表的是刑罚立法的一种价值追求，一种对刑罚所期望建立、维护的理想社会的描绘。

（一）刑罚立法技术的科学化价值

现代意义上的科学主要有以下几层含义：其一，反应自然、社会、思维等的客观规律的分科知识体系；其二，特指自然科学；其三，合乎自然、社会、思维等客观规律的，合理的；其四，科学是相对真理非迷信、非谬误、非绝对真理，而实践是检验真理的唯一标准，也可以说科学即实证。通过对科学一词含义的概括表述可知，刑罚立法技术的科学化价值实际上就是刑罚立法技术能够起到促进刑罚立法不断走向科学合理，使刑罚立法更加符合客观规律并在一定程度上提高刑罚立法效益的作用。因此，刑罚立法技术的科学化价值应当涵盖以下三个方面的内容，即刑罚立法程序的规律化（也可以称之为法律化）、刑罚立法目的的明确化以及刑罚成本的合理评估。具体而言：

1. 刑罚立法程序的规律化

在我国古代就有"无规矩不成方圆"的说法，然而，这句话就像是一个大的原则，在具体到每一个事件的时候，人们总是会忽视掉先前所设定的原则性的东西。在法律方面，我国古代，统治者能够以社会状况以及自身的需求来制定某一法律，而这个制法过程往往是无序的，具有一定的随意性，也形成了"重实体轻程序"的法律传统。就是在现今社会，在司法机关进行司法裁判的时候，人们往往关心最多的是判决的结果如何，是重是轻，是否符合自己心中已存的衡量尺度，也就是自己公平正义的价值观念。很少有人会关心判决程序是否合法，少数关心者多为案件的利害关系人和从事于法律相关行业的人员。随着我国法治的进步和发展，人们也给予了法律程序一定的关注度，但是与实体法相比还是相距甚远。法律说到底就是一种社会规则，要求别人懂规则、讲规矩，因此其自身制定、修改乃至废止的过程也必须符合一定的规则，而这就要求我们每一个人应当给予程序法相较实体法同等的关注。刑罚立法程序也不例外，其必须遵守一定的规则，其立法程序必须规律化或者法律化。刑罚是对行为人最严厉的处罚方法，关系到公民的人身自由权、财产权、名誉权以及某些政治权利乃至生命权，其制定和修改必须严格按照一定的规则，不允许有任何越轨现象的出现。一项合理、合法、高效的刑罚立法技术必然会带来刑罚立法程序的规律化（或法律化），刑罚立法程序的规律化是刑罚立法技术科学化价值的必要体现。

2. 刑罚立法目的的明确化

我们在进行任何一项工作的时候，都必须有一定的目的。一个具体明确的目的，是我们各项行动开始实施的前提条件。在这里，刑罚立法的目的应当涵盖对犯罪行为合理的惩罚。所谓合理的惩罚就是与犯罪行为造成的社会危害以及行为人自身人身危险性相符合的惩罚程度，惩罚必须大于犯罪收益。无论是在制刑、动刑、配刑中的哪个阶段，都不应忽视按照一定的标准对犯罪行为施加的合理惩罚。对犯罪行为合理的惩罚应当与我国刑法中的罪刑相适应原则区分开来，罪刑相适应原则是量刑阶段所要遵循的一项基本原则，要求重罪重判，轻罪轻判，罚当其罪，罪刑相称，刑罚既要与犯罪的性质相适应，又要与犯罪的情节相适应，还要与犯罪人的人身危险性相适应。罪刑相适应原则贯穿于刑罚内容之中，具体表现在三个方面：①立法者确立科学严密的刑罚体系，使司法者能够根据犯罪的各种情况灵活地运用,从而为司法活动实现罪刑均衡奠定基础;②规定了区别对待的处罚原则;③设立了轻重不同的量刑幅度,使得司法机关可以根据犯罪的性质、罪刑轻重、人身危险性大小对犯罪人判处适当的刑罚。罪刑相适应原则的运用,是在刑法中已经规定了的刑罚的基础上,对刑罚进行合理适用。而我们所说的对犯罪行为合理的惩罚所处的阶段是在制定刑法之时,对某一行为的刑罚进行配置或者确定某一处罚作为刑罚规定于刑法之中。刑罚立法技术,为制刑、动刑、配刑提供科学的技术保障,使得刑罚立法目在刑罚立法中表现得更为明确。

3. 刑罚立法成本的合理化评估

刑罚立法的科学性除了包含立法程序的规律化、立法目的的明确化、立法收益的高效化之外,还应当包含立法成本的合理化评估。刑罚立法成本应当包括时间成本、金钱成本、精力成本等诸多方面。在刑罚立法中,我们不可能事事皆由全民公决,因为在现有的人口状况下,全民公决无论是时间、金钱还是精力成本都将是一笔很大的开销。代议制度的立法虽然从形式上看,在民主程度上不及全民公决,但却可通过适度地集中决策来提高决策效率,是民主与效率的平衡。如同任何资源均是有限而珍贵的一样,刑罚立法资源也是十分珍贵的,需要节约刑罚立法资源。实践是检验真理的唯一标准,仅仅依靠刑罚立法者或者相关专家的理论推导是很难掌握一项刑罚立法的合理化程度的,也不可能科学预测将来可能发生的问题。因此,刑罚立法成本的合理化评估显得十分重要。在这里,刑罚立法成本的评估就是在刑罚立法进行之前或者之后(但还没结束),对刑罚立法所造成的成本消耗及带来的收益,进行一次科学合理的测评,以检测刑罚立法的合理性和高效性。刑罚立法成本的评估与普通的理论推导不同,它是建立在大量数据分析的基础之上,对刑罚立法的成本加以估测,且以数据呈现的趋势来预测刑罚确立之后可能带来的收益，是一项科学、合理且具有相当可信度的评估措施。由此可见，刑罚立法成本的合理化评估是刑罚立法技术科学化价值的重要体现。

（二）刑罚立法技术的规范化价值

在探讨刑罚立法技术的规范化价值之前，我们必须了解何谓规范化，如何实现规范化以及衡量规范化实现程度的标准是什么。规范化就是指，在经济、技术和科学及管理等社会实践中，对重复性事物和概念，通过制定标准、发布标准和标准的具体实施达到这些重复性事物和概念的统一，从而获得最佳秩序和社会效益。这里的标准可以指规范、规程和制度等。从上述对规范化定义的界定，我们可以推导出实现规范化的一个必经途径就是统一标准的制定、发布和实施；另外，规范化的目的是获得最佳秩序和社会效益，因此秩序和社会效益的实现程度就是我们衡量规范化实现程度的最佳指标。规范化理论运用于现实社会的诸多方面，无论是企业管理、文化传播、政府规划、医疗措施以及科研创新，我们都能够看到规范化理论的运用。刑罚是对行为人最严厉的处罚方法，其制定、配置、实施更加需要规范化的实现。由以上对规范化的简单介绍可知，刑罚立法技术的规范化价值，也可以称之为刑罚立法技术的规范化意义，就是指刑罚立法技术对重复性的刑罚立法活动，通过制定、发布和实施具体精确的标准，实现刑罚立法活动的统一，从而使刑罚立法活动获得最佳秩序和社会效益。因此，刑罚立法技术规范化价值的实现，需要以制定、发布和实施具体精确的统一标准作为手段，以其对刑罚立法活动秩序和社会效益的实现程度为衡量标准。

第一，刑罚立法技术规范价值的实现需要以制定、发布和实施具体精确的统一标准作为手段。

刑罚立法技术的规范价值也可以理解为刑罚立法技术对刑罚立

法活动规范性实现的促进意义。第一节中我们已经提到，刑法立法技术首先是刑罚立法方法和技巧的总和，是出于立法工作的一种技巧，用来实现立法使命之方法，增加条文效用之手段。刑罚立法技术表现为三个基本特征：首先，刑罚立法技术是一种方法与技术的结合体。所谓技术就是指在劳动生产方面的经验、知识和技巧，也泛指其他操作方面的技巧。无可厚非，既然称之为刑罚立法技术，必然是刑罚立法各种方法和技术的结合体。其次，刑罚立法技术是在刑罚立法活动中产生的。无论是哪种立法活动都要遵守一定的准则，刑罚立法技术产生于刑罚立法活动之中，是立法活动在刑罚立法方面的一个具体体现。最后，刑罚立法技术关系到刑罚立法的各个环节，贯穿于刑罚立法始终。由此可见，刑罚立法技术本身实际上就是一个统一的标准，其制定、发布和实施是刑罚立法规范化的必然要求，对刑罚立法规范化具有重要的促进意义。

第二，秩序是衡量刑罚立法技术规范化价值的重要标准之一。

秩序这个词语的意思是有条理、有组织地安排各构成部分以求达到正常的运转或良好的外观的状态。其原意是指有条理、不混乱的情况，是"无序"的对向面。按照《辞海》的解释，"秩，常也；秩序，常度也，指人或事物所在的位置，含有整齐守规则之意。"从法理学角度看，美国法学家博登海默认为，"秩序概念，意指在自然界与社会进程运转中存在着某种程度的一致性、连续性和确定性"，"秩序这一术语被用来描述法律制度的形式结构，特别是在履行其调整人类事务的任务时运用一般性规则、标准和原则的法律倾向。"[1]刑罚立法技术能够促进刑罚立法活动秩序的形成，刑罚立法活动秩序的形成程度是衡量刑罚立法技术规范化

---

[1] [美] E. 博登海默：《法理学——法律哲学与法律方法》，邓正来译，中国政法大学出版社1999年版，第219页。转引自于兆波：《立法决策论》，北京大学出版社2005年版，第66页。

价值的重要标准之一。刑罚立法活动的规范化本身就需要一个规范的活动规则对刑罚立法活动加以规制，也就是说刑罚立法活动应当在统一的规则之下进行，而这一规则也可称之为秩序。这是因为秩序究其本质来说是一种有组织的、有计划的、内在和谐的活动方式，绝非漫无边际，而是有明确指向性的。刑罚立法活动本身就是一种集体的刑罚立法活动的体现，这一集体活动必然要求有严密的组织、合理的指向性和明确的目的性。所以说正是秩序本身所具有的组织性、计划性、指向性等特征，使得秩序成为刑罚立法秩序化的基础与前提。刑罚立法技术的基本特征决定其自身的秩序性，在一定程度上促进刑罚立法活动的秩序化实现。

第三，效益的实现程度是衡量刑罚立法技术规范化价值的又一重要指标。

效益是指效果与利益，是劳动（包括物化劳动和活劳动）占用、劳动消耗与获得劳动成果之间的比较。劳动成果的价值超过了占用和劳动消耗的代价，其差额为正效益，即产出多于投入。反之，则为负效益。用同样多的劳动占用、劳动消耗获得的劳动成果多，效益就高；反之，效益就低。刑罚立法实现以最小的代价取得最大的收益的目标不仅是法经济学研究的范畴，也是每个人想要达到的最佳状态。但是刑罚立法的效益并不能等同于刑罚收益的高效化。刑罚立法的效益是在效果和利益与成本之间进行衡量，这个值可能是正值，可能是负值，也可能是零，而收益是已经成为现实了的获利，由此可见效益具有一定的不确定性，而收益是确定的既得利益，只有大小之分。基于以上分析，刑罚立法活动的效益可以分为经济效益和社会效益，它是各项成本（人力成本、经济成本、时间成本、精力成本）的投入和刑罚确立时候所取得的社会效果之间相比照而产生的。因此，刑罚立法活动的规范化必然会在一定程度上推动刑罚立法活动效益的实现程度，而刑罚立法活动效益的实现程度又是刑罚立法活动规范化的评价标准之一。

(三) 刑罚立法技术的法治化价值

第一,刑罚立法技术应有法治理念之追求,首先体现为刑罚立法技术应置于法治之下,这也是刑罚立法技术必须具备的条件之一。

只有刑罚立法技术本身为法治之体现,遵循特定的制度与规则,才能逐步确立起刑罚立法的权威性和普遍约束力。英国知名经济学家和政治哲学家弗里德利希·冯·哈耶克,在其《法律、立法与自由》中告诫道:"必须在进行特定决策的过程中遵循一般性规则,即使是多数也不得破坏这些规则,除非多数准备采纳一项新的规则而且从此以后也将毫无例外地适用这项新的规则。"从这一警语中我们可以领会到对一般性规则的遵守和将刑罚立法技术置于法治之下的重要体现,即使是实现了一种新的突破,这一新的突破也必须成为一般性的规则。刑罚立法是一个过程,而刑罚立法技术是刑罚立法的手段之一,刑罚立法过程合乎法治至关重要,同时刑罚立法技术合乎法治也至关重要。"可以说,统治者们寻求通过法律制度系统地实施其政策,而其自身亦不得不受用以为治的法律制度的约束,乃是走进法治的一个政治过程。"[1]一般性规则之下的刑罚立法技术不是任意的,而是具有可控性的;不是肆意的而是具有可预期性的;更不是暴力的、野蛮的,而是和平的、文明的。刑罚立法技术本身的产生、修正和运用都必须在一般规则的规制以下,也就是说刑罚立法技术应置于法治之下。

第二,改革开放以来我国经济取得了长效发展,法治国家的建设也取得了可观的成就。

尽管通过《中华人民共和国立法法》(以下简称《立法法》)

---

[1] 夏勇:《法治是什么——渊源、规诫与价值》,载《中国检察官》1999年第4期。转引自于兆波:《立法决策论》,北京大学出版社2005年版,第60页。

的制定及立法机关和全国各界人士的不断努力,大大促进了我国立法活动的规范化、科学化、高效化。我国现代立法强调坚持科学立法、民主立法,强化立法论证、立法调研、立法评估,加强重点领域立法,扩展人民有序参与立法途径,切实增强法律的可执行性和可操作性,调高法律的权威性,更好地发挥立法的引领和推动作用。但是我国立法制度依然存在着人大代表的选举和监督机制不健全、立法公众参与制度过于粗疏、对立法机关无强制力等问题。而刑罚立法作为立法活动的细化,除了上述问题以外,还存在着以下几个方面的问题:①经验化的刑罚立法决策。虽然我国立法活动已经强调强化立法调研、立法评估,但是强化需要一个过程,强化的意思就是现在实际实施程度还不够,需要进一步强化。也就是说,依靠立法调研、立法评估制定出的立法决策尚且薄弱,刑罚立法仍然以经验化特征为主。②散乱化的刑罚立法结构。比如就盗窃罪和贪污罪而言,对于我们一般的经验而言,同样的数额贪污罪肯定比盗窃罪的处罚要重,因为贪污罪的社会危害性比单纯的盗窃罪要大一些。然而刑法规定,贪污数额较大或者有其他较重情节的,处3年以下有期徒刑或者拘役,并处罚金。而盗窃罪中规定,盗窃公私财物,数额较大的,或者多次盗窃、入户盗窃、携带凶器盗窃、扒窃的,处3年以下有期徒刑、拘役或者管制,并处或者单处罚金,这里的数额较大定为1000到3000以上。由此可见,刑罚立法结构仍然呈现出散乱化的特点。③随意化的刑罚入刑标准。刑罚作为一种最严厉的方法,其制刑、动刑、配刑都必须严格依照一定的标准进行。我国现阶段,缺少一个合理、科学的入刑标准,刑罚入刑呈现随意化的特征。这种情况对于成文法国家来说是一个软肋,对于判例法国家来说,即使在国内存在相关的制定法,但是由于遵循先例原则的影响,其制定法仍然会受判例的影响。在英美法系判例的地位是极其重要的,而且这些判例代表了这个时代或者整个英美法系的入罪维度,即在制定法有缺口的情况下,"约定俗成"的司法行为,会保证判决在一定范围内保持稳定。而我国是单一制的成文法国家,判例不是我国的正式法律渊源,虽然最高人民法院每年会发布指导性案例,但是由于其数量少、频率低,并不能弥补我国刑罚入刑标准的刚性缺失。

第三,刑罚立法技术能够在一定程度上促进法治的发展,法治是刑罚立法技术的必然追求。

一方面,刑罚立法决策本身的规范化价值促进法治的发展。技术本身就要遵循一定的规则,包含对于特定经验的总结和反应现实状况的立法调研、立法评估,具有一定的规律性、科学性、实效性。另一方面,对刑罚立法技术的重视,包含着对权利的认可和保障。法律已经从义务本位转化为权利本位,每一项立法都必须注重对权利的保护,这也是法治的必然要求。刑罚立法技术限制制刑、动刑、配刑的随意化,具有保障人权促进法治的价值。

总之,刑罚立法技术有利于我国法治的发展,对我国法治建设具有重要的促进作用。刑罚立法技术不仅作为一种技术更新了立法的方式、方法,还从规范化立法的角度克制了立法权的滥用。为了保障我国刑罚立法有长足发展,对于刑罚立法技术的更新和研究是确有必要的。

三、刑罚立法技术的研究意义

(一)刑罚立法技术研究意义的总体内涵

每一项研究活动,都有其研究的目的、方法、意义等,本书认为,研究的意义可以分为两层含义:第一,是对研究对象本身所带来的积极意义,我们可以称之为直接意义;第二,是对于该事物直接相关的事物产生的积极影响,我们把它称之为间接意义。

因此，刑罚立法技术的研究意义可以分为两种，即对刑罚技术本身的意义和对刑罚立法乃至整个立法活动产生的意义，后者必须是在刑罚立法技术的影响下展现出来的。

1. 刑罚立法技术的研究意义首先就是完善刑罚立法技术

刑罚立法活动包含制刑、动刑、配刑三方面的内容，每一个过程都必须遵守相应的规范，有一定的规律可循。刑罚立法处在不断发展的过程中，我们很难穷尽其全部立法规律，发展必然带来更新。刑罚立法技术需要在长期的立法实践中不断完善。对刑罚立法技术的研究也不应仅仅局限于既有的技术之内，完全可以在此基础上提出更加科学的技术规范，甚至可以突破原有的技术限制，创造出一套全新的刑罚立法技术。另外，随着全球化的逐步加深，各国经济、文化、政治、法律等都处在一个相互融合的过程中，由于各国的立法发展水平不一，必然存在着立法技术水平的高低。发展中国家必然会仿照发达国家的立法技术，在适应本国发展的前提下，寻求最佳的立法方法。采用国内研究与国外研究相比较的方法，对于完善刑罚立法技术具有重要的现实意义。

2. 研究刑罚立法技术有助于提高刑罚立法质量

随着中国特色社会主义法律体系的形成，我国社会主义民主法治建设又站在了一个更高的新起点之上。张德江委员长在2013年4月15日至17日的山东调研中强调指出，全面推进依法治国，重点是提高立法质量。要坚持科学立法、民主立法，强化立法论证、立法调研、立法评估，加强重点领域立法，拓展人民有序参与立法途径，切实增强法律的可执行性和可操作性，提高法律的权威性，更好地发挥立法的引领和推动作用。提高立法质量，是立法工作的核心，也是新一届全国人大常委会十分关注的问题。十二届全国人大常委会换届伊始，张德江委员长就明确指出，立法质量直接关系到法律的实施效果，是加强和改进立法工作、完善法律体系的永恒主题。人民群众对立法的期盼，已经不是有没有，而是好不好、管用不管用、能不能解决实际问题；越是强调法治，越是要提高立法质量。本着对人民负责的态度，全国人大常委会组成人员在立法中坚持精益求精的原则，对每一部法律草案都精雕细琢，力求使每一部法律都能成为精品。提高立法质量是我国立法活动长期追求的目标，更是第十三届全国人大常委会工作的重中之重。刑罚立法属于立法活动的范畴，是立法活动的重要组成部分，刑罚是对行为人人身权利、财产权利、民主权利等的剥夺，在着重强调权利本位的今天，对刑罚立法活动必将提出更高的要求，刑罚立法质量的提高必将成为整个立法活动的重中之重。刑罚立法技术是刑罚立法活动规律化、规范化的总结，一个相对完善的刑罚立法技术，对提高刑罚立法质量必将事半功倍。

3. 研究刑罚立法技术有助于提高刑罚立法效率，降低刑罚立法成本

关于立法成本学术界主要有两种观点：第一种观点认为立法成本就是在立法过程中支出的全部资源，无论是"立法过程中人力、物力、财力及所消耗的时间等资源的支出"的表述，或是"国家为建立一种新的制度结构或利益格局而耗费的人力、物力、财力"的表述，还是"立法成本是立法过程中全部费用的支出，包括直接成本和间接成本"的表述，其本质都是一个意思，即立法过程中各种资源的消耗；第二种观点认为，立法成本应当包含两个方面的内容，一是从草案形成到表决通过过程中的财政支出，二是法律强制力的支出。本书认为第二种观点不宜取纳，因为从法的概念"法是指国家按照统治阶级的利益和意志制定或认可、由国家强制力保障实施的行为规范的总和"上，我们可以看出，法律的强制力源自于国家，国家暴力机关是法律强制力的后盾，国家强制力保证法律的实施，法律强制力资源的运用体现在法律的实施阶段而非制定阶段。即使立法活动受到《立法法》的约束，但这本身也是《立法法》的实施阶段，是法律强制力资源在法律实

施阶段的消耗。因此,立法成本就是在立法过程中支出的全部资源,包括人力、物力、财力、时间消耗和精力消耗等,刑罚立法成本也不例外。对刑罚立法技术的研究,正如上文所言,必将带来刑罚立法技术本身各项机能的完善,一项科学合理的立法技术,必将指导各项立法活动的有序进行,我们每个人都知道,有序才能畅通,有序才能高效。因此,对刑罚立法技术的研究必将带来刑罚效率的提高,进而实现刑罚立法成本的降低。

4. 研究刑罚立法技术有助于刑罚立法反应和实现刑罚立法者的立法意图

刑罚立法意图是指刑罚立法者制定或变动某种刑罚或刑罚规范所要达到的一定的企图和愿望。刑罚立法的意图和刑罚立法的目的密不可分。关于刑罚立法的目的,我们在此做出简要概括:①刑罚立法完善我国刑罚体系。刑罚体系是指国家以有利于发挥刑罚功能、实现刑罚目的的原则为指导,通过刑法的规定而形成的、由一定刑罚种类按其轻重程度而组成的序列。没有任何一个人敢说我们的刑罚体系是完美无缺的。上文已经提到,刑罚立法活动包括制刑、动刑以及配刑三方面的立法阶段配置,完善刑罚体系,就是刑罚立法的目的之一。②惩罚、矫正、预防犯罪。随着法治的进步,人们已经不再简单地认为刑罚只是用来惩罚,刑罚也可以矫正罪犯,起到预防犯罪的作用。刑罚立法追求科学化、规范化、经济化的立法价值,如何以最小的代价获得最大的利益,是刑罚立法活动追求的经济目标。如何确立刑罚,确立什么样的刑罚对于刑罚目的的实现有着积极的推动作用。③限制刑罚权滥用。刑罚在众多处罚措施中占据首位,是最严厉的处罚方法,刑罚权滥用,必将导致人权被侵犯,法治被破坏的局面,刑罚立法规定何种处罚可以作为刑罚,某种行为应当科处何种刑罚,如何科处刑罚等,能够有效地限制刑罚权滥用,借以保障人权,推动我国的法治建设。从本质讲,刑罚立法是将刑罚规定配置于各个犯罪之中，成为公民犯罪的具体处罚方法。在相关部门（法院、监狱、公安、检察院）具体运用刑罚规定时，必须要有一定立法技术的支撑，即运用刑罚立法技术，以科学合理的形式、简明而准确的语言文字去正确、有效地表达刑罚立法者的刑罚立法意图。

5. 刑罚立法技术研究有助于刑罚的有效运用

刑罚立法的主要目的就是完善我国刑罚立法体系，通过刑罚的运用惩罚、矫正和预防犯罪，限制国家刑罚权滥用，保障人民的基本权利，借以推动我国的法治建设。刑罚立法目的的实现，有赖于司法机关对刑罚的合理运用，应尽力避免"当罚而不罚，不当罚而罚"现象的出现。除此之外，刑罚的合理配置也十分重要。我国刑罚中一直贯彻罪责刑相适应原则，刑罚在制定和配置的过程中，也需要刑罚与其对应的犯罪行为相适应，不宜畸重畸轻，也必须体现重罪重罚、轻罪轻罚、罪刑相当。而司法机关对刑罚的合理运用，一方面需要司法机关工作人员严格律己，严格按照法律规定办事，另一方面则需要规定刑罚的文本通俗易懂、没有歧义、便于执行。因此，刑罚立法者只有掌握和科学地运用刑罚立法技术，定制的刑罚才能做到配置科学、没有歧义，并在此基础上实现刑罚的有效运用。

（二）加强了刑罚立法的规范性构建

刑罚立法技术的目的就是使刑罚合理化，这种合理化不仅是要求刑罚的法律条文明确、清晰、理解无歧义，还包括刑罚立法行为的规范性。刑罚立法技术是立法活动的一部分，规范的立法行为是立法结果形式合理化的保障。各国对于立法行为都做出了严格的规定，《刑法》是我国的基本法之一，其地位仅次于《中华人民共和国宪法》（以下简称《宪法》），对刑事立法加强研究、提高要求，这是促进立法活动的重要举措。刑罚立法技术的跟进体现了其在立法方式上的与时俱进，立法活动虽然已经有了固定的步骤和程式，但是为了保障人民民主，立法活动的方式也是需要不断精进的。

1. 有利于促进刑罚立法行为的统一

（1）加强刑罚立法技术的建设，推动了立法行为的更新。刑罚立法技术的外部体现除了表现为立法成果之外，它还可以表现为各种立法技术的进步，比如大数据的应用。这些新型的立法技术帮助立法者更加立体、直观地了解立法的需求和犯罪的危害程度。另外，新的刑罚立法技术的产生可以推进对犯罪活动的归纳，每一次立法活动都需要对法条规定的领域进行深入研究，但是立法活动是有期限的，新的立法技术可以帮助立法者清晰地了解各个领域犯罪的分布、特点和高发人群，以此有针对性地设置刑罚。除此之外，刑罚立法技术的更新推动了刑罚内容的更新，刑罚立法技术会对刑罚的实施效果进行总结，对于实施效果不好的刑罚，刑罚立法技术在下一次立法时会采取修改、撤销的方式改进。

（2）刑罚立法技术的更新促进了立法的更新。刑罚的立法是一项非常严谨的立法活动，并且除了自身的成果以外，刑罚立法因其自身的谨慎性很难进行突破和更新。同行政法和民法相比，刑法比较稳定，不能有频繁的改动，所以刑法不会经常性地有输出和输入。换个方面说，行政法可以从地方法规中找到思路，也可以对某个区域进行试点，但是刑法的立法权是集中的、不分层级的，刑罚措施实施的效果不能从其他角度获得很大启示。虽然有些刑罚措施比如社区矫正都是通过试点进行推进的，但是这些措施是根植于地方的，社区矫正需要依附各个地区的基础建设、行政区划、经济实力等，其他的刑罚未必具有这些特征。并且，民法可以通过下属的子部门的立法来充实自身，再根据特殊法优于普通法的原则加强自身的合理性，这是民法在灵活性上优于刑法的方面。可是，刑法的改进主要依靠刑法解释和修正案的方式进行，所以为了使刑法能够更好地适应社会发展的需要，刑罚立法技术的更新正好可以弥补这些缺点。刑罚立法技术的改善可以加强刑罚的严谨程度,立法技术从外部提升了刑罚立法的审慎性,这些措施可以在刑罚投入实施之前保持刑罚的完善。

(3) 刑罚立法技术的进步有利于形式刑法与实质刑法的吻合。刑罚立法技术创造的是法条,这种符合法定程序制造法条的活动是符合形式法治的要求的。形式法治要求立法活动按照立法的程序和法律规定进行,这保障了权力在合理的范围内运用。形式法治的目的是实质法治的落实,好的立法除了有严格的步骤和程序之外,还要求立法的内容符合现代法治的需求。刑事立法的侧重点跟随社会治理理念的发展,已经从单纯的抑制犯罪发展为保障人权。刑事立法观念的发展要求刑罚立法技术有更加人性化的方式。这些方式需要更加贴近现代民主法治的需求,更加符合社会的进步。另外,刑罚的目的是为了教育、矫正犯罪人,虽然痛苦与惩罚是刑罚的重要内容,可是只有痛苦是不能促进社会的生产和生活的,只有促进犯罪分子更好地融入社会才是刑罚的积极效果。如何才能实现犯罪的矫正与社会发展的同步呢?犯罪分子在固定的场所进行改造就会脱离社会,但是将犯罪分子放入社会之中又会否引起社会的恐慌?如何改造犯罪分子才能使其感受到社会的温暖和进步的力量?对于特殊的犯罪分子是否需要建立特殊的矫正方式、心理疏导?刑罚矫正的最优程度是什么?这些问题都需要刑罚立法技术的不断发展才能回答。

2. 有利于刑罚立法与其他法律运行活动的顺利对接

刑罚立法活动不是孤立的行为,立法之后是司法、执行等实践环节,刑罚立法需要考虑这些环节的衔接问题。刑罚立法在设计法条时不是纯概念性的思考法条的语言、结构,而是要考虑到实行的可行性问题。刑罚立法技术虽然不参与刑罚的实施环节,但是立法技术需要参考其他环节的经验和问题,类似于在进行概念的定义时候,立法者需要借鉴司法机关在处理某一类案件时的惯常用语。之所以要求刑罚立法技术和其他环节对接，这是因为法律的运行是一整个动态的环节，刑罚立法时需要考虑司法的习惯、执法的行为等，这些部分构成了整个法律思维和法律语系，刑罚立法也属于整个系统的一部分。

3. 刑罚立法技术需要与后续其他环节的技术对接

刑罚立法技术提出的要求是由后续的部门和工作人员执行的，这些部门是否具备刑罚立法提出来的要求是值得思考的，一旦刑罚立法技术确定了某项立法，这项立法采用的技术是后续部门无法达到的，就会导致立法和司法实践的脱节。刑罚立法技术虽然常常采用语言学上的方式使法律条文更加自然、明了，不过为了使条文更加具体地体现刑罚的内容，刑罚立法技术需要考虑刑罚的执行水平。这项工作在程序性条款里往往体现得更加明显，比如关于管制、拘役、保外就医的条款，虽然这些程序的细节内容都体现在刑事诉讼法中，可是刑法条款中也有体现，比如《刑法》第36条、第37条的规定。这些规定具有实际的操作意义，立法者只有与司法、执行的技术对接，才能推进立法的顺利实施。

4. 刑罚立法与其他技术进行对接是刑罚立法技术的自然属性

刑罚立法技术和其他技术都是属于方法、渠道层面的内容，这些内容具有操作和理解上的共性，虽然刑罚立法技术和实践中的司法层面的技术在侧重点上不同，可是都围着犯罪、刑罚的共同主题，所以，它们之间的互动和交流能提升刑罚的体系化。

5. 有利于刑罚立法行为的审查

刑罚立法技术的提升会使刑罚立法行为有明显的步骤，同时会形成不同阶段的特征，比如在进行数据收集时就是立法准备阶段，进行法条整理就是立法即将完成的阶段，这个时候刑罚立法技术会成为不同阶段的特征，这种情况可以使不同阶段的立法行为被固定下来。这里说的固定是指刑罚立法行为在某个阶段可以被明显地记录，这种记录保持了刑罚立法行为的连贯性。刑罚立法行为是有序进行的,而且每个阶段有不同的节点的,刑罚立法行为被固定的好处之一就是方便审查。立法的审查包括事前审查和事后审查,事前审查是在立法公布、实行之前进行的,事后审查是在法律实行之后进行的。事前审查与事后审查的差异也很明显,事前审查是专门人员进行系统的审查,是对已经成型还未实施的法律进行全方位的审查。而事后审查一般指的是立法已经完成,并且实施一段时间之后,法律在实践中出现了问题,专门机关会对所出现的问题进行审查。从二者的关系来看,事前审查是事后审查的前提,事前审查为事后审查减少了工作量,事后审查是事前审查的保障。刑罚的立法行为被固定下来使得立法的审查工作更加方便。在事前审查中,因为每一个立法阶段有每一个阶段的显著特征,事前审查的工作就有了重点,并且在进行初步筛查时专门机关就知道哪些部分是容易引起问题的,这极大地提高了事前审查的工作效率。事后审查与事前审查不同,事前审查的问题会在法律公布之前解决,因此实施的法律是被完善的版本,但是事后审查的法律是已经实施过的,所以事后审查的法律只能通过启动修改、撤销程序来更正。对于事后审查来说,刑罚立法技术的功能与它在刑罚立法的过程是相差无几的,这是因为除了撤销之外的其他方式都相当于重新启动立法程序。

综上,刑罚立法技术的发展会推动与刑罚立法相关的其他因素的改善,刑罚立法技术作为刑罚发展的一环起到了举足轻重的作用。

(三)保障了刑罚体系的科学性和及时性

相比较如上的总体意义而言,刑罚立法技术的研究的第一要义是对其自身的规范化。任何一项技术的发展都需要经历粗糙到精细的过程,刑罚立法技术的研究就是着眼于刑罚立法技术的韬光养晦,研究其外部表现、核心内涵,跟随其发展的起始、低落、晦暗到大放异彩，琢磨刑罚立法技术的现状与未来。

第一，刑罚立法技术的外部提升有利于刑罚立法的价值斧正。探讨一个事物的好坏，既要究其形，也要探其神，只有神形具备，表里如一才能充分发挥其职能。刑罚的立法技术也是如此，学者们从刑法立法技术的方式、程序、法律条文出发，规范刑罚立法的外在形式，以严谨的外部形状，保护其内部核心的稳定状态。众所周知，刑法条文与刑法价值观是形式与内涵的关系，外部形式的稳定性可以保持刑法价值观的纯洁，避免其在日益变化的社会观念里，受到其他理念的冲击，影响刑事立法的中立性。现今社会，各种价值观念丛生，其中不仅有普世的观念，也有代表少数群体的正义伸张。诚然，刑事立法的发展需要不断地吸收社会新的意识形态成果，但是在纷繁的意识群流中也要时刻保持警醒，不能为一时的呼声改变自己的立场。刑事立法权同其他的立法权一样，需要保持权力行使的中立，如道德层面的中立、政治立场的中立，一旦刑事立法权在价值上有所偏倚，就会改变其包容性，降低社会最低公平的基准，变道德为不道德，变正义于不正义。

第二，对于刑罚核心价值观的维护，也需要硬性的立法技术要求，只有控制好刑罚立法技术的尺度，才能遏制刑罚权力的滥用，维护刑罚的本质。如何规范刑罚权力的反向增长，保护公民权利不受侵害，是刑罚立法技术规范的重要任务，毕竟不论刑罚的技术如何卓越，刑罚的立法者都要铭记刑罚权产生的初衷。故在这个层面上来说，刑罚立法技术的规范是一个外部框架，这个框架是一把标尺，刑罚立法技术从形式上固化刑罚权的运行方式与范围，将可能异变的权力放入笼子内，这样权力的行使变得规矩，权力同权利的界限也不会被逾越。

第三，刑罚立法技术的规整有利于刑罚立法的整合。刑罚论与犯罪论是刑法内部两足鼎立的版块，二者相互辉映又彼此独立。刑罚的立法技术是刑罚论形成的重要因素，它既会约束刑罚条文的产生,也能帮助刑罚条文的绽放。但是不可否认的是,刑罚的条文是一个庞大的体系,这些条文林林总总构成了一个有机独立的整体。在这个整体的内部,每一个条文既有自己独立的定位,也与体系构成密不可分的联系。根据马克思主义哲学中整体与部分的关系,整体是部分的整体,部分是整体的部分,各部分的简单之和小于整体的效用。故而为了发挥刑罚规范整体的作用,需要对刑事立法的条文进行有效性的统一,使其在整体上呈现有序、一致的格局。

第四,从条文本身来看,内部条文的整齐划一,可以帮助每个刑罚条款的设定在同一个方向上,在逻辑推导与排列上不易产生冲突,降低了法律条文的歧义。刑罚条文的设定是需要方向性的,比如条文的先后、条文的长度、各个条款之间的列序都是立法者安排的。特别是成文法国家,由于成文法国家会要求法典化,这就会带来法律概念之间、法律条文之间、法律篇章之间,甚至是法律体系内的和谐化程度要高于采用判例法上的观念统一。刑罚立法者在人为挑选这些法律要素时必然会进行位阶上的排序,刑罚的立法技术研究就是为了帮助立法者更合理地进行升序和降序的活动。其一,刑罚立法技术在技术上为立法者提供了支持,提高了立法效率。毋庸置疑,越先进的技术、越精良的设计就会帮助立法者在进行法典的编纂时更加节省时间,在同样的时长下,这些被节省下来的时间可以花在前期的民意调查、法律分析上,而不用过分地绞尽脑汁去安排法条的形式。其二,刑罚立法技术的研究会提升法条和法典的档次。一部好的法典除了其内在价值之外,篇章的布局是否均衡、言辞的使用是否精确都是需要考究的,何况法典本身也不是单纯地叙述某种秩序,更可能是一件维持秩序的艺术品。

第五,刑罚立法技术的研究为预测性立法开阔了视野。刑罚立法技术可以保持刑罚在一定时期内的稳定性,不过太过于稳固的法律会导致僵化，尤其是在日益变化的现实面前，如果法律不能及时回应现实的要求，会降低公民对法律的期望。在刑罚立法角度看，当刑罚立法不能遏制犯罪，或者在刑罚无法控制犯罪时，刑罚的法律效果会丢失，人民的危机感会增强。为了维持一定时期内的社会秩序，刑罚立法技术需要作出适当的留白，这种留白是需要技巧的，既给司法解释存在的空间，又不至于造成立法上的缺失，这即是常说的"法网恢恢，疏而不漏"。除了给法律在现实的发展中留有余地，刑罚的立法技术还能帮助刑罚的设立找寻自己未来的方向。一个国家的刑法政策并不是一成不变的，在犯罪高发的时期会采用严厉的立法模式，但是当国家的综合实力增强，各方面比较稳定的时候，就会采取较为柔和的立法手段，为国家的后续发展提供养料。在我国，最突出的例子是我国刑事立法观念的转变，新中国成立初期采取较为严格的刑罚措施，以帮助国家基础设施的建设，树立国家的权威。改革开放以后，国家的各项成就已经达成，立法者采用既保护发展，又追究犯罪的策略，在刑罚方面采用"宽严相济"的刑罚方法，对于犯罪有针对性地区别对待。如今，随着我国发展水平的不断提高，对基本权利的保护进入了新的发展阶段，对于刑法谦抑性的呼声也随之高涨。

刑罚立法技术作为一套技能，在外部对刑事立法的规范化起到了形塑的作用，所谓"内外兼修"，不过是在技术层面上做到精良，在内部含义上做到与时俱进，二者无论哪一方太过冒进都会削弱另一方。所以，从刑罚立法技术与刑罚内容的关系上看，本书主张刑罚立法技术应以内容的发展为需求，这样既能对刑罚的内容起促进作用，也不会失去自己的独立价值。

（四）促进了立法稳定性与司法权的互动

除了上述谈到的刑罚立法技术的提升可以推动刑罚规范的发展

之外，刑罚立法技术的有效性研究亦可促进刑事立法权与司法权的互动。

1. 刑罚立法技术的理论可推动司法行为的发展

刑罚立法技术与司法行为并不存在壁垒，二者在很多方面是可以相互借鉴、相互沟通的。其一，刑罚立法技术的发展对司法行为的作用，最初体现在司法文书的改变。刑罚技术的精细化会直接导致司法裁判文书的变化，当出现新的刑罚技术规范时，司法裁量者会根据"新法优于旧法"的原则，在实践中自动开始使用新的刑罚规范，这种新旧法之间的优胜劣汰会将新的刑罚立法技术渗透到司法文书使用的每个环节。其二，刑罚立法技术的研究也会促进司法解释的发展，前文已述，刑罚立法技术的发展会推动立法解释的进步，立法解释作为法律解释中第一位阶的解释，会推动第二位阶的司法解释的发展，同理，根据传导性原则，也会推动学理解释的发展。司法解释是以立法解释为先导的，当司法解释与立法解释相冲突时，司法解释的效力低于立法解释，故当立法解释接受了新的刑罚立法技术时，司法解释即使不发生外在的行为变动，在实质的使用上，也会跟随立法解释的脚步。其三，刑罚立法技术的发展最终会影响司法的定罪量刑，提升司法公正。司法活动的最终结果是裁量，裁量后的判决是公民对司法活动乃至立法活动的直观感受。对于一般公民来说，立法活动和司法活动都是神圣而又复杂的，所以只有判决结果才是公正的代言，刑罚立法技术的研究，会推动司法决定的理性程度，从而将符合时代发展的理念，落实到判决结果上，公民通过对裁判结果的感知，提升对司法的信任程度。

2. 刑罚立法技术的自我良性认知有助于立法与司法的耦合

刑罚立法技术与司法的互动是需要刑罚立法与司法双向运动的，刑罚立法技术的研究会增强刑罚立法的独立性。刑罚立法与犯罪论的立法有什么不同？这些不同如何凸显其价值？这些不同是否与其他内容重叠？这几个问题都是刑罚立法技术独立特征的问题。刑罚立法技术不是附属犯罪论立法而发展的，虽然二者可以互通，但绝对也需要独立。刑罚的立法技术单单只为犯罪论服务，会使犯罪立法权失去控制，无限膨胀。当刑罚立法权的定位清晰，即会提升刑事立法权与司法权的耦合。本身司法活动就是立法活动的一个后置程序，立法如果不考虑司法，立法就无法被推行。基于这个层面，刑罚立法技术的提升，会帮助刑事立法与司法权减少摩擦。

3. 刑罚立法技术的提升有助于司法自由裁量权的行使

司法裁量权是一个弹性的权力，其弹性的围度应该是立法权限。因此司法裁量权需要立法权限的限制，刑罚立法权的精细化就是为了解决这个问题。不同法定刑如何设置、如何设置量刑情节都需要刑罚立法技术的指导，立法技术的方式、运用的程序、建立的模式，都会对法定刑的设立产生不同的影响。这些影响最终会归结到对司法裁量权的影响，而反过来，法定刑的设置是否符合实践，也需要司法裁量权的检验。如果法定刑的设计不能体现司法活动的需要，就会限制司法裁量权的发动，导致司法活动僵化。

第二章
入刑标准：刑罚立法的定质技术

一、犯罪化的理论基础与历史发展

近世以来，刑法哲学的研究在我国呈勃兴之势。所谓刑法哲学，就是站在应然的角度，对于刑法中的"实定法"问题进行理性反思所形成的关于刑法整体的、体系性的看法和观点。其一方面以实定法为基础，另一方面又超越实定法之外对其本体论问题进行深刻反思，探寻刑法安身立命之根基。如果说刑法本体学解决的是具体刑法条款具体含义的解释的问题，那么刑法哲学则侧重于对刑法之合法性问题进行反思和关怀。因此，刑法哲学实际上就是对刑法的合法性基础（legitimacy）的考量和追问，也就是说，刑法的合法性基础问题构成了整个刑法哲学的起点和核心命题。在这个问题上，存在着两种意义上的"合法性"的阐释方法：一是道德哲学的角度，主要是从个人伦理的角度来判断某个东西是否"合法"；二是政治学的角度，认为制度的合法性取决于统治者们的普遍认同。在道德哲学的研究语境之中，刑法的合法性问题在我国又被称为正当性问题。就其内部逻辑来看，如果说犯罪与刑罚是刑法的两个初始化的基本范畴的话，刑法的合法性研究则包括两个前后关联的命题：一是刑法为何以刑罚作为规制犯罪的主要手段的根据问题即刑罚的合法性问题，二是国家究竟有权将哪些行为犯罪化（criminalization）并施加刑罚即犯罪化的合法性问题。前者解决的是刑法的合法性的根据,后者解决的是刑法的合法性的范围。只有能够充分解释说明以上两个合法性命题的刑法理论才在某种意义上具备一个完善的刑法哲学的特质,任何一种自足的刑法哲学的理论都必须能够对以上两个合法性的子命题进行某种程度上的体系整合、价值协调的理论阐释。尽管存在着一定程度的价值关联性,但就其本身而言,两个刑法合法性的命题实际上都有独立存在的价值和意义。如果把刑法的合法性想象为一栋理念大厦的话,那么刑法的合法性根据问题就是大厦的地基,而犯罪化的合法性范围问题就是大厦的形状,地基的存在固然重要,但并不能最后决定大厦所呈现的形状,正如下文所述,在刑法的合法性根据问题上一直存在着报应主义与功利主义的理论分野,但无论是报应主义还是功利主义,其内部在犯罪化的合法性范围的问题上都存在着分歧。从这一点出发,反观当前的刑法哲学研究,可以看到,近年来我国学界在刑法的合法性根据的问题上取得了很大的突破,[1] 相比较而言,在犯罪化的合法性范围即犯罪化的理论研究上,我们的研究仍十分薄弱,本书试图就此问题进行一种体系性的梳理和论证。

(一) 犯罪化范围基本命题的引发

在智史上,第一个提出应对犯罪化的合法性范围进行反思的学者当属理性主义自然法奠基人雨果·格老秀斯,其《战争与和平法》一书中提出了犯罪化的合法性范围问题,并指出应依靠一系列的反面原则对刑法的范围进行限制。[2] 而蔡枢衡先生在其论述刑法规范学的范畴时就指出:"虽然刑法法典的内容直观地告诉我

---

〔1〕 邱兴隆:《关于惩罚的哲学——刑罚根据论》,法律出版社2000年版,第120页。

〔2〕 Hugo Grotius, "The Law of War and Peace", in James Brown Scott (ed.), *In Classics of International Law*, New York, William S. Hein & Co., Inc. 1995, pp.121-130.

们，只有二个范畴：一个是犯罪，另一个是刑事处分（刑罚及保安处分）。可是在理论上和在事实上，刑事处分是把犯罪作前提的，没有犯罪，不会有刑事处分。犯罪又是把国家生活的第一次规范——禁止、命令和容许之违反或侵害作前提的；没有第一次的国家生活规范之违反或侵害就不会有犯罪。由第一次规范到犯罪，再由犯罪到刑事处分，这是规范生活的全过程。这过程的起点是第一次的规范；终点是刑事处分的实践；犯罪不过是中间之一阶段。这样说来，刑法规范学中显然包含了国家生活规范、犯罪、刑事处分等三个范畴。由第一次规范到犯罪，再由犯罪到刑事处分，这是规范生活发展的法则，也是刑法规范学中三个范畴之内的关联。"[1] 由于刑法区别于其他部门法的一个特点就是通过禁止性义务的设立来体现其所保护的社会规范，刑法的正当范围即犯罪化合法性的探求就成为连接国家生活规范与犯罪两大范畴的理论桥梁。因此，犯罪化的合法性范围的理论并非要对犯罪本身性质和特点进行系统的概括，而是要透过这些禁止性义务的设定对其背后所保护的规范进行一个理论上的抽象。从刑法的现实运行的角度而言，这一规范性理论的研究不仅可为刑事立法提供一种理论支撑，同时也可为整个刑事司法的协调运行提供一种体系上的参照，为某些不轨行为（malfeasance）的合理出入罪提供依据。

在犯罪化的合法性范围的哲学根基论证上，西方不少的刑法学者、法理学者、伦理学家都从各自的角度阐述了自己的观点，这些讨论从刑罚的痛苦性本质出发，首先试图证成国家刑罚权合法性的存在，以为其规制不法行为提供一种原则上的依据，而后再为其存在范围寻找统一的价值标准。如果说在刑罚的合法性根据问题上，报应主义与功利主义的理论分歧主要在于已然之罪与未

---

[1] 蔡枢衡：《刑法学》，独立出版社 1947 年版。转引自赵秉志、魏昌东：《中国刑法哲学的产生和发展》，载《法制与社会发展》2005 年第 2 期，第 5 页。

然之罪之间是否存在着回顾性与展望性的刑罚正当性期待的话，那么犯罪化的合法性范围问题的理论争议则主要是对刑法所设立的禁止性义务来源的认识不同，其争论焦点在于刑法是否或应在多大程度上强制推行某种意义上的社会共同体道德。在此问题上按其各自的主张，可具体区分为法律道德主义与法律自由主义二说。

法律道德主义认为刑法是对社会道德的保护，社会共同体可以通过刑罚或其他的强制手段推行社会共同体所定义的道德信条。根据哈特的观点，其内部又存在着保守论与分解论的理论分野。[1] 其中，保守论认为，社会的多数不仅享有遵从他们自己的道德信念的权利，更有权要求将维持其"道德环境"（moral environment）作为一种最高价值，而社会共同体内部的所有成员都应服从于这一最高价值，持这种观点的代表人物是史蒂芬爵士（James Fitzjames Stephen）；而分解论则将社会的道德性（morality）视为社会的黏合剂，道德性的缺乏将最终导致社会的分解。如德富林（Patrick Devlin）就认为法律应当维护社会的政治和道德功能，通过"社会共同信念"来维持社会的运转，"社会既不能忽视个体的忠诚性也不能忽视其道德性，社会在二者之上生成，而任何一个的缺位都将导致社会的灭亡"。[2]

应当说，法律道德主义从自然法的立场提出了一个判定刑法正当范围的原则，但其过于抽象且难以把握故而鲜有应用价值。因为，刑法毕竟有别于道德，在一个价值多元化发展的社会之中，原有的道德原则已越来越缺少一致性的认同，而刑法事实上确实没有也不可能将所有的非道德行为纳入其规制范围之内。即便我

---

〔1〕 H. L. A. Hart, *Law, Liberty and Morality*, London Oxford University Press, 1968, p. 6.

〔2〕 Patrick Devlin, *The Enforcement of Morals*, London, Oxford University Press, 1965, pp. 18-25.

们承认刑法的正当范围是建立在道德的基础之上的，但在现实的立法中应如何判定道德以及运用道德又是法律道德主义难以逾越的难题。如史蒂芬爵士认为刑法以一种压倒性的道德多数谴责那些在道德上极为邪恶的行为[1]，但是在何为"极为邪恶的行为"的定义上，史蒂芬爵士却没有提出任何的判定原则。而德富林认为社会也需最大限度地容忍公民的自由，只有社会共同体对于某种行为具有"一种现实的，责难，不容忍，排斥，不适之感"时，方可将其纳入到刑法的正当范围之中。而在评价标准和评价主体的问题上，德富林提出可由一个理性的人或是陪审员做出，因为社会道德的判断应由任意挑选的十二人的陪审团意见一致地做出，但这样一来，刑法的范围的确定就呈现一种随意性，在实践中往往会损害个人的基本权利，而德富林也不得不承认这一点。[2] 事实上，这也是其理论备受哈特等其他学者诟病之处。

　　基于一种实证主义的立场，持法律自由主义观点的学者否认刑法规制某种行为的道德性基础，而认为刑法应注重防止犯罪对个人自由的伤害。最早提出该论点的是英国19世纪的著名学者密尔，在其著名的论文《论自由》中首次提出了一个所谓的伤害原则，即只有在防止公民的行为对他人造成伤害的前提下，社会才能对其自由进行干涉。[3] 在密尔看来，公民的个体自由和自主应优先于其他价值的存在，甚至应优先于最大多数人的最大幸福这一传统的功利主义价值。因此，从修正的功利主义视角出发，密尔认为公民应被赋予与他人权利相协调的最大化的自由和自主。而在刑法的正当性范围上，刑罚只能在有可能防止对他人的伤害

---

[1] James Fitzjames Stephen, *Liberty*, *Equality*, *Fraternity*, Stuart D. Warner (ed.), Indianapolis, Liberty Fond, 1993, pp. 15-20.

[2] Patrick Devlin, *The Enforcement of Morals*, London, Oxford University Press, 1965, p. 21.

[3] John Stuart Mill, *On Liberty*, David Spitz (ed.), New York, W. W. Norton Company, 1975, pp. 32-41.

的前提下方可应用，刑法不是为了维持某种社会道德秩序而存在，而是为了最大限度地保护个人的自由，刑法的正当性范围应建立在伤害原则之上。

密尔区分了两种不同的伤害——有形伤害与无形伤害。在有形伤害的问题上，密尔强调对于身体与有形财产的保护得到了学界普遍的支持，但也有学者对其提出了自己的补充性意见。如帕克就认为，如果强调预防危害行为的话，在现实生活中许多的实际上很正当的行为都有伤害他人利益的可能。因此，密尔实际上不能从质（性质）上对刑法的正当范围进行说明，从而把该问题转换成了一种对于量（程度）的判断。帕克进一步提出，刑法的正当范围的性质必须依靠传统功利主义价值来说明，而程度的判断应依靠两个原则来排除：其一，行为的伤害可能性小到动用任何刑罚都不成比例；其二，行为产生伤害的可能性小到刑事司法主体出于经济性原则无须对其通过刑罚处置。[1] 因此，除行为造成伤害的严重性程度外，行为造成伤害的可能性程度也应当被作为犯罪化以及判定刑罚依据的一个重要参考标准。

密尔的"伤害原则"所招致的诘问的核心在于其"伤害"原则的不确定性。首先，如何区分有形的伤害与无形的伤害，如果存在无形伤害的话，那么对于道德的破坏是否也是一种无形的伤害，那么这样其是否最终倒向法律道德主义？其次，密尔认为对婚姻的忠诚性破坏也属于一种无形的伤害，但其同时又基于个人自由的立场，反对将通奸、重婚的行为犯罪化，这样使得其理论内部呈现一种体系内的冲突。[2] 总之，法律自由主义注意到了道德滥用的风险，并试图通过个人自由这一原则来将道德从实定法

---

[1] Herbert L. Packer, *The Limits of the Criminal Sanction*, Stanford, California, Stanford University Press, 1968, p. 16.

[2] David A. J. Richards, "Commercial Sex and the Right of the Person: A Moral Argument for the Decriminalization of Prostitution", *University of Pennsylvania Law Review*, 1979, p. 127.

律规范之中驱除,因此得到了学界更为广泛的认同,但在实践上其同法律道德主义一样,由于在"伤害"的问题上存在着过多的模糊之处,密尔的伤害原则很难有效地在刑事法实践中得到采纳和应用。智史上关于刑法合法性范围的后续争论也基本上都沿循着法律道德主义与法律自由主义的知识传统而展开。

(二) 效益评价:现实需要的理论回应

然而,社会的发展总不为理论的莫衷一是而停滞。可以看到,尽管法律道德主义与法律自由主义都尝试着从道德哲学的角度对犯罪化的正当范围提出一个理论上的限制原则,但在理论的实际应用上却因其不确定性而往往难以统摄形形色色的社会现象。而许多新兴的社会问题,如环境污染、交通安全、网络安全等是否应被纳入到刑法的规制范围之中,不仅在一定程度上挑战着社会公众的道德底线,同时也向刑事立法者提出了难题。在考虑犯罪化的同时,学界又纷纷对传统的所谓"纯道德犯罪"的存在提出了质疑,要求将某些传统的犯罪行为进行出罪化处理。[1] 面对这样一种入罪化与出罪化的冲突性图景,如何寻找刑事法改革的立足点和理论的契合点成为焦点。由于传统的道德或政治哲学在刑法合法性范围问题上无法达成一个明确的共识,更不能提出一个可行性的犯罪化判断标准,而刑事立法及司法实践中又有迫切解决该问题的主体性需要,因此,近20年来西方学界开始尝试着利用其他方法对传统的刑法合法性范围的论证进路进行修正。

与20世纪中叶不同的是,近年来的讨论一直是由法律自由主义居于主导地位。如 J. 弗因伯格(Joel Feinberg)权威性的著作《刑法的道德限制》就是试图对伤害原则进行补充,其认为刑法只

---

[1] 如通奸、重婚、卖淫、赌博、吸毒、同性恋等,并主张通过少年司法使一批青少年的轻微犯罪被出罪化处理。这些立法建议在美国和西欧的刑事立法中得到了一定的采纳。

适用于伤害与严重冒犯的行为,但正如弗氏自己所承认的,冒犯行为的犯罪化将很可能使其理论倒向法律道德主义。[1] 有些学者则对传统的功利主义在功利计算的原则上进行了修正,如波斯纳提出应以社会财富为功利的计算标准,并主张将此标准纳入到刑事立法以及司法判决之中。[2] 沿循着波斯纳的思路,帕克提出了一种对犯罪化的立法进行效益评价(benefit-cost)的方法。根据效益评价的方法,对某种行为是进行犯罪化处置还是由其他部门法规制取决于哪种处置方式能够产生最大的社会收益,如果没有一种处置方式能够产生社会收益,那么对该种行为进行处置就无任何意义。如果从效益评价的角度来看,即使能够证明将某种行为犯罪化处理并施以刑罚能够产生某种社会收益,我们也必须承认如果将其非犯罪化而用民法、行政法等其他法对其进行处理将获得更好的社会收益。一般而言,非犯罪化处置将比犯罪化处置带来更大的社会收益:首先,从机构运行成本而言,由于刑事司法机构必须遵循严格的法定程序,同时刑事司法人员的培训和报酬成本也相对较高,犯罪化处置较之非犯罪化处置在成本上居高不下;其次,在执行上,众所周知,刑罚的执行不仅成本高,而且某些刑罚(如罚金)执行十分困难,而由于非犯罪化的处置如调解等手段是建立在被执行人和被害人达成某种程度共识的基础之上,因此其执行较为容易;最后,在后果上,非犯罪化处置能够带来更好的行为规制的效果,如对于色情行业进行行政管制比将其犯罪化处置更能预防性病的传播。当然,效益评价理论也承认事实上有些行为只有通过刑法才能有效规制,刑法因其处置后果的责难性和严厉性,对于有些行为更能发挥威慑及规范效果从

---

[1] Joel Feinberg, *The Moral Limits of the Criminal Law*, Vol. 2: *Offense to Others*, New York, Oxford University Press, 1985, pp. 42-45.

[2] Richard A. Posner, "Retribution and Related concepts of Punishment", *Journal of legal Studies*, Vol. 9, Jan, 1980, p. 8.

而可以有效地预防这些犯罪。但是，如果没有充分的犯罪化理由以及精确的衡量罪责关系的尺度的话，那么刑法的正当范围应当被尽可能地控制。

效益评价方法的理论内核在于在社会资源稀缺性的前提下，如何实现时间和金钱等社会物质资源的最优化配置以最大限度地实现规制不法行为的目的。目前刑事司法系统从检警到法院到监狱都面临着不同程度的资源过载（overload）的问题，因此该理论从经济学的边际效益理论出发，提倡一种所谓"双轨化"（two-tracks）的犯罪化政策，通过"轻轻重重"的手段，集中司法资源规制侵害人身、财产的严重犯罪，以获得更大的社会效果。因此，刑法的正当范围应在未来的改革中逐渐被压缩在一个极小的空间内。简而言之，效益评价理论首先考察利用刑法来规制不法行为的成本和收益，如果说成本超出收益的话，那么将该行为犯罪化就是不正当的。即便犯罪化收益超过成本，也必须要考量非犯罪化的处置能否产生更大的净收益。而如果犯罪化或非犯罪化的处置都不能产生净收益的话，那么就没有必要对此行为施用任何的社会控制手段，如自损财物的行为。而如果净收益相当的话，则应在社会资源的耗用形式上进行比较，以求更好地利用有限的社会资源。

无疑，效益评价理论对于犯罪化的正当范围问题提出了一个更为务实的操作标准，其也受到了刑事立法的重视。其理论不足体现在：首先，其理论涉及了太多经济学意义上的变量计算从而削弱其实用性。特别在对于某些具体不法行为的犯罪化评价中，由于缺乏规范的变量计算的范围，所以对变量数据的收集呈现一种不稳定性，从而缺乏可靠性。其次，缺乏一个有效的比较和评价原则，以裸聊行为为例，将该行为犯罪化的成本一方面体现在具体的司法资源的耗费上，另一方面则体现在对公民隐私和自由的限制上，那么，对后一方面的成本进行经济学意义上的评价并与前一方面的成本求和得出其成本总量显然是十分困难的。

究其根本，效益评价理论在犯罪化合法性范围的本体研究上并没有建立在一个坚实的价值基础之上。无论是德富林的法律的道德推行或是密尔的伤害原则都尝试着对犯罪化的合法性范围提出一个自足的体系解释，而效益评价理论尽管从功利主义的立场出发，但其试图通过社会财富和资源的衡量来回避犯罪化的合法性范围的伦理基础问题，因而当纯粹的经济学计算无法对犯罪化的正当性范围给出一个充分的回答时，会因其伦理根基的不足而无法对自身理论进行有效的修正。

（三）刚性需求：立法科学化进程的迈进

立法科学化是长久的命题，每个时代对于科学化的理解不同，特别是在刑罚立法的概念上，不同时代对于犯罪的抑制需求不同、法治理念不同，这些因素最终会导致刑罚立法的差异。刑罚立法的科学化需要其他因素进行协助，所以其他各个因素的变化和发展反过来会影响刑罚立法的情况。犯罪行为从根本上讲还是社会行为，犯罪行为造成的伤害是对社会中的个人、集体、国家的法益造成的，入罪的标准也会根据社会发展状况的不同而变化。立法科学化的因素有很多，除了立法的发展情况之外，还包括社会价值观、一国的传统习惯、经济发展状况、形势政策等，本书将简要地从以下几个方面探讨：

1. 立法理念的进步从宏观上牵引了刑法入罪的基准

立法理念体现了一国法制建设的标准，并且从立法的层级、立法的范围上限制了入罪的口径。国家整体的立法理念发生改变会影响整个法律的构架，入罪的基准也会随之变化。

从法律体系的内部关系来讲，作为国家基本法的宪法发生变动，刑事立法会对上位法做出更细致的规定，从刑事方面践行基本法的准则。宪法的变动对刑法的影响主要包括对有罪无罪界限的影响和罪刑轻重的影响,即入罪和入刑的标准变化。这是从法律体系内的权利排列顺序出发,考虑这种权利对人生存、生活的需求影响程度,进而得出某种法益侵害的重要性,然后通过刑事立法反映出来。宪法规定的权利都是公民的基本权利,当某种权利上升为基本权利时,刑法对其保护的标准就会高于其他权利。基本权利与公民的日常生活保障和继续发展有关,而且国家对于基本权利也会制定不同的法律进行保护,刑事立法的步伐应当与其保持一致。宪法规定的基本权利在刑事立法上是着重保护的,如涉及人身权利的故意伤害、故意杀人等,一般刑法会设立多个罪名对各种犯罪情况进行规制。这种利用多个罪名进行保护的情况,就使基本权利的保护在入罪基准上低于其他权利。

除了正文的内容会影响入罪的基准之外,宪法的序言也会产生影响。宪法的序言是国家的纲领,宪法序言规定是一国长期发展的基调,一国的宪法的变动是甚少的,序言的变化更是微乎其微。正是由于宪法序言具有重要作用,对于宪法序言中的提及的内容就需要其他法律进行补足保护。宪法序言是纲领性的、高度抽象的,但是在内容上会涉及国家发展的重要问题,比如国家安全、民族问题等,这些问题看似是几个概念性的名称,融入刑法就会形成专门的章节,比如《刑法》第2编第1章关于国家安全类的犯罪。

除了宪法对入罪条件的影响之外,其他法律的变化也会反馈到刑法中。刑法保护的社会关系囊括了民法、行政法、诉讼法、国际法的社会关系,这些法律被严重侵犯达到需要入罪的地步时,刑法会予以回应。这种做法是自由法治社会的保障,上述其他法律的强制程度都低于刑法,在这些法律以沟通、协商、调解、行政拘留都不能解决问题时,刑法会设置入罪的门槛来解决这些问题。

一国立法理念的变化对刑法入罪门槛的影响还体现在刑罚的严

苛程度上。当一国采取包容的态度面对犯罪，并倡导以非刑罚措施解决犯罪问题时，一国的刑法入罪门槛就会变高；当一国将改善犯罪问题的重心放在犯罪分子的改过与回归上，一国的入罪标准可能不会发生变化，但入刑的可能性较低；当一国对犯罪的容忍程度较低时，入罪门槛会降低，相应的刑罚措施会更严格。

2. 国际交流的影响

随着国家和社会的发展，国际之间的交流日益密切，国外的立法观念也会影响到我国。这些影响主要来自于两个方面，一方面是官方的活动，一般是国际法主体在交往的过程中需要承认某些条款，这些条款中的立法思维会推动我国犯罪入罪化标准的变化。另一方面，在普通的国际交流中也会相互影响。在互联网的刺激下，网络成为思想和舆论发酵的聚集地，人们可以在网站上看到各个国家的实时新闻，对于别国的个罪入罪条件、刑罚都能进行了解，特别是现今可以在线观看庭审过程，这更是加速了国与国之间的立法与司法交流。公民在了解其他国家的立法状况时就会对自己国家的状态进行反思，比如有关伊斯兰教的立法和欧洲的立法状况就有差别，这些差别会引起讨论，进而可能影响一国的入罪状态。

不过公民层面的交流带来的立法变化是渐进的，这是由于公民与公民之间的交流规模比官方交流要小，并且具有个体差异，因此很难形成大规模的共识。首先，国与国之间进行交流的角度就会更加宏观，涉及的问题往往是国家安全、经济贸易、生态文明等，这些问题如果作为国际条约被提出，一般都有较长时间的国内立法实践，所以在法条的设计、可操作性方面都比较强。其次，往往被提上国际共识的问题都是人类发展的共同问题，尤其是在犯罪层面，各个国家共同打击的犯罪针对的都是危害人类、恐怖活动、跨国犯罪的问题，各个国家为了增强各国打击犯罪的同步性、减少国际之间的差别，都会尽量在立法层面保持一致，所以国际条约和协作也能引起一国入罪条件的变化。

3. 刑事政策的变化

刑事政策是国家有关刑事方面的决定，刑事政策是指国家为了预防犯罪和控制犯罪，保障自由、维护秩序和实现正义而制定实施的准则、策略、方针。我国刑事政策与刑法的关系经历了变动，从紧密联系到以刑事立法为主，刑事政策主要是辅助的局面。刑事政策反映了一国的对犯罪的态度，这一点体现在刑事政策常常是对个别犯罪在某个时期具有针对性的防范措施。这些措施是用来辅助犯罪的认定和刑罚的执行，因而刑事政策采取的对策往往也具有一定的强制性。

一国的刑事政策对于司法改革和发展具有重要作用，为了稳固司法改革的成果，刑事立法也会吸收刑事政策的内容。刑事政策对入罪的影响不仅是落脚于某个个罪的，也会在大政方针上起到指引作用。我国的刑事政策经历了"严打"到"宽严相济"的刑事政策，在"严打"时期，我国的入罪条件比较低，设置的许多罪名后来都成为"口袋罪"，并且在立法风格上习惯设置兜底条款，这些立法行为将所有个罪可能出现的情形都归纳进去。到了"宽严相济"的时期，刑事立法开始追求轻缓化，在刑法的使用上提倡谦抑性，在个罪的设置上充分讨论权利的合理性，入罪的标准经过多方反复讨论后才会确立。

另外，刑事政策毕竟是国家政策的一部分，它具有为政治发展服务的功能，所以追溯一国的刑事政策变化也能够看出国家在不同时期的侧重。在新中国刚刚成立的时期，我国实行的是公有制，因此会将某些商业行为纳入犯罪的层面，而到了社会主义市场经济时期，这些行为就会被非犯罪化。

刑事政策与入罪标准的关系是十分紧密的，二者均为打击犯罪服务，二者的区别在于入罪注重的是立法层面，刑事政策着眼于具体的实施，但围绕的都是保障社会安全与安定的主题。

4. 经济基础的提高

经济基础是一切活动的支持，经济基础的上升会带来文化、政治、法治的发展，也会改变刑法入罪的条件。从20世纪70年代以来，世界经济经历了几次波动和腾飞，也对世界整体范围内的入罪观念产生了影响。

对我国而言，经济基础对入罪化的影响是非常显著的，我国的社会主义法治建设在20世纪80年代开始得到改善，那时很多条件都很匮乏，我国的入罪化主要依靠政治和经济发展的需要。在那个时期，刑法个罪的设立帮助维护了社会主义市场经济建设的顺利进行。到了21世纪，我国经济状况提升，物质条件丰富，刑法开始着重强调宏观经济层面的问题，以帮助市场经济保持稳速发展。

在国际社会，欧美发达国家由于早期现代民主国家的基础建设已经完成，在20世纪末期更加注重公民的发展权利，同时由于经济情况的改善，人们更加注重权利的完善，在早期一些被认为是犯罪的亚文化权利被要求得到尊重，发达国家的入罪条件变得更加严格。

5. 传统法治观念的改变对入罪化的影响

本书这里传统思想的改变与前述（一）中的内容并不是雷同的，前文是指在现代法治建设完成的基础上，由于人民意志得到充分的表达，不同人群的利益需求发生分化，各种群体都要求在刑事立法中增加自己的权益保护。这里的传统的法治观念是指一个国家、民族在长期的立法实践中形成的法治思想、习惯等，这种传统的法治观念具有历史性、民族性、地域性。

传统的法治观念随着时间的推移会发生改变。现代国家都经历了不同程度的政治制度变化，政体和国体的改变会影响一国的立法原则和法制体系。但是现代国家的版图却没有发生大的变化，因此长久在同一地域生存的人们要接受新的法治观念，培养新的合法行为。在国家建设的早期，许多国家会保留原有的立法习惯，通过渐进式的立法方式改善国民的法治观念。所以到了现在，很多国家的刑罚观、犯罪观已经发生了很大改变，很多轻罪行为被非犯罪化或者通过保安处罚制度解决。

另外，很多传统的犯罪行为可能已经不复存在了，所以在刑法的清理过程中，涉及这些行为的犯罪就被撤销了，另一种情况是这些罪名因为长期不再使用而自动失去效力了。在刑法立法活动中，除了撤销旧的罪名当然也会产生新的罪名，只有跟上时代的步伐，才能保持刑法的灵活性。传统立法思想的变化不仅对传统的自然犯有影响，也会影响到法定犯。法定犯的入罪更加具有时代特色和具体的指向性，不同时代的不同的法定犯，根据犯罪规制的需要，入罪的标准也会变化。就拿我国的立法情况来说，在《刑法修正案（七）》中，规定的内容较多指向经济犯罪，比如将《刑法》第180条第1款修改为："证券、期货交易内幕信息的知情人员或者非法获取证券、期货交易内幕信息的人员，在涉及证券的发行，证券、期货交易或者其他对证券、期货交易价格有重大影响的信息尚未公开前，买入或者卖出该证券，或者从事与该内幕信息有关的期货交易，或者泄露该信息，或者明示、暗示他人从事上述交易活动，情节严重的，处5年以下有期徒刑或者拘役，并处或者单处违法所得1倍以上5倍以下罚金；情节特别严重的，处5年以上10年以下有期徒刑，并处违法所得1倍以上5倍以下罚金。"将《刑法》第201条修改为："纳税人采取欺骗、隐瞒手段进行虚假纳税申报或者不申报，逃避缴纳税款数额较大并且占应纳税额10%以上的，处3年以下有期徒刑或者拘役，并处罚金；数额巨大并且占应纳税额30%以上的，处3年以上7年以下有期徒刑，并处罚金。扣缴义务人采取前款所列手段，不缴或者少缴已扣、已收税款，数额较大的，依照前款的规定处罚。对多次实施前两款行为，未经处理的，按照累计数额计算。有第1款行为，经税务机关依法下达追缴通知后，补缴应纳税款，缴纳滞纳金，已受行政处罚的，不予追究刑事责任；但是，5年内因逃避缴纳税款受过刑事处罚或者被税务机关给予2次以上行政处罚的除外。"在《刑法》第224条后增加一条，作为第224条之一："组织、领导以推销商品、提供服务等经营活动为名，要求参加者以缴纳费用或者购买商品、服务等方式获得加入资格，并按照一定顺序组成层级，直接或者间接以发展人员的数量作为计酬或者返利依据，引诱、胁迫参加者继续发展他人参加，骗取财物，扰乱经济社会秩序的传销活动的，处5年以下有期徒刑或者拘役，并处罚金；情节严重的，处5年以上有期徒刑，并处罚金。"而《刑法修正案（八）》之后开始注重对特殊群体的保护，比如老年犯罪入罪化标准提高，在《刑法》第17条后增加一条，作为第17条之一："已满75周岁的人故意犯罪的，可以从轻或者减轻处罚；过失犯罪的，应当从轻或者减轻处罚。"在《刑法》第38条中增加一款作为第2款："判处管制，可以根据犯罪情况，同时禁止犯罪分子在执行期间从事特定活动，进入特定区域、场所，接触特定的人。"原第2款作为第3款，修改为："对判处管制的犯罪分子，依法实行社区矫正。"增加一款作为第4款："违反第2款规定的禁止令的，由公安机关依照《中华人民共和国治安管理处罚法》的规定处罚。"并且增加对危险犯的规定，在《刑法》第133条后增加一条，作为第133条之一："在道路上驾驶机动车追逐竞驶，情节恶劣的，或者在道路上醉酒驾驶机动车的，处拘役，并处罚金。有前款行为，同时构成其他犯罪的，依照处罚较重的规定定罪处罚。"将《刑法》第141条第1款修改为："生产、销售假药的，处3年以下有期徒刑或者拘役，并处罚金；对人体健康造成严重危害或者有其他严重情节的，处3年以上10年以下有期徒刑，并处罚金；致人死亡或者有其他特别严重情节的，处10年以上有期徒刑、无期徒刑或者死刑，并处罚金或者没收财产。"将

《刑法》第 143 条修改为："生产、销售不符合食品安全标准的食品,足以造成严重食物中毒事故或者其他严重食源性疾病的,处 3 年以下有期徒刑或者拘役,并处罚金;对人体健康造成严重危害或者有其他严重情节的,处 3 年以上 7 年以下有期徒刑,并处罚金;后果特别严重的,处 7 年以上有期徒刑或者无期徒刑,并处罚金或者没收财产。"将《刑法》第 144 条修改为:"在生产、销售的食品中掺入有毒、有害的非食品原料的,或者销售明知掺有有毒、有害的非食品原料的食品的,处 5 年以下有期徒刑,并处罚金;对人体健康造成严重危害或者有其他严重情节的,处 5 年以上 10 年以下有期徒刑,并处罚金;致人死亡或者有其他特别严重情节的,依照本法第 141 条的规定处罚。"将《刑法》第 338 条修改为:"违反国家规定,排放、倾倒或者处置有放射性的废物、含传染病病原体的废物、有毒物质或者其他有害物质,严重污染环境的,处 3 年以下有期徒刑或者拘役,并处或者单处罚金;后果特别严重的,处 3 年以上 7 年以下有期徒刑,并处罚金。"《刑法修正案(九)》加强了对信息的保护,将《刑法》第 253 条之一修改为:"违反国家有关规定,向他人出售或者提供公民个人信息,情节严重的,处 3 年以下有期徒刑或者拘役,并处或者单处罚金;情节特别严重的,处 3 年以上 7 年以下有期徒刑,并处罚金。违反国家有关规定,将在履行职责或者提供服务过程中获得的公民个人信息,出售或者提供给他人的,依照前款的规定从重处罚。窃取或者以其他方法非法获取公民个人信息的,依照第 1 款的规定处罚。单位犯前三款罪的,对单位判处罚金,并对其直接负责的主管人员和其他直接责任人员,依照各该款的规定处罚。"在《刑法》第 280 条后增加一条作为第 280 条之一:"在依照国家规定应当提供身份证明的活动中,使用伪造、变造的或者盗用他人的居民身份证、护照、社会保障卡、驾驶证等依法可以用于证明身份的证件,情节严重的,处拘役或者管制,并处或者单处罚金。有前款行为,同时构成其他犯罪的,依照处罚较重的规定定罪处罚。"在《刑法》第286条后增加一条,作为第286条之一:"网络服务提供者不履行法律、行政法规规定的信息网络安全管理义务,经监管部门责令采取改正措施而拒不改正,有下列情形之一的,处3年以下有期徒刑、拘役或者管制,并处或者单处罚金:①致使违法信息大量传播的;②致使用户信息泄露,造成严重后果的;③致使刑事案件证据灭失,情节严重的;④有其他严重情节的。单位犯前款罪的,对单位判处罚金,并对其直接负责的主管人员和其他直接责任人员,依照前款的规定处罚。有前两款行为,同时构成其他犯罪的,依照处罚较重的规定定罪处罚。"在《刑法》第291条之一中增加一款作为第2款:"编造虚假的险情、疫情、灾情、警情,在信息网络或者其他媒体上传播,或者明知是上述虚假信息,故意在信息网络或者其他媒体上传播,严重扰乱社会秩序的,处3年以下有期徒刑、拘役或者管制;造成严重后果的,处3年以上7年以下有期徒刑。"在《刑法》第308条后增加一条,作为第308条之一:"司法工作人员、辩护人、诉讼代理人或者其他诉讼参与人,泄露依法不公开审理的案件中不应当公开的信息,造成信息公开传播或者其他严重后果的,处3年以下有期徒刑、拘役或者管制,并处或者单处罚金。有前款行为,泄露国家秘密的,依照本法第398条的规定定罪处罚。公开披露、报道第1款规定的案件信息,情节严重的,依照第1款的规定处罚。单位犯前款罪的,对单位判处罚金,并对其直接负责的主管人员和其他直接责任人员,依照第1款的规定处罚"。并且增强了对危险犯的重视,将《刑法》第133条之一修改为:"在道路上驾驶机动车,有下列情形之一的,处拘役,并处罚金:①追逐竞驶,情节恶劣的;②醉酒驾驶机动车的;③从事校车业务或者旅客运输,严重超过额定乘员载客,或者严重超过规定时速行驶的;④违反危险化学品安全管理规定运输危险化学品,危及公共安全的。机动车所有人、管理人对前款第3项、第4项行为负有直接责任的,依照前款的规定处罚。有前两款行为,同时构成其他犯罪的,依照处罚较重的规定定罪处罚。"

但是这三个修正案仍有共同之处:

(1) 这几个刑法修正案均对传统的暴力行为继续加以规制。《刑法修正案(七)》中将《刑法》第239条修改为:"以勒索财物为目的绑架他人的,或者绑架他人作为人质的,处10年以上有期徒刑或者无期徒刑,并处罚金或者没收财产;情节较轻的,处5年以上10年以下有期徒刑,并处罚金。犯前款罪,致使被绑架人死亡或者杀害被绑架人的,处死刑,并处没收财产。以勒索财物为目的偷盗婴幼儿的,依照前两款的规定处罚。"在《刑法》第262条之一后增加一条,作为第262条之二:"组织未成年人进行盗窃、诈骗、抢夺、敲诈勒索等违反治安管理活动的,处3年以下有期徒刑或者拘役,并处罚金;情节严重的,处3年以上7年以下有期徒刑,并处罚金。"《刑法修正案(八)》将《刑法》第226条修改为:"以暴力、威胁手段,实施下列行为之一,情节严重的,处3年以下有期徒刑或者拘役,并处或者单处罚金;情节特别严重的,处3年以上7年以下有期徒刑,并处罚金:①强买强卖商品的;②强迫他人提供或者接受服务的;③强迫他人参与或者退出投标、拍卖的;④强迫他人转让或者收购公司、企业的股份、债券或者其他资产的;⑤强迫他人参与或者退出特定的经营活动的。"在《刑法》第234条后增加一条,作为第234条之一:"组织他人出卖人体器官的,处5年以下有期徒刑,并处罚金;情节严重的,处5年以上有期徒刑,并处罚金或者没收财产。未经本人同意摘取其器官,或者摘取不满18周岁的人的器官,或者强迫、欺骗他人捐献器官的,依照本法第234条、第232条的规定定罪处罚。违背本人生前意愿摘取其尸体器官,或者本人生前未表示同意,违反国家规定,违背其近亲属意愿摘取其尸体器官的,依照本法第 302 条的规定定罪处罚。"将《刑法》第 293 条修改为:"有下列寻衅滋事行为之一,破坏社会秩序的,处 5 年以下有期徒刑、拘役或者管制:①随意殴打他人,情节恶劣的;②追逐、拦截、辱骂、恐吓他人,情节恶劣的;③强拿硬要或者任意损毁、占用公私财物,情节严重的;④在公共场所起哄闹事,造成公共场所秩序严重混乱的。纠集他人多次实施前款行为,严重破坏社会秩序的,处 5 年以上 10 年以下有期徒刑,可以并处罚金。"《刑法修正案(九)》将《刑法》第 239 条第 2 款修改为:"犯前款罪,杀害被绑架人的,或者故意伤害被绑架人,致人重伤、死亡的,处无期徒刑或者死刑,并处没收财产。"将《刑法》第 241 条第 6 款修改为:"收买被拐卖的妇女、儿童,对被买儿童没有虐待行为,不阻碍对其进行解救的,可以从轻处罚;按照被买妇女的意愿,不阻碍其返回原居住地的,可以从轻或者减轻处罚。"将《刑法》第 358 条修改为:"组织、强迫他人卖淫的,处 5 年以上 10 年以下有期徒刑,并处罚金;情节严重的,处 10 年以上有期徒刑或者无期徒刑,并处罚金或者没收财产。组织、强迫未成年人卖淫的,依照前款的规定从重处罚。犯前两款罪,并有杀害、伤害、强奸、绑架等犯罪行为的,依照数罪并罚的规定处罚。为组织卖淫的人招募、运送人员或者有其他协助组织他人卖淫行为的,处 5 年以下有期徒刑,并处罚金;情节严重的,处 5 年以上 10 年以下有期徒刑,并处罚金。"

(2)这几部刑法修正案中有两部都对刑罚的执行方式和行为人的再社会化进行推进。《刑法修正案(八)》在《刑法》第 38 条中增加一款作为第 2 款:"判处管制,可以根据犯罪情况,同时禁止犯罪分子在执行期间从事特定活动,进入特定区域、场所,接触特定的人。"原第 2 款作为第 3 款,修改为:"对判处管制的犯罪分子,依法实行社区矫正。"增加一款作为第 4 款:"违反第 2 款规定的禁止令的,由公安机关依照《中华人民共和国治安管理处罚法》的规定处罚。"将《刑法》第50条修改为:"判处死刑缓期执行的,在死刑缓期执行期间,如果没有故意犯罪,2年期满以后,减为无期徒刑;如果确有重大立功表现,2年期满以后,减为25年有期徒刑;如果故意犯罪,查证属实的,由最高人民法院核准,执行死刑。对被判处死刑缓期执行的累犯以及因故意杀人、强奸、抢劫、绑架、放火、爆炸、投放危险物质或者有组织的暴力性犯罪被判处死刑缓期执行的犯罪分子,人民法院根据犯罪情节等情况可以同时决定对其限制减刑。"将《刑法》第63条第1款修改为:"犯罪分子具有本法规定的减轻处罚情节的,应当在法定刑以下判处刑罚;本法规定有数个量刑幅度的,应当在法定量刑幅度的下一个量刑幅度内判处刑罚。"将《刑法》第65条第1款修改为:"被判处有期徒刑以上刑罚的犯罪分子,刑罚执行完毕或者赦免以后,在5年以内再犯应当判处有期徒刑以上刑罚之罪的,是累犯,应当从重处罚,但是过失犯罪和不满18周岁的人犯罪的除外。"在《刑法》第67条中增加一款作为第3款:"犯罪嫌疑人虽不具有前两款规定的自首情节,但是如实供述自己罪行的,可以从轻处罚;因其如实供述自己罪行,避免特别严重后果发生的,可以减轻处罚。"将《刑法》第69条修改为:"判决宣告以前一人犯数罪的,除判处死刑和无期徒刑的以外,应当在总和刑期以下、数刑中最高刑期以上,酌情决定执行的刑期,但是管制最高不能超过3年,拘役最高不能超过1年,有期徒刑总和刑期不满35年的,最高不能超过20年,总和刑期在35年以上的,最高不能超过25年。数罪中有判处附加刑的,附加刑仍须执行,其中附加刑种类相同的,合并执行,种类不同的,分别执行。"将《刑法》第74条修改为:"对于累犯和犯罪集团的首要分子,不适用缓刑。"将《刑法》第76条修改为:"对宣告缓刑的犯罪分子,在缓刑考验期限内,依法实行社区矫正,如果没有本法第77条规定的情形,缓刑考验期满,原判的刑罚就不再执行,并公开予以宣告。"将《刑法》第 77 条第 2 款修改为:"被宣告缓刑的犯罪分子,在缓刑考验期限内,违反法律、行政法规或者国务院有关部门关于缓刑的监督管理规定,或者违反人民法院判决中的禁止令,情节严重的,应当撤销缓刑,执行原判刑罚。"将《刑法》第 78 条第 2 款修改为:"减刑以后实际执行的刑期不能少于下列期限:①判处管制、拘役、有期徒刑的,不能少于原判刑期的二分之一;②判处无期徒刑的,不能少于 13 年;③人民法院依照本法第 50 条第 2 款规定限制减刑的死刑缓期执行的犯罪分子,缓期执行期满后依法减为无期徒刑的,不能少于 25 年,缓期执行期满后依法减为 25 年有期徒刑的,不能少于 20 年。"将《刑法》第 81 条修改为:"被判处有期徒刑的犯罪分子,执行原判刑期二分之一以上,被判处无期徒刑的犯罪分子,实际执行 13 年以上,如果认真遵守监规,接受教育改造,确有悔改表现,没有再犯罪的危险的,可以假释。如果有特殊情况,经最高人民法院核准,可以不受上述执行刑期的限制。对累犯以及因故意杀人、强奸、抢劫、绑架、放火、爆炸、投放危险物质或者有组织的暴力性犯罪被判处 10 年以上有期徒刑、无期徒刑的犯罪分子,不得假释。对犯罪分子决定假释时,应当考虑其假释后对所居住社区的影响。"将《刑法》第 85 条修改为:"对假释的犯罪分子,在假释考验期限内,依法实行社区矫正,如果没有本法第 86 条规定的情形,假释考验期满,就认为原判刑罚已经执行完毕,并公开予以宣告。"将《刑法》第 86 条第 3 款修改为:"被假释的犯罪分子,在假释考验期限内,有违反法律、行政法规或者国务院有关部门关于假释的监督管理规定的行为,尚未构成新的犯罪的,应当依照法定程序撤销假释,收监执行未执行完毕的刑罚。"

《刑法修正案(九)》将《刑法》第 50 条第 1 款修改为:"判处死刑缓期执行的,在死刑缓期执行期间,如果没有故意犯罪,2 年期满以后,减为无期徒刑;如果确有重大立功表现,2 年期满以后，减为25年有期徒刑；如果故意犯罪，情节恶劣的，报请最高人民法院核准后执行死刑；对于故意犯罪未执行死刑的，死刑缓期执行的期间重新计算，并报最高人民法院备案。"将《刑法》第53条修改为："罚金在判决指定的期限内一次或者分期缴纳。期满不缴纳的，强制缴纳。对于不能全部缴纳罚金的，人民法院在任何时候发现被执行人有可以执行的财产，应当随时追缴。由于遭遇不能抗拒的灾祸等原因缴纳确实有困难的，经人民法院裁定，可以延期缴纳、酌情减少或者免除。"在《刑法》第69条中增加一款作为第2款："数罪中有判处有期徒刑和拘役的，执行有期徒刑。数罪中有判处有期徒刑和管制，或者拘役和管制的，有期徒刑、拘役执行完毕后，管制仍须执行。"

上述的改变，无论是"禁止犯罪分子在执行期间从事特定活动，进入特定区域、场所，接触特定的人"等条款的增加，还是对刑罚执行中各类情况具体规定的细化修改，均有利于进一步推进、落实刑罚的执行。具体来说，体现在以下几个方面：其一，《刑法修正案（八）》在原《刑法》第38条的基础上增加了禁止令的内容，通过限制社区服刑人员自由的方式，进一步明确此类社区刑罚的惩罚性质。其二，在立法层面明确死缓和无期徒刑的严厉性，将死缓改判后的实刑直接提升至22年或27年、将无期徒刑改判后的实刑提升至13年，这从客观上增加了死缓以及无期徒刑服刑人员的惩罚程度。其三，基于社会防卫的目的，对累犯、故意杀人等恶性犯罪的服刑人员限制减刑，既有利于维护和优化社会秩序，又能实现惩罚犯罪的目的。其四，通过刑事立法的形式进一步在司法实践中实现"死缓不死"：在死刑缓期执行的2年中如果发现确有故意犯罪且情节恶劣的情况下才能撤销死刑的缓期执行，其目的旨在落实少杀、慎杀的刑事政策。

（3）对于国家财产安全和政治安全的保护。《刑法修正案（七）》将《刑法》第151条第3款修改为："走私珍稀植物及其制品等国家禁止进出口的其他货物、物品的,处5年以下有期徒刑或者拘役,并处或者单处罚金;情节严重的,处5年以上有期徒刑,并处罚金。"在《刑法》第253条后增加一条,作为第253条之一:"国家机关或者金融、电信、交通、教育、医疗等单位的工作人员,违反国家规定,将本单位在履行职责或者提供服务过程中获得的公民个人信息,出售或者非法提供给他人,情节严重的,处3年以下有期徒刑或者拘役,并处或者单处罚金。窃取或者以其他方法非法获取上述信息,情节严重的,依照前款的规定处罚。单位犯前两款罪的,对单位判处罚金,并对其直接负责的主管人员和其他直接责任人员,依照各该款的规定处罚。"将《刑法》第337条第1款修改为:"违反有关动植物防疫、检疫的国家规定,引起重大动植物疫情的,或者有引起重大动植物疫情危险,情节严重的,处3年以下有期徒刑或者拘役,并处或者单处罚金。"将《刑法》第375条第2款修改为:"非法生产、买卖武装部队制式服装,情节严重的,处3年以下有期徒刑、拘役或者管制,并处或者单处罚金。"增加一款作为第3款:"伪造、盗窃、买卖或者非法提供、使用武装部队车辆号牌等专用标志,情节严重的,处3年以下有期徒刑、拘役或者管制,并处或者单处罚金;情节特别严重的,处3年以上7年以下有期徒刑,并处罚金。"原第3款作为第4款,修改为:"单位犯第2款、第3款罪的,对单位判处罚金,并对其直接负责的主管人员和其他直接责任人员,依照各该款的规定处罚。"在《刑法》第388条后增加一条作为第388条之一:"国家工作人员的近亲属或者其他与该国家工作人员关系密切的人,通过该国家工作人员职务上的行为,或者利用该国家工作人员职权或者地位形成的便利条件,通过其他国家工作人员职务上的行为,为请托人谋取不正当利益,索取请托人财物或者收受请托人财物,数额较大或者有其他较重情节的,处3年以下有期徒刑或者拘役,并处罚金;数额巨大或者有其他严重情节的,处3年以上7年以下有期徒刑,并处罚金;数额特别巨大或者有其他特别严重情节的,处7年以上有期徒刑,并处罚金或者没收财产。离职的国家工作人员或者其近亲属以及其他与其关系密切的人,利用该离职的国家工作人员原职权或者地位形成的便利条件实施前款行为的,依照前款的规定定罪处罚。"将《刑法》第395条第1款修改为:"国家工作人员的财产、支出明显超过合法收入,差额巨大的,可以责令该国家工作人员说明来源,不能说明来源的,差额部分以非法所得论,处5年以下有期徒刑或者拘役;差额特别巨大的,处5年以上10年以下有期徒刑。财产的差额部分予以追缴。"《刑法修正案(八)》将《刑法》第66条修改为:"危害国家安全犯罪、恐怖活动犯罪、黑社会性质的组织犯罪的犯罪分子,在刑罚执行完毕或者赦免以后,在任何时候再犯上述任一类罪的,都以累犯论处。"将《刑法》第109条修改为:"国家机关工作人员在履行公务期间,擅离岗位,叛逃境外或者在境外叛逃的,处5年以下有期徒刑、拘役、管制或者剥夺政治权利;情节严重的,处5年以上10年以下有期徒刑。掌握国家秘密的国家工作人员叛逃境外或者在境外叛逃的,依照前款的规定从重处罚。"将《刑法》第151条修改为:"走私武器、弹药、核材料或者伪造的货币的,处7年以上有期徒刑,并处罚金或者没收财产;情节特别严重的,处无期徒刑或者死刑,并处没收财产;情节较轻的,处3年以上7年以下有期徒刑,并处罚金。走私国家禁止出口的文物、黄金、白银和其他贵重金属或者国家禁止进出口的珍贵动物及其制品的,处5年以上10年以下有期徒刑,并处罚金;情节特别严重的,处10年以上有期徒刑或者无期徒刑,并处没收财产;情节较轻的,处5年以下有期徒刑,并处罚金。走私珍稀植物及其制品等国家禁止进出口的其他货物、物品的,处5年以下有期徒刑或者拘役,并处或者单处罚金;情节严重的,处5年以上有期徒刑,并处罚金。单位犯本条规定之罪的,对单位判处罚金,并对其直接负责的主管人员和其他直接责任人员,依照本条各款的规定处罚。"将《刑法》第153条第1款修改为:"走私本法第151条、第152条、第347条规定以外的货物、物品的,根据情节轻重,分别依照下列规定处罚:①走私货物、物品偷逃应缴税额较大或者1年内曾因走私被给予2次行政处罚后又走私的,处3年以下有期徒刑或者拘役,并处偷逃应缴税额1倍以上5倍以下罚金。②走私货物、物品偷逃应缴税额巨大或者有其他严重情节的,处3年以上10年以下有期徒刑,并处偷逃应缴税额1倍以上5倍以下罚金。③走私货物、物品偷逃应缴税额特别巨大或者有其他特别严重情节的,处10年以上有期徒刑或者无期徒刑,并处偷逃应缴税额1倍以上5倍以下罚金或者没收财产。"将《刑法》第157条第1款修改为:"武装掩护走私的,依照本法第151条第1款的规定从重处罚。"将《刑法》第164条修改为:"为谋取不正当利益,给予公司、企业或者其他单位的工作人员以财物,数额较大的,处3年以下有期徒刑或者拘役;数额巨大的,处3年以上10年以下有期徒刑,并处罚金。为谋取不正当商业利益,给予外国公职人员或者国际公共组织官员以财物的,依照前款的规定处罚。单位犯前两款罪的,对单位判处罚金,并对其直接负责的主管人员和其他直接责任人员,依照第1款的规定处罚。行贿人在被追诉前主动交待行贿行为的,可以减轻处罚或者免除处罚。"将《刑法》第294条修改为:"组织、领导黑社会性质的组织的,处7年以上有期徒刑,并处没收财产;积极参加的,处3年以上7年以下有期徒刑,可以并处罚金或者没收财产;其他参加的,处3年以下有期徒刑、拘役、管制或者剥夺政治权利,可以并处罚金。境外的黑社会组织的人员到中华人民共和国境内发展组织成员的,处3年以上10年以下有期徒刑。国家机关工作人员包庇黑社会性质的组织,或者纵容黑社会性质的组织进行违法犯罪活动的,处5年以下有期徒刑;情节严重的,处5年以上有期徒刑。犯前三款罪又有其他犯罪行为的,依照数罪并罚的规定处罚。黑社会性质的组织应当同时具备以下特征：①形成较稳定的犯罪组织，人数较多，有明确的组织者、领导者，骨干成员基本固定；②有组织地通过违法犯罪活动或者其他手段获取经济利益，具有一定的经济实力，以支持该组织的活动；③以暴力、威胁或者其他手段，有组织地多次进行违法犯罪活动，为非作恶，欺压、残害群众；④通过实施违法犯罪活动，或者利用国家工作人员的包庇或者纵容，称霸一方，在一定区域或者行业内，形成非法控制或者重大影响，严重破坏经济、社会生活秩序。"《刑法修正案（九）》将《刑法》第 120 修改为："组织、领导恐怖活动组织的，处 10 年以上有期徒刑或者无期徒刑，并处没收财产；积极参加的，处 3 年以上 10 年以下有期徒刑，并处罚金；其他参加的，处 3 年以下有期徒刑、拘役、管制或者剥夺政治权利，可以并处罚金。犯前款罪并实施杀人、爆炸、绑架等犯罪的，依照数罪并罚的规定处罚。"将《刑法》第 120 条之一修改为："资助恐怖活动组织、实施恐怖活动的个人的，或者资助恐怖活动培训的，处 5 年以下有期徒刑、拘役、管制或者剥夺政治权利，并处罚金；情节严重的，处 5 年以上有期徒刑，并处罚金或者没收财产。为恐怖活动组织、实施恐怖活动或者恐怖活动培训招募、运送人员的，依照前款的规定处罚。单位犯前两款罪的，对单位判处罚金，并对其直接负责的主管人员和其他直接责任人员，依照第 1 款的规定处罚。"在《刑法》第 120 条之一后增加 5 条，作为第 120 条之二、第 120 条之三、第 120 条之四、第 120 条之五、第 120 条之六：第 120 条之二"有下列情形之一的，处 5 年以下有期徒刑、拘役、管制或者剥夺政治权利，并处罚金；情节严重的，处 5 年以上有期徒刑，并处罚金或者没收财产：①为实施恐怖活动准备凶器、危险物品或者其他工具的；②组织恐怖活动培训或者积极参加恐怖活动培训的；③为实施恐怖活动与境外恐怖活动组织或者人员联络的；④为实施恐怖活动进行策划或者其他准备的。有前款行为,同时构成其他犯罪的,依照处罚较重的规定定罪处罚。"第120条之三"以制作、散发宣扬恐怖主义、极端主义的图书、音频视频资料或者其他物品,或者通过讲授、发布信息等方式宣扬恐怖主义、极端主义的,或者煽动实施恐怖活动的,处5年以下有期徒刑、拘役、管制或者剥夺政治权利,并处罚金;情节严重的,处5年以上有期徒刑,并处罚金或者没收财产。"第120条之四"利用极端主义煽动、胁迫群众破坏国家法律确立的婚姻、司法、教育、社会管理等制度实施的,处3年以下有期徒刑、拘役或者管制,并处罚金;情节严重的,处3年以上7年以下有期徒刑,并处罚金;情节特别严重的,处7年以上有期徒刑,并处罚金或者没收财产。"第120条之五"以暴力、胁迫等方式强制他人在公共场所穿着、佩戴恐怖主义、极端主义服饰、标志的,处3年以下有期徒刑、拘役或者管制,并处罚金。"第120条之六"明知是宣扬恐怖主义、极端主义的图书、音频资料或者其他物品而非法持有,情节严重的,处3年以下有期徒刑、拘役或者管制,并处或单处罚金。"将《刑法》第170条修改为:"伪造货币的,处3年以上10年以下有期徒刑,并处罚金;有下列情形之一的,处10年以上有期徒刑或者无期徒刑,并处罚金或者没收财产:①伪造货币集团的首要分子;②伪造货币数额特别巨大的;③有其他特别严重情节的。"将《刑法》第288条第1款修改为:"违反国家规定,擅自设置、使用无线电台(站),或者擅自使用无线电频率,干扰无线电通讯秩序,情节严重的,处3年以下有期徒刑、拘役或者管制,并处或者单处罚金;情节特别严重的,处3年以上7年以下有期徒刑,并处罚金。"将《刑法》第300条修改为:"组织、利用会道门、邪教组织或者利用迷信破坏国家法律、行政法规实施的,处3年以上7年以下有期徒刑,并处罚金;情节特别严重的,处7年以上有期徒刑或者无期徒刑,并处罚金或者没收财产;情节较轻的,处3年以下有期徒刑、拘役、管制或者剥夺政治权利,并处或者单处罚金。组织、利用会道门、邪教组织或者利用迷信蒙骗他人,致人重伤、死亡的,依照前款的规定处罚。犯第1款罪又有奸淫妇女、诈骗财物等犯罪行为的,依照数罪并罚的规定处罚。"从刑法修正案的立法变化可以看出一国的入罪化的发展及法律保护意识的改变。但是,稳固社会根本的部分是入罪化永远需要保证、调整和跟进的。

二、中国面临的犯罪化问题

在探讨我国犯罪化面临的问题之前,我们有必要对犯罪化的概念进行简单了解。所谓犯罪化,一般是将指以往不是犯罪的行为规定于刑法之中,使其成为刑事制裁的对象。简言之,就是将不是犯罪的行为变为犯罪行为。其中以往不是犯罪的行为,既可以是由行政法、经济法等法律禁止而不为刑法所禁止的一般违法行为,也可能是不被任何法律所禁止,但是具有一定的社会危害性的行为。由轻罪变为重罪不属于犯罪化的范畴。犯罪化可以包括立法上的犯罪化和刑罚解释、适用上的犯罪化(也称司法上的犯罪化)。刑法立法犯罪化,即通过刑法立法,将某些行为规定为犯罪行为的过程,例如《刑罚修正案(八)》中关于危险驾驶罪的规定。司法犯罪化,也可谓解释适用上的犯罪化,即在适用刑法时,将迄今为止没有适用刑法作为犯罪处理的行为,通过新的解释将其作为犯罪处理。[1] 比如,某城市将盗窃罪的最低入罪数额规定为2000元,在"严打"时期,将这一入罪底线降到1000元,本来盗窃1500元不犯罪的也就变成了犯罪。犯罪化是与非犯罪化相对应的一个概念,非犯罪化是将原本被刑法规定为犯罪的行为

---

[1] 张明楷:《司法上的犯罪化与非犯罪化》,载《法学家》2008年第4期,第66页。

不作为犯罪，两者恰好相反。对于司法上的犯罪化有学者认为不符合罪刑法定原则的基本要求，也有学者主张符合罪刑法定原则且有助于促进我国法治的进步，在此，不做具体探讨。本节中我们着重研究立法上的犯罪化问题。犯罪化实际上是刑法管辖范围的一种扩张，在一定程度上决定刑法涉及范围的大小。刑法范围越大，公民的自由也就越多地受到限制，刑法犯罪太小又将不利于公民自由权利的发挥。因此，对于犯罪化存在与否，学术界表现出三种不同的观点，有学者认为犯罪化是我国历史发展的必然，对犯罪化抱有积极的支持态度；与此相反，有学者反对犯罪化的继续进行，主张我国应该停止犯罪化的刑事立法，但是在一定程度上肯定我国近期犯罪化的继续存在；[1]当然，也有学者认为我国应当保持犯罪化与非犯罪化并存的局面。笔者认为第三种观点较为合理，犯罪化是我国现阶段发展的必然要求，只要有犯罪化的存在，我们就有必要对犯罪化进行规制，探寻犯罪化的标准，以指导犯罪化的正常运行。另外，随着社会的不断进步，某些原本规定为犯罪的行为已经不再适应时代的发展需求或者已经没有再将其规定为犯罪的必要，对其进行非犯罪化处理，以此废除刑法中不必要的犯罪条款，促进刑法规定的科学性、严密性、明确性。然而，我国的犯罪化进程并不是一帆风顺的，其依然存在着一定的问题，为此，本节将着重探讨现今我国犯罪化面临的各种问题，希望以此提出切实可行的犯罪化标准。

（一）犯罪化呈现无限制扩张的发展趋势

"重刑轻民"传统思想和刑法万能主义是导致我国犯罪化无限度扩张的重要思想基础。在我国两千多年的封建社会中，形成了一套相对完备的法律制度，其特点主要可以概括为以下四点：其

---

[1] 刘艳红：《我国应该停止犯罪化的刑事立法》，载《法学》2011年第11期，第108~115页。

一,法律出于皇权,其主要目的就是捍卫皇权。我国历代法律都是以皇帝个人意志的形式表现出来的,法律虽然由朝廷大臣具体制定,但最终决定权在于皇帝,帝王凌驾于法律之上。其二,礼法结合,以儒家思想为理论基础。在中国古代法律中,"礼"占有重要地位,"为政以礼,礼为政本""出礼入刑","礼"既是道德规范又是法律规范。其三,官僚、贵族享有特权。我国古代法律制度赋予了官僚各种特权,如唐律中的"议""请""减"等,这是一种按照品级减免罪刑的法律制度。其四,诸法合体,民刑不分,以刑为主。我国古代法律制度的基本特征,催生了刑法万能主义思想。蔡枢衡先生在其《中国刑法史》中提到,"历史上,中国刑法史是中国法制史的重心,除了刑法史的法制史,便觉空洞无物。"瞿同祖先生认为,中国古代法"以刑为主"的特点表现在以下几个方面:其一,从内容上看,在中国古代的法律制度中,刑法所占的比重非常大;其二,从形式上看,古代中国的刑法和其他法律部门相比,是最完备、最系统且发展水平最高的;其三,在中国古代,刑法是追究各种性质的法律责任的基本手段。刑律在我国古代最具代表性,民事法、行政法、商事法等部门法本包含于刑事法之中。民法处于零散状态,没有形成独立的民法体系。社会生活中各个领域的非法行为,无论是犯罪还是一般的违法行为,全部规定于刑律之中,统称犯罪,处以刑罚。刑律在几千年的古代中国占据举足轻重的地位,直到清末,沈家本在修律时认为"民事、刑事性质各异,虽同一法庭,而办法要宜有区别",奏请诉讼法应"分别刑事、民事"分别编纂,遂于1906年编成《大清刑事、民事诉讼法》,奏请执行。随着社会的进步、经济的快速发展,我国也越来越重视人权的保护,拥有了相对完备的法律体系,惩罚措施不再仅仅是单一的刑罚,各部门法呈蓬勃发展的趋势。然而,刑法万能主义思想并没有因此在人们心中消失,它依然影响着人们对某些违法行为的判断,遇到不合法、不公正、不

合理的现象,第一反应总是入刑,一味强调犯罪化,致使我国犯罪化呈现无限制扩张的发展趋势。这种扩张主要表现在以下两个方面:

第一,我国刑法修正案的频繁出台和刑法罪名的不断增加。

从1997年《刑法》制定至今,我国已经制定十部刑法修正案,平均每一年半一部,以极快的速度不断推动着我国刑法犯罪化的进程。纵观全部刑法修正案,除了《刑法修正案(八)》废除了部分死刑,在刑罚的轻缓问题上有重大进步之外,前七部修正案一律以实现刑法保护社会与各界的利益为目标,不断缩小公民自由的范围,增设各种新的罪名,以扩大刑罚权对公民的制约。[1]《刑法修正案(一)》增加了隐匿、故意销毁会计凭证、会计账簿、财务会计报告罪,国有事业单位人员滥用职权罪等新罪。《刑法修正案(二)》将非法占用耕地罪扩大为包括林地在内的非法占用农用地罪。《刑法修正案(三)》增加了危险物质作为危害公共安全罪中诸多罪名的新的犯罪对象,而且提高了恐怖活动犯罪的法定刑。《刑法修正案(四)》降低了生产、销售不符合标准的医用器材罪的入刑标准,单独规定了走私固体废物行为的刑罚,扩大了走私废物行为的对象范围,将《刑法》第344条的保护对象由珍贵树木扩大至国家重点保护的其他植物,降低了非法收购、运输盗伐、滥伐林木罪的入罪门槛,增加了非法雇佣童工劳动罪、执行判决裁定失职罪及滥用职权罪3个新罪名。《刑法修正案(五)》增加了妨害信用卡管理罪,窃取、收买、非法提供信用卡信息罪,过失损坏武器装备、军事设施、军事通信罪等新罪,还增加了原有罪名即信用卡诈骗罪的行为方式。《刑法修正案(六)》新增了强令违章冒险作业罪,大型群众性活动重大安

---

[1] 郎胜:《在构建和谐社会的语境下谈我国刑法立法的积极与谨慎》,载《法学家》2007年第5期。转引自刘艳红:《我国应该停止犯罪化的刑事立法》,载《法学》2011年第11期,第108~115页。

全事故罪，不报、谎报安全事故罪，虚假破产罪，背信损害上市公司利益罪，骗取贷款罪，背信运用受托财产罪，违法运用资金罪，组织残疾人、儿童乞讨罪，枉法仲裁罪，开设赌场罪等新罪。《刑法修正案（七）》新增了9种罪名。其中只有绑架罪降低了法定刑，其余条款增加新罪、降低既有罪名入罪条件、扩大处罚范围以及提高刑罚为内容。在我国刑事立法史上首次较大规模废除死刑而获得高度评价的《刑法修正案（八）》，其中也有占全部50个条文的二分之一，即25个条文，是为了提高刑罚或者增加新罪以便更好地打击相关犯罪而设立的，危险驾驶罪，对外国公职人员、国际公共组织官员行贿罪，虚开发票罪，持有伪造的发票罪，组织出卖人体器官罪，拒不支付劳动报酬罪，食品监管渎职罪共7个罪名就是此次犯罪化的产物。〔1〕直至2011年《刑法修正案（八）》通过，《刑法》增加了41个罪名（包括单行刑法增加的骗购外汇罪），删去2个罪名，目前刑法共计451个罪名。增加的罪名中，危害公共安全罪5个，破坏社会主义市场经济秩序罪16个，侵犯公民人权权利、民主权利罪6个，侵犯财产罪1个，危害社会管理秩序罪6个，危害国防利益罪2个，贪污贿赂罪1个，渎职罪4个。《刑法修正案（九）》继续逐步减少死刑罪名，取消走私武器、弹药罪，走私核材料罪，走私假币罪，伪造货币罪，集资诈骗罪，组织卖淫罪，强迫卖淫罪，阻碍执行军事职务罪，战时造谣惑众罪9个罪名的死刑。从新增刑罚来看，加大了对恐怖主义、极端主义犯罪的惩治力度，增设了对校车的处罚，加大了对于拐卖妇女儿童的处罚力度。《刑法修正案（十）》加大了惩治侮辱国歌犯罪行为的处罚力度，新增侮辱国歌罪。

第二，国人犯罪化建议的不断提出，尤其是一些专家学者，频频提出某些行为应予以犯罪化的主张。

---

〔1〕 刘艳红：《我国应该停止犯罪化的刑事立法》，载《法学》2011年第11期，第109页。

中国刑法持续的犯罪化现象并不只是立法者自身观念的问题，它在很大程度上也是国人对刑法高度期盼的反映，对国人犯罪化呼吁的回应。前文已经提到"重刑轻民"思想是我国古代法律制度的重要特征，这在一定程度上孕育着国人的刑法万能主义思想。"重刑轻民"的中国法律传统在当今社会以对刑法的迷信和过度依赖正在以不断设立新罪的方式变相地体现出来。无论是在刑法理论界还是实务中，"增设新罪"一直以来都是一个令大家关注的话题，国人总是希望刑法能穷尽一切社会问题，进而实现刑法在人民臆想中的万能作用。在立法中心主义的作用下，国人对很多行为都提出了犯罪化的建议。其一，对于现实生活中经常发生的某些行为，如果现有的法律无法通过解释涵盖，那么国人就会呼吁增设新罪或"扩容"旧罪来解决问题，很少考虑刑法效益的多寡以及是否有必要将其规定为犯罪行为。例如网络"裸聊"行为，有学者认为网络"裸聊"是一种突出的法律现象，这一行为虽然存在于一个虚拟空间，但在这一虚拟空间中发生的行为却是实在的，只是行为方式有所改变，认为网络"裸聊"行为对青少年造成很大损害，破坏社会管理秩序，对于以营利为目的的应依照"制作、复制、出版、贩卖、传播淫秽物品牟利罪定罪处罚"，不以牟利为目的的，依照"传播淫秽物品罪"定罪处罚。[1] 这就是此类犯罪化的一种体现，对于"裸聊"行为到底在多大程度上危害社会秩序、侵蚀青少年身心健康并没有实际的考证数据，另外"裸聊"行为相比聚众淫乱罪似乎并不是那么严重，而已有学者主张废除聚众淫乱罪。"裸聊"也仅仅是在一定的空间之内，多数是一对一进行，这与卖淫行为相去甚远。在卖淫行为也仅仅是处以行政罚的情况下，单纯的"裸聊"行为又怎能以犯罪处罚。这是一个明显的刑法万能主义表现的实例。其二，提出新罪根本不考

---

[1] 易珍春、张付：《越轨还是犯罪？——对网络"裸聊"行为犯罪化的正当性探讨》，载《网络法律评论》2009年第0期，第264~273页。

虑相关行为在刑法中是否能运用其他罪名予以解决。例如有人主张对于诉讼诈骗行为,"当时机成熟时可以通过刑法修正案的方式,在刑法中增设'诉讼诈骗罪'条款"。认为诉讼诈骗一般是指以非法占有为目的,利用人民法院的审判权和执行权,通过伪造证据、虚构事实提起民事诉讼的方法,骗取人民法院作出有利于自己的裁决,从而占有他人财物或者财产性利益的行为。[1] 从其对这一行为的描述可以看出,现有刑法中规定的诈骗罪完全可以将其涵盖在内,根本无需另设新的罪名。另外,"酒驾"入刑在很大程度上源自于当时因醉酒驾车而导致的交通事故频发,在国民的一再呼吁之下,"酒驾"以危险驾驶罪入刑,"酒驾"入刑之后"毒驾"是否也要入刑,也是一个值得我们探讨的问题。

(二) 缺少切实可行的犯罪化准则

提起犯罪化准则,不禁让我们想起我国对量刑准则的重视程度。在此之前我们有必要对量刑与犯罪化的定义以及其在整个刑事司法中的作用做一个简单的描述。众所周知,量刑是指根据刑法规定,在认定犯罪的基础上,对犯罪人是否判处刑罚,判处何种刑罚以及判处多重刑罚的确定与裁量。量刑需要遵循一定的原则,根据《刑法》第61条规定:"对犯罪分子决定刑罚的时候,应当根据犯罪的事实、犯罪的性质、情节和对社会的危险程度,依照本法的有关规定判处"。根据这一规定,量刑原则可以概括为:以犯罪事实为依据,以刑事法律为准绳。这一量刑原则,是由相辅相成不可分割的两部分内容组成,包括了量刑的两项基本准则,是我国"以事实为依据,以法律为准绳"这一法制原则在量刑上的具体化。量刑属于刑事司法活动的重要环节之一,而犯罪化则是刑事立法活动。这与犯罪化完全不同。另外,犯罪化与

---

[1] 陈曙芬:《诉讼欺诈的犯罪化》,载《政法学刊》2013年第1期,第94~97页。

定罪也不同，定罪是根据刑法规定，对某一行为是否构成犯罪、构成何种犯罪以及构成的犯罪是轻罪还是重罪的确认与判断，也是刑事司法的一个重要环节。而犯罪化是指某一类行为是否应该规定于刑法之中，将本来不是犯罪的行为规定为犯罪行为。但是犯罪化与定罪量刑并不是完全独立毫无关系的。一方面，犯罪化是定罪量刑的前提和基础。一个行为在没有被法律规定为犯罪之前，根本不会引发后续的定罪量刑程序，只有之后将这一行为犯罪化处理之后，才可能引起一系列的定罪量刑工作的进行。另一方面，定罪量刑是犯罪化的必经路径。一个行为被犯罪化的目的就是将此类行为定罪量刑，以维护社会稳定。犯罪化作为量刑的基础，在刑事立法、刑事司法中占据重要地位，与量刑同等重要，不可或缺。然而人们对于量刑的关注度远远超过了犯罪化。量刑除了具有本身的规律和原则之外，最高人民法院还颁布了相关量刑指导意见。

早在20世纪70年代中后期，由于实证主义的盛行与法官自由裁量权的广泛运用，不合理的量刑歧义异常明显，一股从美国开始的量刑改革浪潮席卷全球。各国都在积极探索有效规范量刑的新模式和新方法。美国采用数值化的量刑准则、英国采用叙述性量刑准则，澳洲实行资讯化量刑准则，荷兰采用检方求刑准则。在我国，山东省的"电脑量刑"模式以及江苏省的"指导意见"模式都是司法界试图规范量刑的早期尝试，且取得了一定的成效。最高人民法院于2010年10月1日实施的《人民法院量刑指导意见（试行）》（现已失效），标志着我国量刑规范化改革在全国法院全面试行。这是我国刑事司法领域进行的一场具有里程碑意义的重大改革，它对于规范法官量刑活动，实现量刑的公平、公正、公开、均衡具有重要意义。指导意见创造性地提出了"三步骤"量刑法，首先，根据基本犯罪构成事实在相应的法定刑幅度内确定量刑起点；其次，根据其他影响犯罪构成的犯罪数额、犯罪次数、犯罪后果等犯罪事实，在量刑起点的基础上增加刑罚量确定基准刑；最后，根据量刑情节调节基准刑，并综合考虑全案情况，依法确定宣告刑。上述量刑指导意见中规定，本意见对常见法定和酌定量刑情节的调节幅度和常见犯罪的量刑作了原则性规定，各省、自治区、直辖市高级人民法院可以结合当地实际，对常见量刑情节及其他尚未规范的量刑情节，以及常见犯罪的量刑起点幅度、增加刑罚量的具体情形和各种量刑情节进行细化，并报最高人民法院备案。全国各省市在此基础上也制定了符合本省实际情况的实施细则。该量刑指导意见实施以来，在很大程度上减少了我国量刑歧义现象的发生，促进了量刑规范化、科学化的实现。

尽管非犯罪化是刑法发展的必然趋势，但是现今我国犯罪化依然占据主导地位，因此有必要对其进行规范。犯罪化需要遵循以下几个原则：首先，犯罪化必须与当前社会发展规律相适应。法律被视为上层建筑，和经济、文化等社会因素息息相关，刑法作为法律的一分子，自然也不能例外。而犯罪化，是刑法立法的重要体现，其必须寓于社会之中，符合社会发展特征，才能取得良好的发展。其次，犯罪化必须遵循现阶段的刑事政策。刑事政策是国家根据社会发展情况及犯罪态势所作的治理犯罪的方略。刑事政策理论起源和刑法实证学派的研究深入关系密切，通过对犯罪发生原因，特别是对社会原因的探究，刑法学者的视野拓展到了整个社会，而非仅仅停留在犯罪这个独立的社会现象上。刑事政策是社会发展状况、规律与刑法立法的纽带，科学的刑事政策为刑法立法提供了原则和方向，犯罪化实际上是刑事政策的产物。犯罪化必须遵循当前的刑事政策。最后，犯罪化应当遵循效益原则。当今社会，无论哪个行业都十分注重效益，犯罪化也不例外。考虑一个行为有没有必要犯罪化，就必须考虑将这个行为犯罪化之后会带来多大的收益。我们一直在追求用最小的代价换取最大的利益，若行为只需其他法律甚至道德来约束，就没有必要动用刑罚。刑法不是万能的，并不是一切行为规定于刑法之中就会取得最佳的效果。

目前为止，除了《立法法》《宪法》和《刑法》之外，并无对犯罪化进行规范的法律或准则。《立法法》于2000年3月15日由第九届全国人民代表大会第三次会议通过，共6章94条，其中第6章为附则的内容，规定了制定军事法规的相关事项以及《立法法》施行日期。而后于2015年3月15日第十二届全国人民代表大会第三次会议通过修正，共6章105条。有学者认为，从整体上看，除立法权限的划分及法律适用问题属于新的规定外，《立法法》对大多数规定基本上毫无新意，有照搬《宪法》或其他相关法律规范的嫌疑。也有学者认为《立法法》的现有规定仍然存在一些缺陷，如全国人大和全国人大常委会的立法权限不清，不仅没有使宪法的原则规定进一步明确化，而且淡化了法律和基本法律的效力等级；对法律保留的范围过于狭窄，不利于公民基本权利的保障；对国务院授权立法的范围过宽，容易导致行政立法权的滥用，破坏国家法制的统一，侵犯公民合法权益；对全国人大常委会的法律解释权缺乏原则和程序限制，不利于维护已有的统一的法律制度，使解释权的行使突破宪法和法律的框架，违背宪法和法律的原则、精神，僭越全国人大的立法权。[1] 在此，我们不必提出《立法法》的完善建议，由学者对《立法法》缺陷的详细论述可知，《立法法》自身的不完备性，在一定程度上决定了在其指导下的刑法立法也具有相应的不足，犯罪化缺少一部具体完备的准则。另外，《立法法》第7条规定，全国人民代表大会制定和修改刑事、民事、国家机构的和其他的基本法律，第8条规定犯罪和刑罚只能由法律以及立法程序制定的总括性规定，这些对于犯罪化来说只能是"冰山一角"，犯罪化涉及对公民权利的制约与

---

[1] 王珂瑾：《我国〈立法法〉的缺陷分析》，载《政法论丛》2002年第3期，第47~50页。

限制，犯罪化程度越深，人民的权利也就越小，因此我们需要一部具体详尽的犯罪化准则，指导、约束犯罪化的进行。而《立法法》中的规定只能是原则性的规定，对于犯罪化来讲，缺少一定的可操作性。另外，《宪法》是母法，其规定本身就具有一定的抽象性，要想在实务中贯彻宪法精神就需要各个国家机关依照自身权限和程序制定相关的实施细则。具体到犯罪化来讲，《宪法》的某些相关规定自然也不具有可操作性。因此，至目前为止，我国尚无切实可行的犯罪化准则。

另外，我国《刑法》第13条规定："一切危害国家主权、领土完整和安全，分裂国家、颠覆人民民主专政的政权和推翻社会主义制度，破坏社会秩序和经济秩序，侵犯国有财产或者劳动群众集体所有的财产，侵犯公民私人所有的财产，侵犯公民的人身权利、民主权利和其他权利，以及其他危害社会的行为，依照法律应当受到刑罚处罚的，都是犯罪，但是情节显著轻微危害不大的，不认为是犯罪。"这一条实际上是定罪的准则，由本条文可以看出犯罪必须侵犯法律保护的各项权利、违反刑事法律且具有相当程度的社会危害性。由此可以推出，犯罪化应当遵循两个原则，一是行为必须侵害《刑法》第13条提及的各项权利，二是行为必须达到一定的严重程度。而情节显著轻微危害不大的行为，无需犯罪化。对于权利的侵害尚可判断，但是何谓情节显著轻微危害不大却难以把握。情节轻微和情节显著轻微之间并无显著界限，人们只能根据自身的价值判断加以处理。比如上文提到的"裸聊"行为，对其社会危害性的大小，不同的人可能会有不同的理解。犯罪化的这一量刑原则在具体的立法过程中很难把握，不具有可操作性。

通过上文论述可知，量刑与犯罪化虽分处于刑事司法和刑事立法两个领域，但在刑法的制定和实施的整个过程中扮演着同等重要的角色，然而人们给予量刑过多的关注，制定了相对完善的量刑指导意见，却很少关注犯罪化。我国需要制定具体可行的犯罪化标准，以规范犯罪化的正常运行。犯罪化标准的制定具有以下意义：首先，促进我国法治建设。我国法治国家的实现仍然需要一段历程，国家的政治制度、法律制度、经济文化制度等都尚存缺陷，随着我国各项制度的不断完善，法治国家也必然随之发展。犯罪化准则的制定，实际上是对某些行为入刑的一种法律规制，是完善我国法律制度的重要一环，对于实现法治国家具有积极的推动作用。其次，有助于限制国家权力，保障公民权利。国家权利的扩张，必然带来公民权利的紧缩。犯罪化标准的缺失，必将带来刑罚权滥用的隐患。没有一个犯罪化标准，无论行为造成多大的社会危害，也不考虑使用刑罚后的效益价值，就盲目地将该行为规定为犯罪，必将造成刑罚权滥用的局面。刑罚作为最严厉的处罚，应在考虑到各方面因素的基础上为之。犯罪化标准的制定，能防止入罪泛滥，刑罚权滥用，进而限制国家权利，保障公民权利的实现。最后，促进刑法的科学性。现今社会，无论哪个领域都在追求科学性的实现，刑法也不例外。科学是效益、效率、公正的基础，一部科学性的刑法，就是效益、效率、公正的体现。犯罪化准则有利于规范犯罪化的正常运行，使其更为科学合理，防止不当入刑的行为入刑，促进刑法科学性的实现。

（三）犯罪化具有一定的盲目性

随着我国犯罪化程度的不断加深，犯罪化的无限制扩张再加上犯罪化标准的缺失，我国犯罪化表现出一定的盲目性。以危险驾驶罪为例，2011年2月25日通过的《刑法修正案（八）》中第22条（一律用标准用法）增设了危险驾驶罪，规定"在道路上醉酒驾驶机动车的，处拘役，并处罚金"。在此之前，许多学者呼吁"酒驾"入刑，认为"酒驾"入刑已经是迫在眉睫急需解决的问题。他们认为"酒驾"入刑在当前背景下，主要是一种现实的诉求,即在我国醉驾高发、多发的情况下,对醉驾的惩治与防范需要刑法的介入,并且列举了三点"醉驾"入刑的现实依据:其一,我国醉驾行为高发、多发,有治理的必要;其二,我国对醉驾的行政治理力度有限,需要刑法的介入;其三,我国惩治醉驾的刑法规范存在明显缺陷,需要完善立法。[1]无论我们罗列出多少"醉驾"入刑的理由,简言之就是说醉驾事态严重,容易引发交通事故,危害公共安全,通过刑法加以规制有利于遏制交通事故的发生。然而,据公安部统计数据显示,2012年,全国共查处不按交通信号灯指示通行交通违法行为2649万起,平均每天7万多起。全国接报涉及人员伤亡的路口交通事故4.6万起,造成1.1万人死亡、5万人受伤,分别上升17.7%、16.5%和12.3%。其中,因路口违反交通信号灯行驶导致的事故起数上升17.9%。全国私家车导致的事故起数、死亡数上升5.5%和6.5%,分别占机动车肇事总数的68.7%和58.8%,比2011年上升6.4和6.2个百分点。从上述数据可以看出,"酒驾"入刑,并没有从总体上降低交通事故的发生。另外,也有学者论证"醉驾"入刑后,醉酒驾驶的状况并无实质性改观,且致使罪责刑相适应的原则难以体现,引发司法混乱现象,导致法律公平、正义价值受损,并造成司法资源浪费、滋生新的司法腐败、不利于和谐社会构建的现实风险。[2]其实酒驾本身并非一定会造成严重的损害后果,并没有多少入刑的价值,即使它是以刑法中最轻的罪的"姿态"出现,亦无入刑的必要。确定一个罪名,必须经过一系列的司法活动。据公安部交管局统计,自2011年5月1日至15日,也就是"酒驾"入刑伊始,全国共查处醉酒驾驶2038起,这一数字令人震惊,其对司法

---

[1] 赵秉志、袁彬:《"醉驾入刑"热点问题探讨》,载《刑法论丛》2011年第3期,第159页。

[2] 邓崇专:《"醉驾入刑"之必要性再审视——基于实证分析的初步回应》,载《河北学刊》2011年第5期,第152~155页。

资源的浪费可想而知。由此可见，我国犯罪化具有一定的盲目性。

犯罪化的盲目性，其本质上带有些许非法治色彩，是依靠个人意志的作用来管理政权，实行政治统治，是依靠个人的权威来治理国家的一种政治主张。这里的个人并不仅仅是指实实在在的某一个人，一个群体也可能会产生，多数人之治也并非就是民主。民主是指在一定阶段范围内，按照平等和少数服从多数原则来管理国家事务和国家制度。在民主体制下，人民拥有超越立法者和政府的最高主权。尽管世界各民主政体存在细微差异，但民主政府有着区别于其他政府形式的特定原则和运作方式。民主是由全体公民直接或通过他们自由选出的代表，行使权力和履行公民责任的政府。民主是保护人类自由的一系列原则和行为方式；它是自由的体制化表现。民主是以多数决定、同时尊重个人与少数人的权利为原则，所有民主国家都是在尊重多数人意愿的同时，极力保护个人与少数群体的基本权利。但是，如果一个群体因为某种共同的利益聚集在一起，为自己的利益谋求发展，一切事物皆按照这个群体的意志进行，群体意志控制一切，肆意妄为，即使是多数人参与也不是法治。法治除了多数人之治即民主以外还需要法律至上观念的确立与普及。现阶段我国犯罪化带有一定的盲目性的根源还在于法治不健全，虽然国家一直在推行法治，强调法律至上，但由于法治的不完备，法律本身存在一定的空缺，进而引发一些超越法律而行的事件。这次对于"酒驾"入刑的举动，即是如此。我国缺少详细的入刑准则，虽然刑法立法是在《立法法》和《宪法》的指导下进行，但是仍然有一定的随意性和盲目性。

立法应顺应民意，但也应该保持其应有的理性。民意是公民对某一事件所表达出来的共同意志。民意的产生具有一定的随机性，某一事件发生之后，人们根据自己的价值观对这一事件做出判断达成合意或者受他人观点的影响达成合意，这种合意具有一定的随机性。另外，民意具有可控性。尤其是网络发达的今天，网络公关公司往往拥有巨大的人力资源，他们可以在一定程度上控制民意，形成所谓的主流观点。民意影响司法也影响立法，作为立法者或者司法工作人员，应当能正确区分民意，实现人民真正要达到的意图。作为司法工作人员，对民意最好的答复就是依法办案，法律本身就是一种民意的体现，且具有一定的稳定性和客观性。这也就要求立法者对民意要能合理地吸收。立法者的理性除了源自于本人的法律修为之外，还有就是规范其立法意图和立法行为的法律规范，任何一项与法律有关的活动都必须在法律之下进行。犯罪化也是如此，犯罪化应有其特有的标准和自己相对完备的犯罪化体系，人们应该在这一标准和体系之下活动，不能超越之。

三、我国应有的犯罪化标准

通过前两节对犯罪化的理论基础及历史发展和我国犯罪化面临的问题的探讨可知，当今中国的刑事立法应当放弃刑法万能理念。面对现实中层出不穷的违法行为，立法者应当冷静观察，不能盲目入刑。制定犯罪化标准，形成犯罪化体系，是制止犯罪化无限度扩张趋势，消除犯罪化盲目性的重要措施。那么我国的犯罪化标准应该是怎样的呢？本节中我们将重点探讨我国应该有什么样的犯罪化标准。

效益评价理论的困境可以从另一个侧面说明，犯罪化的合法性范围只有从道德哲学的角度才能得到本体性的阐释。那么，犯罪化的合法性范围究竟应从法律道德主义的立场去论证，还是从法律自由主义的角度去限制，抑或是兼而有之？如试图发现一条折中进路的话，在法律道德主义与法律自由主义之间应如何去协调呢？

第一，基于对法律道德主义与法律自由主义的分析，笔者认为，二者的理论冲突根源在于其价值本位的不同。

在法学研究之中，价值可因使用方式不同而有三种不同含义：作为"价值目标"的价值、作为"价值标准"的价值以及作为"价值形式"的价值，[1]但无论从哪个意义上研究价值，都必须首先对价值的一般性概念或者说本体论含义进行回答。对价值本体论的研究实际上包含两个不同的命题：一是何为价值，即价值的内涵；二是价值包括何物，即价值的外延。第二个命题总是以第一个命题为前提的。那么，作为本质的价值之含义究竟是什么呢？纵贯中西方价值论，大致有三类观点：第一类是源于现代自然主义的"主观主义"价值论，这种观点过分强调主体愿望的作用，认为价值是依靠人的主观性建立起来的，是人的一种创造；第二类是源于直觉主义的"客观主义"价值论，其从客体的客观属性去理解价值，认为价值是依靠存在于客体之中的一种不可证明的非理性的性质建立起来的；第三类是立足于"主客体关系"马克思主义的"关系主义"价值论，认为单纯地从"主观愿望"和"客观属性"出发都不能全面地揭示价值的本质，而应将主体愿望与客体属性相结合来理解价值的本质和内涵，即价值是主体与客体之间需要与满足需要之间的关系。一般认为，"关系主义"价值论克服了主观主义价值论和客观主义价值论的错误和不足，因此目前我国的主流法哲学理论采纳了"关系主义"价值论的观点，认为价值就是在主客体关系中所体现出来的客体的积极意义或有用性，而法律价值则是在人（主体）与法（客体）的关系中

---

[1] 张文显主编：《马克思主义法理学——理论、方法和前沿》，高等教育出版社2003年版，第224页。

体现出来的法的积极意义或有用性。[1]

从这样一个价值概念出发,我们可以知道,作为一个在关系中确立的概念,价值是相互性的,离开主体或客体任何一方都不可能产生价值,其总是"客体对主体的价值"。这就是价值学中的相对性现象,即价值不是单一不变的,不同的人与事物构成的价值关系并不相同,在不同的条件下人与事物的价值关系又有所差异,价值关系不同导致了价值的分歧,从而表现出价值的相对性。[2]也就是说,在价值本体论的概念系统之中,可以将"价值"同伦理学中的"善"等同起来,其应当包括真、善、美、快乐、幸福、正义、公正、有用、有效、意义等一切有助于满足主体需要的东西。因此,价值的多元性是价值相对性的必然推论,从这个意义上说,价值是一个多元化的体系。这一点是为学界广泛承认并接受的,在多元价值体系的前提下,价值的冲突与选择是无法回避的问题,而以关系价值论的观点来看,在多元价值发生冲突的情况下,不同的理论以不同的价值主体的价值诉求作为其价值本位,因而对于何种价值优先于其他价值而存在的选择也当然不同。刑法哲学理论正是试图在多元的社会价值中为刑法寻找一个稳定的价值本位,并以实现其价值本位的需要为其价值优先性考虑。

可见,基于不同的刑法价值本位对同样的刑法问题进行宏观考察,其回答必不相同。因此,刑法的价值本位直接决定了刑法哲学流派的立场,反过来刑法哲学的主观性又决定了不同的刑法哲学的流派在刑法价值优先性上的不同取向。[3]法律道德主义与法律自由主义的理论冲突的核心也恰恰在此。尽管两种理论都承认

---

[1] 张文显主编:《马克思主义法理学——理论、方法和前沿》,高等教育出版社2003年版,第220~222页。

[2] 孙民:《当代中国价值论研究主要"范式"比较》,载《甘肃联合大学学报(社会科学版)》2004年第4期,第46~51页。

[3] 关于部门哲学主观性的论述,参见徐国栋:《什么是民法哲学》,载《华东政法学院学报》2004年第6期,第18~21页。

刑法的多元价值体系的存在，并在一定程度上承认对方价值目标的合法性。如法律道德主义认为要最大地实现道德认同并减少冲突，必须建立在作为道德主体的个人有认知并遵从社会道德的能力的基础之上。而法律自由主义也承认在实现人的自由发展的过程之中，需要依靠某种程度的社会共识的认同。但是从根本而言，法律道德主义以社会作为价值主体，以社会共同体的维持为其价值本位，强调尽可能地强化社会道德认同的重要性，并视道德一致性（solidarity）的推行是刑法最终极的价值目标。而法律自由主义以个人作为价值主体，以个人的自由发展为其价值本位，强调限制刑法的正当范围，以最大限度地保障和实现个人人权与自由为刑法终极的价值目标。

以上两种理论都是从某一侧面试图对犯罪化的合法性范围进行证成，刑法的价值本位应是界于个人本位与社会本位之间的一种动态定位。而犯罪化的合法性范围的实然确定则是立法者在协调社会本位与个人本位的基础上，依据某一阶段的刑事政策的需要而对越轨行为做出的动态反应。以我国《刑法》为例，有学者提出我国1979年《刑法》的价值本位是社会保护优先，而1997年《刑法》的价值选择是突出个人权利保障的价值取向。[1] 但必须承认的是，无论是1979年《刑法》还是1997年《刑法》，其都不可能走向完全的社会本位或是完全的个人本位的极端，恰恰相反，1997年《刑法》较之于1979年《刑法》的改进之处在于其扭转了1979年《刑法》过于强调社会秩序而侵害个人权利的价值取向，在实现社会本位与个人本位的价值协调方面更进了一步。法律道德主义与自由主义在刑法多元价值的交集性共识为我们提供了两种理论的底线边界：即无论是个人本位还是社会本位都必须

---

[1] 陈兴良，周光权：《困惑中的超越与超越中的困惑——从价值观角度和立法技术层面的思考》，载陈兴良主编：《刑事法评论》（第2卷），中国政法大学出版社1998年版，第1页。

承认某种程度的道德共识的存在，也同时必须承认个人伦理主体的认知并服从这种程度的道德共识的能力。犯罪化的合法性范围的划定必须同时满足以上两个底线原则才能为社会与个人共同接受，并获得合法性承认。因此，如果说社会本位的刑法价值观为犯罪化的合法范围提出了一种必要秩序维持的要求的话（必要秩序原则），那么个人本位的刑法价值观则提出了一种人权防卫的需要（人权防卫原则），而现代犯罪化的合法性范围应基于必要秩序原则与人权防卫原则的基础之上，依据刑事政策的需要而进行动态的调整。

在两个原则的关系如何协调的问题上，笔者认为必要秩序原则应作为确定犯罪化范围的优先性原则，而人权防卫原则应作为其限制性原则。正如雅科布斯教授所言，社会是由人们有秩序的交往构成的规范性世界，只有当规范支配着人们的交往时，也就是说，只有当规范成为人们行动的标准性解释模式时，社会才是真实的，可以理解的。刑法的机能不是保障法益，而是保障规范的有效性，促成人们对规范的承认和忠诚。[1] 刑法的天平天然是倾斜的，其规范防卫的本质使一种对于社会规范性的信仰成为必要。个人只有处于一种规范的信仰之中才能有效理解其自身行为并预见其后果，刑法通过对不轨行为的犯罪化不断地从反面进行确认并维持这种规范性的存在，而其社会本位与个人本位在此意义上可以得到最大的调和。而对于规范的维持应当通过人权防卫的原则加以限制。人作为"人"而享有的自然权利神圣不可侵犯，现代国家通过宪法的形式对人的基本权利加以保障，刑法在任何时候都不能把实施宪法中所规定的基本权利的行为犯罪化处理，否则就是试图逾越人权防卫原则的限制，说明该规范在本质上是恶的，因而其也不需要得到社会共同体遵从和信仰，犯罪化的范围

---

[1]〔德〕格吕恩特·雅科布斯：《行为 责任 刑法——机能性描述》，冯军译，中国政法大学出版社1997年版，第84~90页。

也就失去其合法性支撑。

第二，国家某个阶段的刑事政策则是犯罪化范围发生变化的变量。

刑事政策是立法者通过对整个国家某一阶段的国情，犯罪态势，犯罪规律等方面的考量而作出的刑事法的整体对策，其将犯罪化的正当范围最终确定在某一固定点上，而由于刑事政策依据对于不同时期的犯罪形势的判断总是处于变化之中，因而犯罪化的合法性范围也呈现一定的动态性，其应在必要秩序与人权防卫的原则所限定的范围内波动，而是否实现了社会本位与个人本位的价值协调又反过来成为评价该刑事政策的依据。因此，如果说必要秩序与人权防卫两个原则将刑法的正当范围限定于一个应然的场域之中的话，刑事政策则实然地将刑法在某一特定时间点上的正当范围最终确定下来。当然，刑事司法系统在具体对于某行为是否出入罪的认定过程中，对于犯罪化处置与非犯罪化处置的效益评价也应被纳入参考范围。

这样一来，我们再将目光拉回现实的刑事立法之中，根据上述原则，立法者应如何进行主观选择和考量某一违法行为究竟是否应当犯罪化处理呢？本书认为可以从三个层次进行分析：首先，对于自然犯，也就是直接侵犯了生命、健康、财产、自由等核心法益的行为，无论是在哪个历史时期，依据哪种学说理论，都毫无争议地将其犯罪化处理。这是基于人的核心伦理价值所作出的必然判断，也是保护人类社会及个人生存的必要条件。也正是从这一点而言，自然犯构成了整个刑事法规范的核心。其次，在刑事不法行为与行政不法行为或民事不法行为的区别上，二者之间在现实立法上存在着一片交集性质的灰色地带，其区分界限并不稳定，随着刑事立法的变化而不断游离。这是因为，在当前所谓的风险社会的背景之下，行政或民事秩序的违反并非绝对无涉于刑法所保护的核心价值，在侵害法益的风险达到一定标准或是严重侵犯人民对法规范的信任的情况下，行政或民事不法行为也有可能构成犯罪。因此，行政或民事不法的犯罪化问题应当交予刑事政策进行调整，由国家根据具体的维护法规范安全的需要作出决策。最后，按照罪刑法定原则的要求，一旦立法者选择了处罚的形式，则刑事不法与其他不法行为就应各自在其概念体系以适用法则，不能因为二者存在一定的交叉，就随心所欲地扩大犯罪化的正当范围。

具体而言主要有以下几个方向：

（1）以刑罚立法权限为维度。刑罚立法权限是刑罚立法技术发展的最低标准，任何权力不可突破法律，任何人没有法律上的特权。刑罚的立法权作为立法权的一种，也不能突破法律的最低规定。一个立法权，一旦超越了法律的界限，就变成了为某人、某团体、某利益服务的私权了，其目光就会变得狭隘。针对刑罚立法权来说，如果刑罚的立法技术超越了法律，就会演变不义之权，失去保障社会、保障国家的功能。犯罪化是最易演变的权力范围，犯罪化可以将一部分人放到社会的对立面，这种划分的权力如若滥用，是十分可怕的。社会假如因为罪与非罪的模糊而变得混乱，秩序就会变得动荡不堪。为了维持人与人的平等，权力与权利的和谐，入罪的标准只能在法律授权的范围之内，不可逾越。

（2）犯罪化入罪标准应以保持社会安定性为最低标准。社会安定性是犯罪化的法律效果之一，如果说打击犯罪是犯罪化的直接目的，那么社会安定性就是打击犯罪的制约手段，二者是天平两端的不同砝码，互相抑制。社会效果是犯罪化的目的之一，犯罪的打击力度与社会安定的指数是临界的两个范围，当犯罪打击力度过大，破坏了社会的安定感，社会的幸福程度就会降低。当犯罪的打击力度符合社会的发展需要时，社会的安定程度就会上升。为了维护二者的正相关指数，不可过大地发展犯罪化的范围，否则二者只会此消彼长。

（3）犯罪化标准应保持立法中立。在犯罪化的合法性范围问题上，出现理论争议主要是由于对刑法所设立的禁止性义务来源的认识不同，其争论焦点在于刑法是否或应在多大程度上强制推行某种意义上的社会共同体道德。法律道德主义与法律自由主义在理论在实际应用上因其不确定性而往往难以统摄形形色色的社会现象。效益评价理论会因其伦理根基的不足而无法对自身理论进行有效的修正。实际上，犯罪化的范围是由刑法的价值本位决定的，应是界于个人本位与社会本位之间的一种动态定位，因而犯罪化的合法性范围的实然确定是立法者在协调社会本位与个人本位的基础上，依据某一阶段刑事政策的需要而对越轨行为做出的动态反应。正如上文所言，入刑标准是一个质的问题，对于国家来说是指是否动用刑罚以及动用何种刑罚。而对于犯罪人来说，则指的是是否受刑罚惩罚。刑罚的功能在于对犯罪进行评价与惩罚，而实现功能的前提在于合理的刑罚体系的构造技术，即通过不同的刑阶分层，构造一个刑量上区别而又相互衔接的刑罚体系。这也就产生了刑罚立法的"量化"技术问题，在下一章中我们将着重对这一问题加以探讨。

第三章

刑罚衔接：刑罚立法的定量技术

一、刑罚立法衔接的理论基础

（一）刑罚正义价值是刑罚的最高价值

刑罚价值是刑罚（客体）具有满足社会与社会成员（主体）需要的属性与功能的概念，也就是指刑罚对社会及其成员的作用或效用。谢望原教授认为，刑罚价值是由多元价值内容组成的一个系统结构。刑罚价值系统中也包括了正价值与负价值，潜在价值与现实价值，个别价值与普通价值，原发价值与派生价值，初始价值与终极价值，等等。但从一定意义上来看，组成刑罚价值体系基本内容的，则是正价值与负价值、初始价值与终极价值。所谓刑罚的负价值是指刑罚的消极效应，亦即与制刑、量刑、行刑所追求的正价值相背离的伴生价值。刑罚的负价值多种多样，但其主要表现形式可概括为三个方面：耗费人力物力、危及公民权利、留下情感阴影（包括摧残精神、毁灭希望、助长残忍等）。谢望原教授还认为刑罚的初始价值与刑罚的初始目的具有同一性，并在初始意义上把刑罚目的归结为惩罚犯罪人与防卫社会免遭犯罪侵害，也就是说刑罚的初始价值就是惩罚和预防。他认为刑罚的终极价值包括自由、秩序和正义。[1] 当然也有学者提出刑罚的

---

[1] 参见谢望原：《刑罚价值论》，中国检察出版社1999年版，第82~87页。

终极价值不应当包括自由,认为将自由理解为刑罚的价值内容是将刑罚价值与刑法价值混淆的结果。也有学者认为,刑罚的价值应仅指正价值,不包括负价值。当代中国刑罚价值的内涵是一个双层的系统结构:第一层次为手段性价值,具体包括(犯罪)报应价值和(犯罪)预防价值;第二层次为目的性价值,具体包括(维护)秩序价值、(保障)自由价值和(实现)正义价值;目的性价值制约手段性价值。[1] 针对刑罚价值体系构成的多种不同说法,在此我们采用最后一种观点,正如笔者所述"我们认为,我国应当协调各种刑罚价值之间的关系确立一种有利于我国刑事法制建设健康发展的价值观念"。因此本书认为,我国刑罚价值的内涵包括手段性价值和目的性价值两个层次的内容,其中目的性价值中的正义价值是刑罚的最高价值,其他价值皆让渡于刑罚正义价值而存在。

第一,刑罚的手段性价值包括两个方面,即(犯罪)报应价值和(犯罪)预防价值。(犯罪)报应价值是刑罚的手段性价值之一。报应主义的刑罚价值观认为,刑罚的价值在于其能满足主体实现正义需要的积极意义,这种实现正义的需要就是"恶有恶报"。犯罪是一种恶,对于犯罪之恶,应当用刑罚这种带有正义色彩的恶来回应。刑罚之犯罪之报应,着眼于已然之罪,犯罪事实不仅是刑罚的条件,而且是动用刑罚的唯一原因。刑罚发展,以同态复仇为发端,实现了由个人同态报复向国家以公权力行使刑罚权报复的转变,刑罚的报应作用,在现代社会仍然还是人们的道义信念和法律信念。对报应价值的否定,必然招致人们对法秩序的怀疑,进而导致刑法、刑事政策维护社会秩序的终极目的难以实现。另外,(犯罪)预防价值是刑罚的手段性价值不可或缺的一个方面。随着社会的进步,人们发现报应不是刑罚存在的唯一

---

[1] 赵秉志、陈志军:《刑罚价值理论比较研究》,载《法学评论》2004年第1期,第65~76页。

价值，（犯罪）预防，在刑罚价值中占据重要地位。犯罪人类学派创始人龙勃罗梭甚至认为刑罚不是为报应而存在，因此刑罚存在的根据不应到应然犯罪中去寻找，相反，应立足于未然的犯罪，即刑罚存在的功利意义在于遏制未然的犯罪。在龙勃罗梭看来，报应与威慑都是一句空话，刑罚存在的唯一根据就是防卫社会。我国现阶段主张一般预防与特殊预防相互结合，刑罚的（犯罪）预防价值不言而喻。

第二，刑罚的目的性价值包括三个方面，即（维护）秩序价值、（保障）自由价值和（实现）正义价值。其一，（维护）秩序价值。秩序是一个社会长效发展的基础，每一部法律的制定都无一例外地要维护这样或那样的秩序。刑罚作为犯罪的法律后果，是追究犯罪人刑事责任的主要措施。刑罚惩罚犯罪，防止犯罪的发生，是国家强制力所追求的重要价值，从这种意义上说，刑罚就是秩序的象征。其二，（保障）自由价值。自由与秩序并不冲突，自由不是无限制的自由，需要在法律的限制下进行。自由是人们从事法律不禁止的一切活动的权利。在国家生活中，自由是以法律的形式存在的，法律对权利的设定和保护，就是对自由的设定和保护。国家行使刑罚权控制犯罪的过程，体现了刑罚对犯罪人以外的其他公民合法自由权利的保障和尊重。此外，法律对刑罚的规定，体现了对刑罚权的限制。对于犯罪人而言，无论是运用刑罚报应犯罪还是预防犯罪，都应当保护犯罪人未被剥夺的那部分自由权，犯罪与刑罚应当相称，不可滥施刑罚，侵犯犯罪人的合法权利。对一般公民而言，对刑罚权的限制就是对自由的保障。其三，（实现）正义价值。正义与刑罚有着悠久而永远不可割舍的关系，刑罚作为正义存在，代表正义的一方。谢望原教授认为，国家拥有刑罚权是公正的，并不等于国家的刑罚就必然是公正的。只有国家的刑罚权在具体运用中真正做到理性运作，即公平地运用刑罚权时，刑罚才是公正的，才符合正义的本义。正义是善良人们根深蒂固的道义观念，运用刑罚对犯罪人予以适当处罚，才能满足人们的正义需求。忽视人们的这种需求，有罪不罚，罪刑失衡，就会伤害人们对法的正义感情，降低法律的权威性，使人们失去对法律的信任。

第三，正义价值是刑罚的最高价值，其他价值皆让渡于刑罚正义价值而存在。法律应当维护正义，是受到普遍承认的观点。法与正义是一致的，凡符合正义要求的，就是法律应当规定的；反之，不符合正义要求的，也是法律不应当规定的，正义是法的核心价值，秩序虽然是社会存在和发展的必需，但是历史证明，并不是任何一种制度都可以实现长久的良好秩序。不正义的制度迟早会使社会秩序丧失。另外，公民自由的实现离不开对正义的弘扬，不正义的制度，不可能有真正的自由。社会不正义，人们自然会产生一种不平衡、不公平的感觉，久而久之，这种态度变得十分严重并超过其临界点的时候，就不再有社会秩序和公民的真正自由，正义是社会长治久安的根本保证。正义只有通过良好的法律才能实现，法是实现正义的根本途径。[1] 因此，正义是一切法律都应追求的价值之一。刑法作为国家的基本法，是一部规定犯罪、刑事责任和刑罚的法律，其制定、修改和实施更加离不开对正义价值的追寻，正义也是刑法的最高价值。刑罚依附于刑法而存在，没有刑法就没有刑罚，刑罚是刑法的重要组成部分，刑法的最高价值也必然是刑罚的最高价值。刑罚必须体现正义、维护正义、弘扬正义，没有正义的刑罚就是纯粹的恶行，无异于普通的犯罪行为。

---

[1] 李清伟主编：《法理学》，格致出版社、上海人民出版社2013年版，第266页。

（二）罪刑对应是刑罚正义的基本表现

1. 刑罚正义

上文中我们论述了刑罚的价值，并且认为正义价值是刑罚的最高价值。那么，我们自然而然就会想到几个问题：刑罚正义的基本表现是什么呢？也即刑罚需要达到一个什么样的标准才能使其正义价值得以实现呢？刑罚正义的标准是什么呢？关于正义的标准，不同社会或阶级的人们有不同的理解：古希腊哲学家柏拉图认为，"各尽其责就是正义"；基督教伦理学家则认为，肉体归顺于灵魂就是正义；乌尔比安认为，"正义就是每个人以应有权利的稳定的永恒的意义"；凯尔森认为："正义是一种主观的价值判断"；马克思主义伦理学认为，正义与否的客观标准主要在于其行为是否符合社会发展的要求与广大群众的利益；《辞海》认为，正义是对政治、法律、道德等领域中的是非、善恶做出的肯定判断。我们赞成凯尔森的说法，认为正义是一种主观的价值判断标准，这就决定了一种行为是否正义应当涉及以下三个要素：人、社会和与人直接相关的事物。人是反应正义、非正义和评价正义与否的主体；社会的形成源于人类的产生和结合，社会对人的分工、分配起着重要作用，个人所得、地位、待遇等是否平等，往往责任的承担者就是社会；而与人直接相关的事物，如社会地位、个人自由、资格等，这些事物的多少，主导着人们对于正义与否的评价。美国学者罗尔斯认为正义应当遵循两个原则：其一，每个人对于其他人所拥有的最广泛的基本的自由体系相容的类似自由体制都应有的一种平等权利；其二，社会和经济的不平等应当得到合理安排，一方面使这些不平等被合理地期望适合于每一个人的利益，另一方面使这些不平等依存于地位和职务向所有人开放。我们赞同罗尔斯的观点。那么具体到刑罚中，刑罚正义的实现也应当遵循上述两个原则。刑罚的制定在针对每一个人的同时，其也享受刑罚对其权利的平等保护，在刑罚面前这种受到权利平等保护的权利也是一种平等的权利。罪刑对应要求犯罪的种类、性质和造成的社会危害程度与刑罚的种类、各刑种惩罚的程度、刑罚的性质相对应。刑罚保护多数人的权利，我们在利用刑罚肯定绝大多数人权利的同时，也放弃一小部分人的权利。刑罚是对犯罪人权利的一种否定，是正义之恶，罪刑对应是刑罚正义的基本表现。

2. 罪刑对应

所谓的罪刑对应就是指犯罪的种类、性质和造成的社会危害程度与刑罚的种类、各刑种惩罚的程度、刑罚的性质合理对应，借以实现刑罚配置的科学性，体现刑罚正义。罪刑对应应与罪刑相适应原则区分开来。《刑法》第5条规定："刑罚的轻重，应当与犯罪分子所犯罪行和承担的刑事责任相适应"。罪刑相适应原则有三个方面的要求：①在刑法制定上，要求刑法体系的建立和各种具体犯罪的法定刑必须符合罪刑相适应原则；②在量刑方面，在认定犯罪性质及其法定刑的基础上依照案件情节和犯罪人的人身危险程度，实行区别对待，从而选定恰当的宣告刑和决定免于处罚的审判活动；③在行刑方面，表现在对其中确有悔改、立功表现，人身危险性较低的犯罪人可以予以减刑、假释。罪刑相适应原则是刑法的基本原则，贯穿刑法始终，而罪刑对应可视为刑罚制定应遵循的原则，其作用范围仅限于刑罚的制定。罪刑对应是罪刑相适应原则在刑罚立法方面的具体体现，是罪刑相适应原则的具体化，与罪刑相适应原则体现出一种部分与整体、具体与抽象的哲学关系。本书提供的罪刑对应包含三个方面的内容，即刑种对应、刑度对应和刑质对应，下面我们对其进行详细介绍：

（1）刑种对应。刑种就是刑罚的种类。所谓刑种对应就是指不同种类的犯罪对应不同的刑罚种类。我国的刑种主要有主刑和附加刑。主刑包括，管制、拘役、有期徒刑、无期徒刑和死刑，其中死刑又包括死刑缓期执行和死刑立即执行；附加刑包括，罚金、剥夺政治权利、没收财产以及对外国人适用的驱逐出境。我国《刑法》根据犯罪侵犯的同类客体，将犯罪分为十大类罪，分别规定于各章节之中。不同类型的犯罪侵犯不同类别的客体，如危害国家安全罪侵犯的是国家安全，危害公共安全罪侵犯的是公共安全，妨害社会管理秩序罪侵犯的是社会管理秩序等。而各类罪包含着不同的直接客体，如侵犯人身权利罪中故意杀人侵犯的客体是公民的生命权，故意伤害侵犯的是健康权，等等。犯罪的种类多种多样，而刑罚却仅有上述的五种主刑和四种附加刑。无论是名誉受损、自由受损、身体受损还是生命受损、生产经营受损，对危害行为的处罚，在目前的情形下，都不能突破上述刑罚的种类的界限。刑罚种类的有限性，带来刑罚处罚方式的局限性。我们在有限的刑罚处罚方式之内，如何合理有效地进行刑罚配置，以取得最大的刑罚收益，就显得至关重要。因而，刑种对应应当包含以下几个方面的内容：其一，符合刑罚正义的观念。正如上文所述，正义价值是刑罚的最高价值，其他价值皆让位于刑罚价值而存在。正义是一种价值判断标准，大多数人在理性状态下的态度对衡量正义与否至关重要。其二，体现效益价值。正效益是各行各业的重要目标，刑种对应也是如此。某一犯罪是否需要某种刑罚，刑罚适用之后会带来何种社会效果、能给人们带来多大收益，都是应当考虑的内容。刑罚制定前、制定时、制定后的评估，在此就显得格外重要。其实这也是对刑罚制定的必要性进行一定的考量。其三，与刑法体系相适应。刑法中规定了不同的犯罪，犯罪的轻重与社会危害程度不同，重罪重罚轻罪轻罚在整个刑法中都得以体现。刑罚的制定，必须与已存的刑法规定相适应，在刑法之内找到刑罚处罚适用的种类，不能破坏刑法已存的轻重"秩序"。比如，将"裸聊"行为入刑判处7年以下有期徒刑、拘役或者管制，在卖淫都未曾入刑的情况下，这显然不合适。另外，聚众淫乱罪也只是对首要分子或者多次参加的，处5年以下有期徒刑、拘役或者管制。

（2）刑度对应。刑度是各刑种对犯罪的惩罚程度，刑度对应就是各刑种对犯罪的惩罚程度应当与犯罪造成的社会危害程度以及犯罪人的人身危险性相对应。刑度不同于刑罚幅度，刑罚幅度指的是在对特定罪名量刑时可供裁定的范围。从目前我国的刑罚体系来看，惩罚有四种方式，即剥夺生命、剥夺不同程度的自由、剥夺部分或全部财产、剥夺某种资格。在自由刑中，刑期是刑度的唯一衡量标准，刑期越长，刑度越大，相反，刑期越短，刑度越小，无期徒刑是自由刑最高程度的处罚；在财产刑中，罚取财产的数目越大，刑度越大，没收财产是其最高程度的处罚；对资格的剥夺在我国主要表现为对政治权利的剥夺，剥夺政治权利有在一定的期限内剥夺和剥夺政治权利终身，政治权利被剥夺的期限越长，刑度越大，剥夺政治权利终身，是资格刑中最高程度的处罚；对于死刑，有两种方式即死刑立即执行和死刑缓期执行，死刑立即执行完全体现对人生命权的剥夺，而死刑缓期执行可能出现刑种的转化，由生命刑转为自由刑。《刑法》第69条第1款规定，判决宣告以前一人犯数罪的，除判处死刑和无期徒刑以外，应当在总和刑期以下、数刑中最高刑期以上，酌情决定执行的刑期，但是管制最高不能超过3年，拘役最高不能超过1年，有期徒刑总和刑期不满35年的，最高不能超过20年，总和刑期在35年以上的，最高不能超过25年。因此我国《刑法》对各类自由刑的最高刑期作出了详细规定。因此，刑度对应，要求犯罪造成的社会危害程度和犯罪人的人身危险性与自由刑的刑期相对应，与罚金的数目相对应，与资格被剥夺的期限相对应，与死刑的执行方式相对应。犯罪造成的社会危害程度可以结合犯罪的性质、犯罪的停止形态、犯罪客体被侵害的程度等来衡量；犯罪人的人身危险性应当结合犯罪人的悔改表现，是否有自首、立功，是否累犯，是否有犯罪中止的停止形态出现等加以衡量。

（3）刑质对应。刑质就是刑罚的性质，刑质对应就是指对不同犯罪行为的处罚应当结合刑罚的性质，不同类别的犯罪行为，适用不同性质的刑罚，刑罚的适用也存在类别化的特征。比如，有人主张财产性犯罪不宜适用生命刑。我们一般的观点认为刑罚脱胎于原始社会复仇的旧习惯，刑罚一度与野蛮、残酷相联系。在我国古代，无论是奴隶制社会的旧五刑（墨、劓、剕、宫、大辟），还是封建社会的新五刑（笞、杖、徒、流、死），无不渗透着野蛮、残酷的气息。直至今日，刑罚依然被视为最严厉的惩罚措施。严厉的惩罚性是刑罚区别于其他处罚措施最显著的特征，刑罚的性质也在于其严厉的惩罚性。不同类别的刑罚，剥夺犯罪人不同的权利，如生命刑剥夺生命，自由刑剥夺自由，财产刑剥夺财产，资格刑剥夺某种资格等。刑罚的严厉性决定了刑罚的确定和适用必须受到严格的限制。因此，刑质对应主要表现在以下几个方面：其一，能被认定为需要刑罚处罚的行为必须是具有一定程度的社会危害性的行为。将普通的骂人行为规定于刑法之中，使其受到刑罚处罚，显然没有必要。其二，根据犯罪的性质，确定不同类别的刑罚。刑罚可以分为生命刑、自由刑、财产性、资格刑等，不同性质的犯罪，应当根据正义价值的需求，在不违背刑质对应的情况下适用刑罚。

（三）刑罚阶梯是实现罪刑对应的前提条件

刑罚阶梯，简称刑阶，是指刑罚按照其严厉程度的高低排列而呈现出的序列性层次。贝卡里亚的《论犯罪与刑罚》一书，最早论述了刑罚阶梯的概念。在这本书中，他天才性地创造了罪阶与刑阶的概念，认为要实现犯罪与刑罚的对称，就应该首先"找到一个由一系列越轨行为构成的阶梯，它的最高一级就是那些直接毁灭社会的行为，最低一级就是对于社会成员的个人所可能犯下的、最轻微的非正义行为。在这两级之间，包括了所有侵害公共利益的、我们称之为犯罪的行为，这些行为都沿着无形的阶梯，从高到低顺序排列"，在确定了罪阶的排列后，相应地，"也需要有一个相应的、由最强到最弱的刑罚阶梯"。而罪阶与刑阶在立法上只要实现次序上的对应，那么就大致实现了犯罪与刑罚的对称。在这种情况下，刑罚可达到区别不同犯罪危害程度的目的，针对越严重的犯罪，施于越严厉的刑罚，如此一来，犯罪的阻力将随着其危害程度而上升，刑罚阻吓犯罪的功能也在此过程中得以实现。反之，如果对于不同危害程度的犯罪施予同样严厉程度的刑罚，则不仅会破坏社会民众的一般公正情感，动摇法律的权威性，更会因其处置的不公正性而消解刑罚的预防犯罪效果。由此可见，刑罚阶梯是实现罪刑对应的基本前提。

故此，刑罚阶梯的设定需要以下三个方面的条件：①刑阶应有高低上下的层次性区分。在不同刑种配置的层次性上，针对个人之生命、身体、自由、名誉、财产等人格权与财产权等法益区分，刑罚可粗分为生命刑、身体刑、自由刑、名誉刑与财产刑。由于法益的重要性存在差别，刑罚的轻重也因而有所区别。由此可大致实现刑种的层次性区分。现今，身体刑因其严酷性的野蛮残留而为现代法所不采，故而现代国家刑种体系大致都以生命刑、自由刑、名誉刑、财产刑为主要样态。刑阶的层次性要求还表现在同种之刑配置的层次性上，也就在存在刑度的轻重之分的有期徒刑、拘役等刑种的内部实现层次性区分。一般而言，刑期越高，自然刑度越重。而在相对确定的法定刑模式下，对于不同的量刑幅度，以最高刑较长者或较多者为重，而最高刑相等时，以最低刑较长者或较多者为重。同种之刑配置的层次性是经由刑种本身之程度不同而得以实现的。可见，无论是在不同刑种配置的层次性上，还是同种之刑配置的层次性上，法益重要性区分的天然性以及刑种内部刑度的轻重有别，都使得刑阶的层次性要求可以得到保障。②相邻刑阶的层次性彼此差距不宜过大。因此，应当保证相邻刑阶的层次性不会彼此差距过大，否则就会使两刑种之间彼此过渡十分困难，进而造成高一级刑种过重而低一级刑种过轻的局面。③在上述两点的基础上实现刑阶的有效衔接。刑阶衔接包括两种方式，一为交叉式，即高刑种的下限与低刑种的上限发生交叉与重合，在这种情况下高低刑种的区别已不明显，难以符合原有的层次性要求，因此，刑阶衔接的最优形式应当是第二种，契合式。契合式是指相邻刑种之间的上下线彼此咬合，即低一级刑种的上限恰好与高一级刑种的上限相等。那么刑阶的有效衔接如何实现呢？

在解答这一问题前，首先要对刑阶衔接作出区分，在客观上，刑阶衔接可以分为静态的刑阶衔接与动态的刑阶衔接。静态的刑阶衔接指的是静态刑事立法上所呈现的刑罚严厉程度的层次性效果。从静态角度观察我国刑罚制度下的刑阶衔接配置较为妥当；动态的刑阶衔接是指在死缓、减刑及假释等执行制度存在的前提下，刑罚实际执行程度的衔接。这是因为在死缓、减刑与假释制度的作用下，刑罚的实际执行时间与程度是动态化并可彼此过渡的。在引入对刑阶衔接的动态考察的情况下，就会发现各刑种在静态配置与实际执行程度之间存在着很大的区别，而并不必然吻合。我们在此要解决的问题就是如何有效实现刑阶的衔接配置，从而保证动态情况下刑种的平稳过渡。刑阶的动态衔接是一个一揽子工程，其不仅要通过对死刑立即执行、死缓、无期徒刑以及有期徒刑的关系优化来完善，同时也应对死缓、减刑及假释的相关执行制度进行调整，总而言之，要实现刑罚动态结构的科学化配置，就应当从刑事一体化的角度，以刑阶衔接性为价值目标，通过对刑种与刑罚执行制度进行整体化改造，维护刑罚的实际刚性，从而使刑罚立法的科学配置能够得到切实现实。

我国及其他国家的古代刑罚皆以肉刑为主，死刑占据重要地位。以我国为例：从奴隶制社会的夏代开始，我国就逐步确立墨、劓、刖、宫、大辟的五刑制度，墨刑即在额头上刻字涂墨，劓刑即割鼻子，刖刑即砍脚，宫刑即毁坏生殖器，大辟是死刑。这五种刑罚前四种都是肉刑，是对犯罪人身体不同程度的毁坏，大辟虽然是死刑，但是执行方式多样且十分残酷。虽然这五种刑罚是按照由轻到重的顺序排列的，似有刑罚阶梯的存在，但其中的衔接标准却难以寻找，这与我们上文所讲的刑罚阶梯的科学设定相去甚远。进入封建社会后，奴隶制五刑开始逐渐被废除，从汉初的文景帝废除肉刑开始，自由刑纳入了封建社会刑罚制度之中，封建五刑分为笞、杖、徒、流、死。在我国唐代，笞刑，以十为一等，分五等，即从十到五十下；杖刑，以十为一等，分五等，即从六十到一百下；徒刑，刑期分为一年、一年半、二年、二年半、三年五等；流刑，里程分两千里、两千五百里、三千里三等；死刑，分为绞和斩二等。从上述可以看出，在笞刑和杖刑之间似乎存在着很好的刑阶衔接，但是其使用的行刑的工具发生了很大的变化。各刑种内部也体现较好的衔接，但是徒刑、流刑与死刑之间，明显出现生刑过轻而死刑过重的情况，五刑直接的衔接也难以实现，虽有由轻到重的刑阶，却没有实现刑阶的有效衔接。

二、刑罚立法的内部衔接技术

在上一节中我们简单地提到了刑阶衔接问题，在此刑阶衔接包括静态的刑阶衔接与动态的刑阶衔接。传统意义上的刑阶衔接也就是静态意义的刑阶衔接，指的是在刑罚体系的设定上，使刑种之间以及各刑种内部呈现出严厉程度不同的阶梯性效果。在同一刑种之间，以自由刑为例，自由刑包括无期徒刑、有期徒刑、拘役以及我国刑法特有的管制等。各刑种之间的严厉程度存在着区别，而各刑种内部往往依时间长短区分其严厉程度。在不同刑种之间，我国设立了一些衔接性刑种，以保证刑阶衔接的稳定性。如在生命刑与自由刑的衔接上，主要依靠死刑缓期2年执行作为死刑立即执行与无期徒刑的衔接刑。而动态的衔接则是在缓刑、减刑及假释等执行制度存在的前提下，刑罚实际严厉程度的衔接。由于在缓刑、减刑与假释制度的作用下，刑罚的实际执行时间与程度是动态变化并可以彼此过渡的，因而生刑的实际执行严厉性会在一定程度减轻，倘若刑罚刚性不能得到有效配置或者平衡，那么刑罚的严厉程度在执行中就可能会发生断裂。无论上述何种形式的刑阶衔接都未超过刑罚的范围，属于刑罚立法的内部衔接。而我国刑罚一般与行政罚相联系，《刑法》第13条规定，情节显著轻微危害不大的，不以犯罪论处。由此可见，我国的犯罪行为一般要求达到一定程度的社会危害性，而这种严重程度未达到之时，适用行政罚而非刑罚。比如说盗窃罪，盗窃罪要求数额较大，若以1000元作为划分罪与非罪的标准，那么超过1000元的就是盗窃罪，适用刑罚，未超过1000元的就是行政违法行为，适用行政罚。因此，刑罚立法衔接，应当包含刑罚立法的内部衔接和刑罚立法的外部衔接。刑罚立法的内部衔接也就是我们上文所说的刑阶衔接，具体包括生刑与死刑的衔接、自由刑与罚金刑的衔接、法定刑与执行刑的衔接等；刑罚的外部衔接也就是刑罚与行政罚的衔接。在这一部分我们重点探讨刑法立法的内部衔接，而刑罚立法的外部衔接将放到本章的第三部分具体论述。

（一）生刑与死刑的衔接技术

除了死刑之外的所有刑罚都可称为生刑，生刑与死刑有着本质性的区别。现今社会，对犯罪人无论处以多长的刑期，就以我国的无期徒刑为例，那也无法让生刑与死刑之间像拘役到有期徒刑一样平稳地过渡。我国主刑包括管制、拘役、有期徒刑、无期徒刑和死刑，五种主刑的严厉程度由低到高，且各刑种之间有着平稳的过渡衔接。例如拘役期限为1个月到6个月，而有期徒刑的最低期限为6个月，虽然管制的期限要高于拘役甚至有期徒刑，但是其对人身自由的限制程度却很低，因此管制与拘役之间也存在着合理的过渡。比无期徒刑更加严厉的刑罚就是死刑，生死刑之间的衔接也较为合理。因此，仅仅从静态角度观察，我国刑罚制度的刑阶衔接是较为妥当的。然而，由于缓刑、减刑及假释等执行制度的存在，致使生刑的实际执行程度有所减轻，而死刑的执行却未减少，由此可见，从动态角度来看，我国生死刑之间存在着严重的动态断裂。根据《刑法》第50条规定，判处死刑缓期执行的，在死刑缓期执行期间，如果没有故意犯罪，2年期满以后，减为无期徒刑；如果确有重大立功表现，2年期满以后，减为25年有期徒刑；如果故意犯罪，情节恶劣的，报请最高人民法院核准后执行死刑。由此可知，死缓作为生死刑的一个过渡方式，死刑与生刑之间的衔接主要体现在死缓向无期徒刑和有期徒刑的变更上。

　　本书认为我国刑法中死刑缓期执行向无期徒刑的变更并无太大问题，而向有期徒刑的变更值得深思。根据《刑法》第50条规定，判处死刑缓期执行的，如果确有重大立功表现，2年期满以后，减为25年有期徒刑；对判处死刑缓期执行的累犯以及因故意杀人、强奸、抢劫、绑架、放火、爆炸、投放危险物质或者有组织的暴力性犯罪被判处死刑缓期执行的犯罪分子，人民法院根据犯罪情节等情况可以同时决定对其限制减刑。《刑法》第78条第2款第3项规定："人民法院依照本法第50条第2款规定限制减刑的死刑缓期执行的犯罪分子，缓期执行期满后依法减为无期徒刑的，不能少于25年，缓期执行期满后依法减为25年有期徒刑的，不能少于20年。"也就是说死缓减为25年有期徒刑的，最低执行期限是22年，最高为27年。根据《刑法》第69条规定，有期徒刑总和刑期在 35 年以上的，最高不能超过 25 年。也就是说死缓的执行期限有可能低于有期徒刑。虽然说在刑罚的实际执行中遇到这种问题的可能性极小，但是为追求刑罚立法的严谨性与刑罚阶梯的合理衔接，我们需要解决这一问题。正如我们上文所言，生死刑有着本质的区别，无论我们做出再大的努力都很难在两者之间实现平稳衔接，我们更加需要在两者之间寻找一个平衡的过渡点，而现在《刑法》中的 25 年有期徒刑并不合适。

《刑法》第 69 条规定，有期徒刑总和刑期不满 35 年的，最高不能超过 20 年，总和刑期在 35 年以上的，最高不能超过 25 年。受这一规定的影响，将死缓减为 25 年有期徒刑的情况最低刑期规定为 20 年，这是一种思维定式的表现。自由刑和死刑是两种性质的刑罚，死缓向有期徒刑的过渡，不能仅仅以有期徒刑的最高年限作为两者的衔接点。但是生命刑与有期徒刑之间的衔接，应当以我国罪犯的最大服刑期限作为其衔接点。所谓最高服刑期限就是我国人口的平均年龄与我国罪犯入监时的平均年龄之间的差。这个差是多少，死缓变更为有期徒刑的期限就是多少。也就是说，被判为死缓的人，转为有期徒刑的期限，应当是关押致死的一个期限。这个期限与无期徒刑不同，无期徒刑是无限期关押，这个期限是我国罪犯所能承受的最大平均服刑期限。由于减刑、假释的存在，我们并不否定死缓的实际执行刑期可能少于无期徒刑，甚至少于某些有期徒刑，但是在刑罚立法过渡之时，我们必须严谨对待，追求各刑阶之间实现最大的平稳过渡。以实现刑罚的有效衔接，增强刑罚的权威性。

（二）主刑、附加刑之间的衔接

1. 自由刑之间的衔接

（1）轻罪与重罪。在大陆法系或者英美法系国家中，按照犯罪性质一般都会把犯罪分为轻罪和重罪，如奥地利、瑞士、法国、美国、泰国、土耳其等国家的刑法典都对此都作出了规定。在这一点上，各国除大多分为重罪与轻罪外，有的只规定重罪，其他推定为轻罪，有的只规定轻罪，其他推定为重罪。但是具体区分轻罪与重罪的标准不尽相同，我国对于区分轻罪和重罪的标准还没有明确的规定。一般情况下，如果按照罪名确定重罪与轻罪，我们会发现这很难区分。比如，盗窃罪，法定刑最低可至3年以下有期徒刑、拘役、管制，并处或单处罚金。法定刑最高可至10年以上有期徒刑或者无期徒刑。对于这轻可至管制，重可至无期徒刑的盗窃罪怎能轻易地说是轻罪亦或是重罪呢？所以单以罪名来确定重罪与轻罪，怕是难以自圆其说。类似盗窃罪这种一罪多级处罚的罪名我国刑法典还规定了很多，显然以罪名也就是犯罪性质来区分重罪与轻罪并不合理。我们发现用罪名即犯罪性质无法确定轻罪、重罪，但是，用"犯罪的最小单位"——罪行却可以确定轻罪、重罪。所谓罪行，是指刑法规定的具有特定构成要件并且配置有相应具体法定刑幅度的行为。[1] 罪行与罪名是两个不同层次的概念。如果一个罪名只有一个犯罪构成类型和一个法定刑幅度的，就是只包含一种罪行；如果一个罪名具有危害程度不同的多个犯罪构成类型和与其对应的多个法定刑幅度，就是包含多个罪行。由于罪行是"犯罪的最小单位"，因此，罪行之间的轻重是具有可比性的。例如，故意杀人罪属于侵犯公民人身权利、民主权利的犯罪，盗窃罪属于侵犯财产权方面的犯罪，两者相比，显然前者的犯罪性质严重，但是从犯罪性质本身来看是无法得出两者谁是轻罪、谁是重罪的结论，因为故意杀人罪虽然性质严重，但是法定刑最低可至"处3年以上10年以下有期徒刑"，最高可至"死刑、无期徒刑或者10年以上有期徒刑"，而盗窃罪包括三级法定刑幅度，最低可至"处3年以下有期徒刑、拘役或者管制，

---

[1] 高铭暄、马克昌主编：《刑法学》（第8版），北京大学出版社、高等教育出版社2017年版，第51页。

并处或者单处罚金",最高可至"处10年以上有期徒刑或者无期徒刑,并处罚金或者没收财产"。显然盗窃数额特别巨大判处无期徒刑的盗窃罪要比情节轻微的故意杀人罪判处的刑罚更重,所以单纯地比较罪名是难以区分重罪与轻罪的。只能具体比较"罪行",即某一级法定刑所对应的具体犯罪孰轻、孰重,由此得出轻罪、重罪的结论。因此,轻罪与重罪的划分应是对罪行轻重的划分。当然,罪名与罪行轻重并非没有关系,罪名也是影响罪行轻重的重要因素之一,只是不能将两者相互混淆,等同一物。

英美法系国家和大陆法系国家对于轻罪与重罪在划分上不尽相同,同一法系的不同国家对此的划分也大同小异。刑法学界认为主要有以下几种观点:①法定刑为7年有期徒刑以下的犯罪为轻罪;②法定刑为5年有期徒刑以下的犯罪为轻罪;③法定刑为3年有期徒刑以下的犯罪为轻罪。由于减刑、假释制度的存在,有些学者认为要以实际执行的刑罚作为判断标准。一般认为,法定刑为3年有期徒刑以下的犯罪为轻罪,笔者亦持这种观点。因为我国刑法虽未具体划分轻罪与重罪,但是在刑法分则中多数罪名的刑罚标准都以3年有期徒刑为分界点,这说明我国刑法在无形中把3年有期徒刑作为犯罪轻重的区分标准。另外从刑事诉讼程序上看,独任制的一审程序是以可能被判处3年以下有期徒刑为标准之一。从刑法的属人管辖权看,中华人民共和国公民在中华人民共和国领域外犯罪的,适用中国刑法,但是最高刑为3年以下有期徒刑的,可以不予追究。这些规定都充分说明了立法者的意图是以3年有期徒刑来作为轻罪与重罪的标准。

区分重罪与轻罪的意义主要体现在以下四个方面:①犯罪观念方面的意义。在刑事法律中区分轻罪、重罪概念,有助于国人形成正确的犯罪观,准确把握犯罪概念,认识到犯罪中有大部分是属于主观恶性较小、罪行较轻的轻罪,并不是所有犯罪都是重罪,从而起到改变传统社会观念中的对所有犯罪不分轻重都深恶痛绝、不加宽宥的观念,重罪轻罪区别看待,进而为对轻罪实施较为轻缓的刑事处遇制度奠定良好的思想基础。②刑事政策方面的意义。在刑事立法上明确划分轻罪、重罪,不仅可以为贯彻和正确实施宽严相济刑事政策提供前提和法律基础,同时也为中国现阶段尚存在的并且完全可能不断进行下去的"严打"设置一定的制度约束,从而促使其迈入严格的法治轨道,成为科学的宽严相济刑事政策之"严"的组成部分。③刑事立法方面的意义。在刑事法律上对轻罪和重罪作出明确的界定,在相当大的程度上能够避免对轻罪配置重罪的法定刑、对重罪配置轻罪的法定刑,改变这种法定刑配置不合理、各罪行之间法定刑配置不均衡的现象。④刑事法律方面的意义。在刑事法律上明确规定轻罪、重罪的概念和范畴,有助于在实体、程序上建立起相应的因罪的轻重不同而区别对待的制度,从而更科学地设置犯罪的反应机制,更合理地分配司法资源。[1]

(2)重罪与无期徒刑。如果按照轻罪是 3 年以下的自由刑,反之则是重罪的标准,那么从 3 年以上的有期徒刑到无期徒刑都属于重罪,这个跨度太大,刑罚的阶梯性不够明显,我们还是认为 3 年以上 10 年以下的犯罪属于一般犯罪,10 年以上的犯罪才称之为重罪。在刑法分论规定的犯罪中,我们发现严重犯罪的刑罚区间往往是 10 年以上有期徒刑、无期徒刑,如危害公共安全犯罪中的放火罪、决水罪、爆炸罪等,但是既然是同种刑罚区间,那么具体是判处 10 年以上的有期徒刑还是无期徒刑就取决于法官的自由裁量权,立法上的疏忽和司法活动缺乏统一标准会导致同一性质、犯罪情节基本相同的案件由不同法院审理,甚至是同一法院的不同法官审判,最终判决的结果都会不同。在价值判断和事实判断中,法官针对案件肯定是尽可能地要依靠事实判断来裁量案件,

---

[1] 郑丽萍:《轻罪重罪之法定界分》,载《中国法学》2013 年第 2 期,第 128~138 页。

但是这并不能否认法官的主观好恶、价值判断会影响案件的裁量，所以在10年有期徒刑和无期徒刑的刑事处罚上还是有待进一步的细化。目前我国无期徒刑的减刑制度是执行刑罚2年以上，可以开始减刑。根据悔改表现和立功表现可以分为四种情况：①确有悔改表现或者立功表现的，可以减为22年有期徒刑；②确有悔改表现并有立功表现的，可以减为21年以上22年以下有期徒刑；③有重大立功表现的，可以减为20年以上21年以下有期徒刑；④确有悔改表现并有重大立功表现的，可以减为19年以上20年以下有期徒刑。[1] 我们发现有无立功表现和重大立功表现的减刑幅度相差并不大，这对于一个要被关押二十余年的犯罪分子来说，会影响他们积极劳动改造，争取立功的态度，同时也不利于监狱的管理和发挥刑罚的功能。

无期徒刑制度在长期的司法实践中起着积极的替代死刑的作用但也暴露出了以下几个问题：①不能充分体现罪责刑相适应原则。我们不能想当然地认为判处无期徒刑的犯罪分子执行的刑罚一定比直接判有期徒刑的犯罪分子执行的刑罚久。《刑法》第69条规定数罪并罚中，总和刑期在35年以上的，最高不能超过25年，这也就意味着犯有数罪的犯罪分子在极端情况下有可能判处25年有期徒刑，而无期徒刑的犯罪分子在刑罚执行期间，符合减刑条件的，执行2年以上，可以减刑。确有悔改表现者即可减为22年有期徒刑，这两种情况相对比，可以发现有期徒刑执行的时间并不一定比无期徒刑短，由于我国主刑存在递进关系，无期徒刑的罪行势必是比有期徒刑严重的，但是在极端情况下暴露出的这个问题，说明了刑法设置的科学性还有待提升。②不能全面贯彻刑法面前人人平等原则。众所周知，无期徒刑在没有减刑或假释的条件下，需要将牢底坐穿，但是在实践中，自然人生命存在个体差

---

[1] 高铭暄、马克昌主编：《刑法学》（第8版），北京大学出版社、高等教育出版社2017年版，第295~296页。

异,犯罪分子犯罪时年龄及身体状况存在差别,这就必然决定了同样被执行无期徒刑的犯罪分子被羁押的时间长短必然不同,不能充分体现出刑法的严肃性和权威性。③实际执行情况违背立法原意。出于保护人权以及实现改造罪犯使之重返社会的目的,立法机关针对无期徒刑分别设置了减刑、假释制度,以增强犯罪人改造的积极性,在实现一般预防与特殊预防的基础上实行宽刑政策。但现在的实施状况却差强人意,被判处无期徒刑的犯罪分子最少只要13年即可重新回归社会,无期徒刑在广大人民心中信赖感与认同感大大降低。由于减刑、假释标准过低并且实际中几乎每个犯罪人都有减刑的机会,所以一提到无期徒刑就知道罪犯并不会永远关在监狱,十余年后又会出狱,对于大多数人而言,善恶分明的性格让他们无法接受作为死刑下一刑阶的无期徒刑剥夺自由的效果仅仅如此,无法慰藉受害人及其家属也无法令社会大众信服。

(3)终身监禁的法律适用。《刑法修正案(九)》新增设了终身监禁制度,主要适用于贪贿、受贿数额特别巨大、性质极其严重且致国家人民利益遭受特别重大损失的犯罪分子,规定死刑缓期2年执行期满后转为终身监禁,不得减刑、假释。这一规定使得死刑与无期徒刑之间的刑阶增加了重要一步,使得刑罚的阶梯更加细致。白恩培受贿、巨额财产来源不明一案成为我国适用终身监禁的第一案。

随着人权保护思想的发展,在少杀、慎杀原则的指导下,我国为了顺应废除死刑的大趋势,《刑法修正案(九)》增设的终身监禁制度可谓是对废除死刑的重要一步。终身监禁制度适用于贪污受贿案件中罪大恶极应当判死刑但又不必立即执行的犯罪分子,在判处死刑缓期2年执行的同时终身监禁不能减刑、假释。在《刑法修正案(九)》出台之前,对于一些罪行严重却又具备不是必须判处死刑的量刑情节的情形,只能采取死刑缓期2年执行的方式来处理，但是一些罪行严重的犯罪分子在死刑缓期 2 年执行期满后减为无期徒刑，再以身体不适和需要治病为由，借助减刑、假释等方式规避惩处，严重影响了国家的司法权威。对于这一问题的解决，严格控制减刑、假释的条件和程序等方法虽然也会具有一定的效果，但却无法从根本上进行杜绝，因为其深层次原因在于我国对死刑与生刑的立法衔接留有空隙。终身监禁制度的出台就完善了生刑与死刑之间的衔接，使得刑罚之间的衔接更加紧密、合理。贪贿犯罪对国家和社会的危害，从表面上看，似乎不如杀人、抢劫、绑架等犯罪那样血腥、暴力，但实际上性质严重、情节恶劣的贪污、受贿分子产生的危害难以想象，很有可能就是某次重大安全事故的导火索，往往带给社会和人民巨大的财产和生命损失。我国《刑法修正案（九）》新增的终身监禁制度，首开规定适用于特别重大腐败犯罪分子，将对我国打击贪贿犯罪尤其是打击重大贪贿行为发挥巨大作用。

终身监禁思想起源于启蒙运动。贝卡里亚在《论犯罪与刑罚》一书中最早提出了对死刑的批判。随着人权思想的不断发展并逐渐深入人心，世界上很多国家废除了死刑制度并以终身监禁制度作为替代刑种。《刑法修正案（九）》所规定的终身监禁，暂时仅适用于特定贪污受贿犯罪的刑罚裁量和刑罚执行特殊措施，未来有可能会随着死刑的减少而增加终身监禁的适用范围。有学者提出应将终身监禁作为无期徒刑的一种，即将无期徒刑分为三个类别，包含不得减刑、假释的无期徒刑即终身监禁、限制减刑（判处死刑缓期执行的累犯以及因故意杀人、强奸、抢劫、绑架、放火、爆炸、投放危险物质或者有组织的暴力性犯罪被判处死刑缓期执行的犯罪分子）的无期徒刑、普通无期徒刑。笔者赞成这一观点，因为将终身监禁归结于无期徒刑的一种对于我国引渡逃亡国外的贪官、经济罪犯具有重大作用。从"猎狐 2014"到"天网 2017"，表明了党风廉政建设永远在路上，追逃追赃工作也永远在路上，我们相应的法律法规也得跟上政策的变化。国际法引渡规则普遍遵从"死刑犯不引渡"这一原则，这就使得我国对从外国引渡按照《刑法》规定应当判死刑的犯罪分子最高只能判无期徒刑，而又有减刑、假释制度的存在，判处无期徒刑的犯罪分子最快13年刑罚就已执行完毕，大大削弱了犯罪成本，使刑罚的特殊预防效果堪忧，也难以令人民群众信服。但是终身监禁制度的创设，使得那些犯有严重贪污、贿赂的犯罪分子必须把牢底坐穿，得到其应有的惩罚，大大提高了国家刑罚的威慑力，对社会的一般预防效果也显著提升，令人民群众信服法律。

我国当前的经济、社会以及法治发展的总体水平，跟发达国家存在一定的差距，正是这种差距决定了我国刑罚不能够像发达国家的刑罚那样轻缓。很明显轻刑化是未来刑法的发展趋势，但是这种轻刑化绝非绝对的低刑化，也不是全部的非监禁化甚至刑罚虚无化，而是在能够保证严格遵循法治原则和有效惩罚犯罪的前提下，使刑罚回归宽和化、个别化、人道化及实现保障人权的功能。笔者认为，随着我国经济社会的发展和国家法治的进步，权衡可罚性、合理性、谦抑性和适当性，在刑罚制度上引入限制减刑和终身监禁是必要、合理且可行的手段措施，这也恰恰符合我国刑罚制度的改革走向。

终身监禁对于刑罚的完善功能主要有三点：①终身监禁是死刑立即执行的替代。一个国家不同历史时期以及不同国家同一时期的刑罚体系、刑罚以及各种犯罪的法定刑均不相同，因为它们是特定政治、经济、文化背景下的社会价值观念影响的产物，而且它们不能够背离这种价值观念的基准。目前，我国现实背景还不具备彻底废除死刑的条件，同时刑罚在实际执行过程中存在死刑过重、生刑过轻的问题，这就意味着我们必须通过改革自由刑制度，用相对更严厉的长期自由刑来替代生命刑，从而更有效地实现刑罚预防犯罪的目的。因为从社会价值观念基准衡量，用限制减刑和终身监禁来替代某些具体犯罪不适用死刑时的措施，这是基于罪责刑相适应的要求而采取的与死刑立即执行基本相当或者相近的严厉性刑罚措施；另外，从罚与罪的标度或标准来衡量，适用限制减刑和终身监禁给罪犯带来的剥夺性痛苦并不亚于死刑立即执行，所以用其来替代死刑立即执行能够在最大限度上实现实质上限制死刑被实际适用的价值功能。②终身监禁是一般死刑缓期执行的加重。在以往实践中，常常出现对减刑条件执行过于宽松，减刑的频率过快、次数过多，假释条件掌握过于宽松的情况，还存在对被判处无期徒刑、死刑缓期执行的犯罪分子实际执行刑期较短，与被判处死刑立即执行的犯罪分子相比法律后果相差太大的情况。鉴于此，《刑法修正案（八）》和《刑法修正案（九）》分别规定对被判处死刑缓期执行的特定罪犯可同时决定限制减刑和终身监禁，这既体现了与一般死刑缓期执行的区别对待，也体现了严厉性更甚于一般死刑缓期执行的行刑加重。当然，这种行刑加重是相对于两个刑法修正案之前而言的，那时即使被判处死刑缓期执行，但是罪犯大多实际上只须承担有期徒刑的法律后果，这和死刑立即执行的法律后果相比反差特别悬殊。③终身监禁是对刑罚制度的完善。我国刑法在制刑、量刑上有无期徒刑，这是有期徒刑和死刑之间与终身监禁大体相当的量刑，而且刑法规定在对判处无期徒刑和死刑缓期执行的罪犯予以减刑、假释时必须满足一定条件，那么在这种意义上而言，刑法本身已体现了"限制减刑"的精神。但从具体的司法实践来看，两个刑法修正案之前还存在重刑判决形同虚设、无期徒刑有名无实、减刑假释缺乏约束等诸多弊端。因此，《刑法修正案（八）》和《刑法修正案（九）》强调刑罚"轻"与"重"、"宽"与"严"的有机结合和合理协调，同时对一些罪犯的减刑假释权利用限制减刑和终身监禁等措施予以必要限制，促使刑罚结构更加合理、体系更加完善，而且在一定程度上切实避免减刑假释裁量权行使的随意性，从而有效保证重刑判决得到切实执行，最大限度地发挥刑罚惩罚犯罪和预防犯罪的功能。[1]

2. 自由刑和财产刑之间的衔接

财产刑是以剥夺一定的金钱或者与金钱相关的利益作为对犯罪人处置方法的处罚。有学者认为，财产刑包括法院对刑事被告人所使用的罚金刑、没收财产刑、涉案赃款物的追缴以及刑事附带民事案件中民事赔偿等几个方面。[2] 我们认为财产刑应当是对犯罪人合法权益的剥夺，而这种剥夺必须是刑事意义上的剥夺。追缴赃款剥夺的是非法财产利益，刑事附带民事赔偿是一种民法意义上的赔偿，只是放在刑事审判当中。因此，财产刑在我国是以附加刑的方式体现的，主要包括罚金和没收财产两种。罚金或没收财产作为对人合法利益的剥夺，具有惩罚性，是刑事责任的实现方式。从犯罪性质上看，我国刑法中的财产刑主要适用于以下三种犯罪：①经济类犯罪，在刑法分则第3章规定的破坏社会主义市场经济秩序罪中，90多个刑法条文，基本上都规定了罚金的独立或附加适用；②财产性犯罪，刑法分则第5章规定的侵犯财产罪，共14条，其中有12条规定了罚金刑，占条文总数的85.71%。③其他故意犯罪，刑罚分则第6章规定的妨害社会管理秩序罪，共有90余个法条，其中将近一半规定了罚金刑；第4章侵犯公民人身权利、民主权利罪中的第240条和第244条也规定了并处或者单处罚金的情况。另外，没收财产的范围仅限于犯罪分子个人所有的合法财产，没收全部财产时，应当注意人道主义原则，必须为犯罪分子个人及其抚养（扶养）的家属保留必需的生活费用。对罚金刑数额的规定主要有三种方式：总则规定罚金刑

---

[1] 骆锦勇：《限制减刑与终身监禁的司法适用》，载《人民司法（应用）》2017年第25期，第45页。

[2] 邱继光、邱阳平：《从刑罚目的谈"效益原则"的合理运用——以自由刑与财产刑的适当选择为视角》，载《法治论坛》2012年第4期，第194~207页。

的最高或最低限额，分则规定总则未规定的高或低限，各罪的情况不同，限额也有所不同；总则只规定罚金刑，而对数额不予涉及，具体数额由分则各罪规定；根据某种参考系，规定一定的罚金比例。

自由刑与财产性的衔接问题，一般都是短期自由刑与财产刑的衔接问题。短期自由刑是对犯罪人科处的刑期较短的自由刑，在这里我国短期自由刑应当是3年以下有期徒刑及拘役。短期自由刑与财产刑在具体适用中都存在一定的弊端。一方面，短期自由刑一般都是处罚犯罪情节很轻的罪犯，这些罪犯的社会危害性和人身危险性都很低，具有很强的可矫正性。短期自由刑的执行也是在监狱中进行的，这类罪犯被关押在监狱之中，难免相互影响，不利于罪犯矫正目的的实现。另外，短期自由刑对犯罪人的心理以及外界对他的评价上会产生很大的影响，其名誉受到很大损害，心理承受重大压力。另一方面，财产刑，尤其是罚金刑，它仅仅是针对犯罪人的财产实施的惩罚，财产损失并不能像自由刑那样丧失自由的同时还连带着对财产名誉等的损坏。另外罚金刑可能影响刑罚的公正性，对于富人来说罚点钱算不上什么，而对于穷人来讲可能会遭受巨大的痛苦。短期自由刑与财产刑虽然是主刑和附加刑的区分，属于不同性质的处罚，但其仍然存在着衔接问题，随着"刑事和解"刑事政策的提出，两者之间的合理衔接显得更为重要。

《中华人民共和国刑事诉讼法》（以下简称《刑事诉讼法》）第5编第2章第288条至第290条对刑事和解的公诉案件程序作出了详细规定。《刑事诉讼法》认为公诉案件适用和解程序的范围是：因民间纠纷引起，涉嫌侵犯人身权利、民主权利和侵犯财产犯罪，可能判处3年有期徒刑以下刑罚的犯罪案件；除渎职犯罪以外的可能判处7年有期徒刑以下刑罚的过失犯罪案件。但是，犯罪嫌疑人、被告人在5年内曾经故意犯罪的，不适用这一程序。对于当事人之间达成和解协议的案件，人民法院、人民检察院和公安机关可以依法从宽处理。"刑事和解"有利于弥补被害人受到的伤害、恢复被行为人破坏的社会关系并使加害人改过自新，重返社会。"刑事和解"可能产生因贫富不均导致刑罚适用不平等的问题，侵犯刑罚的公正性，违背法律面前人人平等的原则，不免有以钱赎罪、以钱买罪的嫌疑。从这一意义上讲，如何实现财产刑与短期自由刑的衔接显得尤为重要。

　　无论是自由刑还是财产刑，都是对公民权利的剥夺，自由刑剥夺自由权，财产刑剥夺财产权。我们不能想当然地就认为自由刑一定比财产刑要重。不同的人有不同的价值判断标准，有人以生命为上，有人以自由为上，有人以财产为上，自由刑与财产刑造成的痛苦孰重孰轻，也因人而异。然而，在我们大多数人眼里，自由刑要比财产刑更重，在这里我们也在这种观点的基础上进行分析。通过上文对两者弊端的分析，我们可以知道，自由刑对犯罪人人身自由的剥夺必然带来财产性损失，除此之外还有因剥夺人身自由而无法享有的权利。那么自由刑和财产刑如何衔接？首先，我们必须坚持自由是无法用金钱加以衡量的。其次，罚金刑的数额必须在很大程度上超过犯罪人因刑事违法而被判决尤其徒刑所带来的损失。比如说，某人一年各项总收益10万，其因为犯罪而被判处有期徒刑1年且是监内执行，那么罚金刑与有期徒刑的衔接就应当在很大程度上超出10万元。如若这一犯罪在"刑事和解"的范围之内，那么双方达成协议之后，除了赔偿被害人的损失之外，还应当再对其处以15万元以上20万元以下的罚金，才能免于监内执行。而对于罚金数额的考量，也应当因人而异。对于何种程度是很大程度上超出，应当以超出一半以上，一倍以下确定数额最为合适。比如上例中，应当处以15万以上20万以下的罚金。

　　3. 自由刑和资格刑之间的衔接

　　资格刑是以对公民享有的某种资格或者行使一定权利的资格的

剥夺的处罚。在中外刑法理论学界，对于资格刑的称谓不一，有称之为名誉刑，也有称之为权利刑，虽然含义大致相同，但是从学术称谓的严谨性的角度来看，名誉刑、权利刑还是存在以偏概全的情况。在资格刑中，有一些惩罚是直接剥夺名誉，例如剥夺荣誉称号、奖状、勋章等，但是剥夺出版、发行、集会、游行等的自由是对权利的间接剥夺，尽管有可能会对被剥夺者产生间接影响，但是不能把这种惩罚归入剥夺名誉一类。也有学者把资格刑称为权利刑，人民法院对犯罪分子判处的刑罚，无论是主刑还是附加刑都是对权利的剥夺，所以把资格刑称为权利刑并不能凸显出资格刑自身的特色，所以资格刑这个概念还是对这个刑罚最好的称谓。资格刑中适用最广泛的是剥夺政治权利，对犯罪分子参加国家管理和政治活动权利的剥夺的一种刑罚方法。根据《刑法》第54条的规定，是剥夺犯罪分子以下权利：选举权和被选举权；言论、出版、集会、结社、游行、示威自由的权利；担任国家机关职务的权利；担任国有公司、企业、事业单位和人民团体领导职务的权利。驱逐出境是刑法明文规定的另外一种资格刑，是强迫犯罪的外国人离开中国国境的一种刑罚方法，由于驱逐出境仅适用于犯罪的外国人，不具有普遍适用性，所以刑法以专条加以规定，这样看驱逐出境应该算是一种特殊的附加刑。我国刑法明文规定的两种资格刑外，还存在着很多性质属于资格刑的行政处罚：其一，禁止担任公职，比如《中华人民共和国人民警察法》第26条、《中华人民共和国检察官法》第13条、《中华人民共和国法官法》第13条规定因犯罪受到刑罚处罚的人不得担任人民警察、检察官、法官。其二，禁止从事特定职业，《中华人民共和国律师法》第7条第2项规定，受过刑事处罚的，但过失犯罪的除外，不予颁发律师执业证书。《中华人民共和国教师法》第14条规定："受到剥夺政治权利或者故意犯罪受到有期徒刑以上刑事处罚的，不能取得教师资格；已经取得教师资格的，丧失教师资格。"其三，吊销驾驶证，《中华人民共和国道路交通安全法》第101条第1款规定："违反道路交通安全法律、法规的规定，发生重大交通事故，构成犯罪的，依法追究刑事责任，并由公安机关交通管理部门吊销机动车驾驶证。"这些行政处罚虽没有资格刑之名，但行资格刑之实。

自由刑与资格刑的衔接问题，由于资格刑中的驱逐出境是针对在中国犯罪的外国人而言的，不具有普遍适用的性质，所以一般都是自由刑和剥夺政治权利的衔接问题，被判处死刑和无期徒刑的犯罪分子都是当然判处剥夺政治权利终身，这里不去过多讨论。对于死刑缓期执行减为有期徒刑或者无期徒刑减为有期徒刑，刑法规定应当剥夺政治权利3年以上10年以下。这与独立适用或者被判处有期徒刑、拘役附加剥夺政治权利的1年以上5年以下在3到5年这个阶段存在重合，会导致危害程度不同的犯罪在剥夺政治权利上却判相同的年限，不能很好地体现刑罚的递进关系。比如说无期转有期的犯罪分子除主刑以外另判处剥夺政治权利4年，而某被判处有期徒刑的犯罪分子除主刑外另判处剥夺政治权利5年，单独看这很符合刑罚的规定，但是这种情况结合起来看就暴露出自由刑与资格刑的衔接问题。本书观点是应该提高死刑缓期执行减为有期徒刑或无期徒刑减为有期徒刑剥夺政治权利的时间，增加为5年以上10年以下，以保证刑阶的合理衔接。

无论是自由刑还是资格刑，都是对犯罪分子权利的剥夺，有判主刑附加适用资格刑的，也有独立适用资格刑的。对于主刑附加资格刑的又分为应当附加适用和可以附加适用。《刑法》第56条第1款前半段规定，对危害国家安全的犯罪分子应当附加剥夺政治权利。对于这类危害国家安全的犯罪分子必须剥夺政治权利的依据是他们实施的危害国家安全行为往往是由于他们所享有的政治权利，正是由于他们对所拥有的政治权利的滥用才导致了犯罪，所以刑法规定对此类犯罪分子应当附加剥夺政治权利。《刑法》第

56条第1款后半段规定，对故意杀人、强奸、放火、爆炸、投毒、抢劫等严重破坏社会秩序的犯罪分子，可以附加剥夺政治权利。对于这类犯罪分子，如果其主观恶性强、犯罪情节恶劣、情节严重、社会危害性大，可以附加剥夺政治权利。这是因为这类人如果继续拥有已有的权利和以后将拥有的权利，基于其对社会的憎恶，将会对社会造成难以想象的危害，所以对于这类犯罪分子也可以剥夺政治权利。还有一种情况就是独立适用附加剥夺政治权利，这类犯罪由刑法分则具体规定，在主刑和剥夺政治权利中择一，选择了主刑就不能选择剥夺政治权利，反之亦然。例如，《刑法》第298条规定，扰乱、冲击或者以其他方法破坏依法举行的集会、游行、示威，造成公共秩序混乱的，处5年以下有期徒刑、拘役、管制或者剥夺政治权利。《刑法》第297条到第300条都有相类似的规定，这种刑罚的阶梯，就充分地显示出主刑到附加刑刑罚严厉性的逐级递减，很好地展现了自由刑与附加刑之间的衔接。单独适用附加刑除了上述好处，还可以减小主观恶性轻微、社会危害性小的犯罪分子的关押率，减小监狱经费的压力，节约社会资源。

（三）法定刑与执行刑的衔接技术

法定刑与执行刑之间的区别本质上就是刑罚应然与实然的区分，我们将刑罚的应然状态通过刑法立法技术规定于《刑法》之中，同时我们考虑到各个方面的因素，也规定了刑罚执行时的缓刑、减刑、假释。而刑罚的实然状态就是刑罚实际执行的状态，通过缓刑、假释、减刑等刑罚执行措施的规定，而最终表现出来的状态。严格地讲，执行刑应当与法定刑相对应，执行刑的种类、程度等都应当与法定刑精准对应。然而，由于缓刑、假释、减刑的存在，执行刑发生变化，与法定刑产生断裂。在这一部分，我们将对执行刑与法定刑断裂产生的原因以及如何通过刑罚立法技术将这种断裂降低到最小(在此我们必须强调,执行刑与法定刑的断裂是不可避免的,只是程度大小的问题),作出简单探讨。

第一,缓刑是对触犯刑法,经法定程序确认已构成犯罪、应受刑罚处罚的行为人,先行宣告定罪,但暂不执行所判刑罚的一种刑罚执行制度。《刑法》规定,缓刑适用于3年以下有期徒刑、拘役、剥夺政治权利,3年以上有期徒刑或无期徒刑、累犯、犯罪集团首要分子,不适用缓刑。另外,我国死刑制度中还包括死刑缓期执行2年。对宣告缓刑的犯罪分子,在缓刑考验期内,依法实行社区矫正。我国刑法还规定了一种特殊的缓刑制度,即战时缓刑制度,在此不作探讨。缓刑制度在节约刑罚资源、矫正罪犯,预防重新犯罪,维护社会稳定等方面发挥了重大作用。缓刑考验期满,符合条件的,原判刑期就不再执行,这是法定刑与执行刑之间产生断裂的原因之一。减刑是指刑罚执行期间对符合条件的犯罪分子减免一定的刑罚处罚。《刑法》第78条规定,判处管制、拘役、有期徒刑、无期徒刑的犯罪分子,在刑罚执行期间,认真遵守监规,接受教育改造,确有悔改表现的,或者有立功表现的,可以减刑;有重大立功表现的应当减刑。由此可见,减刑必将产生法定刑与执行刑的差异,也是两者断裂的原因之一。假释是对被判处有期徒刑、无期徒刑的犯罪分子,在执行一定刑期之后,因其遵守监规,接受教育改造,确有悔改表现,不致再危害社会,而附条件地将其予以提前释放的制度。对于累犯以及因故意杀人、强奸、抢劫、绑架、放火、爆炸、投放危险物质或者有组织的暴力性犯罪被判处10年以上有期徒刑、无期徒刑的犯罪分子,不得假释。对假释的犯罪分子,在假释考验期内,依法实行社区矫正,假释考验期满,符合条件的,就认为原判刑期已经执行完毕,并公开予以宣告。假释也是引起法定刑与执行刑断裂的原因之一。另外保外就医,虽然是监外执行的一种,但是保外就医滥用,也会导致法定与执行刑之间的断裂。

对于缓刑的考验期限,《刑法》第 73 条规定,拘役的缓刑考验期限为原判刑期以上 1 年以下,但是不能少于 2 个月。有期徒刑的缓刑考验期限为原判刑期以上 5 年以下,但是不能少于 1 年。缓刑考验期限,从判决确定之日起计算。对于减刑,《刑法》规定减刑后实际执行的刑期不能少于下列期限:判处管制、拘役、有期徒刑的,不能少于原判刑期的二分之一;判处无期徒刑的,不能少于 13 年;人民法院依照本法第 50 条第 2 款规定限制减刑的死刑缓期执行的犯罪分子,缓期执行期满后依法减为无期徒刑的,不能少于 25 年,缓期执行期满后依法减为 25 年有期徒刑的,不能少于 20 年。关于假释,《刑法》规定,被判处有期徒刑的犯罪分子,执行原判刑期二分之一以上,假释考验期为剩余的刑期,判处无期徒刑的犯罪分子,实际执行 13 年以上,符合条件的才能假释,假释考验期限为 10 年。由以上数据可以看出,法律规定的刑罚最低期限偏低,尤其徒刑的最低执行期限仅仅是原判刑期的一半,无期徒刑只是 13 年。《刑法修正案(八)》出台以后,我国有期徒刑最高刑期可达 25 年,将无期徒刑刑期确定为至少 13 年。存在减刑假释的情况下,无期徒刑的最低刑期也是按照在减刑假释的情况下的最低刑期的一半计算的。但是这一比例太小,不利于刑罚权威性的实现,且容易致使人们产生对刑罚执行的质疑,影响刑法的威信度。这一比例应当提高至三分之二最为适宜,这样既能解决以上问题,也能在很大程度上缩小执行刑与法定刑的断裂程度。

第二,刑罚立法价值除了要符合上述立法价值的一般内涵之外,还需要包括刑罚独特的价值取向。这是由刑罚立法的任务决定的,刑罚立法是立法活动中的一部分,但是其最终成果将是刑法典的一部分,所以刑罚立法在立法活动中需要遵循立法的一般价值从而保证立法活动的合法性和合理性,其立法内容需要符合刑法的内在价值,从而保障立法结果的正当性。从立法层面来看,刑事立法属于基本法范畴，首先刑罚立法价值是为刑罚服务的，立法价值是刑罚的基础，刑罚的合理化是立法价值的外化，二者缺一不可。

综上所述，本书认为刑罚立法的价值应当有以下几项：①民主与自由。刑罚立法的内容涉及众多公民的基本权利，为了保障公民的权利不被刑罚侵犯，民主应是刑罚立法的第一要义。自由是法治社会的珍稀价值，刑罚立法应当保护公民权利，强调相对自由，抑制绝对自由。②公平与正义。刑罚立法属于刑事立法范畴，刑法的裁量是遵循"罪行法定"主义的，立法者要想法律条文发挥良好的作用，就应当将公平正义的理念灌输到立法活动中。③安全价值。安全价值是刑法的价值之一，刑法的设置是为了维护社会最基本的秩序，因此首先应当保障公民安全、社会安全、国家安全不被破坏，其次才是社会的稳定与发展。④谦抑性。刑罚是最严厉的处罚，这是刑罚的目的决定的。刑罚为了达到威慑、修复的效果，就必须在手段上区别于其他的执法方式。不过，正是由于刑罚手段具有严厉性，所以在立法思维上应当柔和，以此做到"严而不厉"。

三、刑罚立法的外部衔接技术与制度填补

（一）惩罚体系完整的需要：刑罚与行政罚的合理关系

上文我们已经提到，刑罚立法的衔接包括刑罚立法的内部衔接和外部衔接。外部衔接就是指刑罚与行政罚的衔接。在这一部分我们将详细探讨刑法立法的外部衔接问题。刑罚与行政罚的立法衔接所要解决的问题，实际上就是以立法的方式，处理好刑罚与行政罚的合理关系，解决刑罚与行政罚的适用问题。我们都知道，法律本身就是一种社会规则，是评价人们行为的重要标准。一个

行为超过了法律设定的界限，违反法律，就应当承担相应的法律责任。根据行为违反法律之性质，我们可以将法律责任分为公法责任和私法责任，公法责任就是对刑法和行政法的违反而产生的法律责任，包括刑事责任和行政责任；私法责任是对民商事法律的违法而产生的法律责任，主要是民事责任。刑罚和行政罚分别是刑事责任和行政责任的主要承担方式，民事责任的承担主要是停止侵害、排除妨碍、赔偿损失、恢复原状等几种方式。民事责任的承担并不牵扯到惩罚的问题，因此，我国惩罚体系实际上是刑罚和行政罚的有机结合。关于刑罚，我们在上文中作了较为详细的介绍，在此不作赘述。行政罚也即行政处罚，是行政机关或者其他行政主体依法定职权和程序对违反行政法规尚未构成犯罪的相对人给予行政制裁的具体行政行为。行政处罚的种类主要包括行政拘留、责令停产停业、暂扣或者吊销许可证和营业执照、罚款、没收违法所得、警告等。通过行政罚种类与刑罚种类的简单对比，我们就可以清楚地看出，行政罚中的行政拘留、罚款和没收财物，分别对应刑罚中的自由刑、罚金和没收财产，呈现出一种同质对应的现象。而其他各类处罚，不存在此种对应。从目前刑罚与行政罚适用的实际状况，结合上文分析来看，我国行政罚与刑罚适用包含两种方式：一种是对行为人处以刑罚的同时还做出相应的行政处罚的合并适用，这种情况发生在不存在上述二者处罚种类对应的情况；另一种是对行为人的刑罚处罚吸收相应的行政处罚的吸收适用，这种情况的发生，多因上述刑罚与行政罚种类上存在同质对应。

第一，合并适用是指当事人因其违法行为受到行政机关的处罚之后，该行为构成犯罪，人民法院依法对其做出有罪判决，追究其刑事责任。合并适用要求当事人承担行政责任的同时还承担刑事责任，实际上是一种双罚制。合并适用必须满足以下三个条件：其一，对行为人实施刑罚和行政处罚必须始终围绕着行为人的一个违法行为而进行，要求这个行为既违反了行政法、符合处以行政罚的条件，又触犯了刑法、符合处以刑罚的条件。其二，行政罚和刑罚处罚的种类不存在同质对应的情况，对行为人处以3年有期徒刑的同时可以进行行政处罚，处以吊销执照，合并处罚，但是不能再处以行政拘留。其三，行政机关和法院分别按照各自的权限和程序对这一行为进行处罚。吸收适用是指刑罚中的自由刑、财产刑，吸收行政罚中的自由罚和财产罚。《中华人民共和国行政处罚法》第28条第1款规定："违法行为构成犯罪，人民法院判处拘役或者有期徒刑时，行政机关已经给予当事人行政拘留的，应当依法折抵相应刑期"。行政拘留针对当事人的人身自由，对其人身自由权加以限制，期限为1日以上15日以下。它与有期徒刑和拘役一样，都是对人身自由的限制，因此，在具体进行刑罚执行的时候应当吸收已经执行的行政拘留时间，拘留1日折抵刑期1日。我国《刑法》规定了管制与先行羁押的折抵：判决执行以前先行羁押的，羁押1日折抵刑期2日。因此，行政拘留1日也应当折抵管制刑的2日刑期。对人身自由的限制，基本不会出现行政罚高于刑罚期限的现象。当然，劳动教养是一个特例，尽管劳动教养已经被废止，但也具有一定的研究意义，我们将在下一部分详细介绍。罚金与罚款，都是对行为人财产权利的惩罚，不能合并适用。在执行罚金刑的过程中，应当减去行为人已经缴纳的罚款数额。但是，罚款比罚金数额大的时候，是否需要退掉多余的款项？本书观点，罚金刑与罚款属于不同程度的处罚，罚金是刑罚，刑罚是最严厉的处罚，对于同一案件，罚款的数额不应超过罚金刑，行为人已经缴纳的多余的部分应当返还。

第二，一个完整的惩罚体系是刑罚与行政罚的有机结合。这里的有机结合不是刑罚与行政罚单纯地并存，而是两者之间相互补充，缺一不可。凡是惩罚，都会给行为人带来痛苦，刑罚是最严厉的惩罚措施，因此，行政罚给行为人带来的痛苦应当小于刑罚。

通过上文分析我们可以认为，按照惩罚的性质，刑罚与行政罚有同质和异质之分。痛苦大小的比较，只能存在于同质惩罚之间，异质惩罚就像是千克和米之间的对比一样，不具有可比性。通常情况下，我们将个人的生命、自由、财产以及某些资格视为更重要的权利，因此，刑罚惩罚选择了对这些权利的限制或者剥夺。但是我们并不排斥行政处罚的多样性，异质惩罚的存在使得整个惩罚体系更加完整，使惩罚的作用更加容易实现。因而以刑罚立法的方式缓和刑罚立法的外部衔接问题，也即刑罚与行政罚的衔接问题，实际上就是以立法的方式完善刑罚体系，使之与行政罚有效对接，而这种有效对接表现在以下三个方面：①同一行为中，在同质刑罚之间，行政罚应当轻于刑罚。劳动教养废止之后，行政罚对人身自由的限制，已经在刑罚的限制程度之下。但是对于财产权利则不同。罚款在一定条件下可以高于罚金，这是一种不合理的对接。②同一行为中，在异质刑罚之间，被行政罚剥夺的权利的重要性，不宜高于刑罚。比如说将赔礼道歉规定为刑罚的附加刑之一，将剥夺政治权利规定于行政罚之中。③同一行为下，行政罚与刑罚期限或者数额的契合。比如同一行为行政拘留的期限为1日至15日，刑罚中自由刑的最低期限就应当是15日，以月计算的话就应当是半个月。因此，拘役的期限可以改为半个月到6个月。罚金刑的最低数额就应当适当高于罚款。行政罚与刑罚的有效衔接，能够很好地解决"以罚代刑""只刑不罚"问题，对于完善惩罚体系，树立法律威信具有重要意义。

（二）断裂与失位：劳动教养制度废止后的空白

第一，劳动教养简称劳教，是劳动、教育、培养的意思，源于苏联。在劳动教养制度中，公安机关可以不经过法院审判，将行为人投入劳教场所，实行最高期限长达4年的监禁。这甚至比管制、拘役以及部分有期徒刑的时限还长。劳动教养制度对我国法治国家的建设、依法行政的推行造成了诸多消极影响,其原因就是劳教制度所依据的法律文件先天不足,实践中过度放大了其预防犯罪、维护稳定的作用,以及相关权力的行使缺乏必要的制约导致了劳教滥用现象的发生。[1] 具体表现在:①劳动教养制度的法律根据不符合宪法规定。劳动教养制度存在的法律依据是1957年《国务院关于劳动教养问题的决定》和1979年《国务院关于劳动教养的补充规定》。而2002年4月12日公布印发的《公安机关办理劳动教养案件规定》和2005年9月13日公安部发布的《关于进一步加强和改进劳动教养审批工作的实施意见》,则是对相关实体性和程序性规定的细化。我国《宪法》规定,只有全国人民代表大会及其常委会有权制定法律,《立法法》第8条第5项规定,对公民政治权利的剥夺、限制人身自由的强制措施和处罚,只能制定法律。劳动教养的法律基础是行政法规,行政法规无权做出限制人身自由的规定,因此,劳动教养制度的法律依据不符合宪法。②劳动教养制度得不到有效制约。《公安机关办理劳动教养案件规定》第2条第2款规定:"劳动教养审批委员会的日常工作由本级公安机关法制部门承担。"由此可见,仅仅在公安机关内部,就可以决定对行为人进行劳动教养。最终缺乏监督机制,导致劳动教养制度滥用。③劳动教养致使惩罚不当。《公安机关办理劳动教养案件规定》第9条第2款规定:"对实施危害国家安全、危害公共安全、侵犯公民人身权利、侵犯财产、妨害社会管理秩序的犯罪行为的人,因犯罪情节轻微人民检察院不起诉、人民法院免予刑事处罚,符合劳动教养条件的,可以依法决定劳动教养。"上文我们已经提到,劳动教养的惩罚力度比短期自由刑还要强,行为人已经因情节轻微被不起诉或者被人民法院免于刑事处罚,反而要受到更为严厉的行政处罚,这显然是惩罚不当的体现。

---

[1] 时延安:《劳动教养制度的终止与保安处分的法治化》,载《中国法学》2013年第1期,第177页。

由于种种弊端，在人们的一片反对声下，2013年12月28日全国人大常委会通过了关于废止有关劳动教养法律规定的决定，这意味着已实施50多年的劳教制度被依法废止。

第二，虽然劳动教养制度存在很多弊端并最终被废止，但是其存在也对稳定社会治安，积极预防犯罪起到了一定的作用。劳动教养的初始目的是肃清暗藏的反革命分子，1955年8月25日，中共中央发布的《关于彻底肃清暗藏的反革命分子的指示》中称，不能判刑而政治上又不适于继续留用，放到社会上去又会增加失业的，进行劳动教养，就是虽不判刑，虽不完全失去自由，但亦应集中起来，替国家工作，由国家给予一定的工资。在这个时候，劳动教养对于维护政权稳定起到了一定的积极作用。根据1957年《国务院关于劳动教养问题的决定》的相关规定，劳教是为了管理"游手好闲、违反法纪、不务正业的有劳动能力的人"。1982年1月21日颁布的《劳动教养试行办法》规定，劳动教养针对的对象包括"家居农村而流窜到城市、铁路沿线和大型厂矿作案，符合劳动教养条件"的人。同时其他相关行政法规、司法解释甚至一些省市区、较大的市的政府和行政部门通过地方法规或规章，对劳动教养的规定，在很大程度上加剧了劳动教养对象的扩大。实践中劳动教养制度主要是针对发传单、卖淫嫖娼、言论、游行、上访等行为进行的。另外，从《公安机关办理劳动教养案件规定》第9条第2款的规定可以看出，劳动教养还针对以下情节轻微不足以施加刑事处罚的行为。某一行为，虽然情节轻微，但依然造成了一定的社会危害，即使是能逃脱刑法的制裁，但也必须给予一定的行政处罚。而一般的行政处罚又过轻，行政拘留最长期限也只有15天。因此，劳动教养在一定程度上起到了促进刑罚与行政罚衔接的作用，有解决对适用刑罚处罚太重，行政罚太轻的情况的意图。

第三，劳动教养制度具有一定的存在意义，其废止必然致使原来适用的违法行为缺乏相应的制裁措施，从而又会出现立法上的断层。比如关于卖淫嫖娼行为的处罚，《中华人民共和国治安管理处罚法》（以下简称《治安管理处罚法》）第66条第1款规定，引诱、容留、介绍他人卖淫的，处10日以上15日以下拘留，可以并处5000元以下罚款；情节较轻的，处5日以下拘留或者500元以下罚款。另外，1991年全国人大常务委员会通过的《关于严禁卖淫嫖娼的决定》第4部分规定，对卖淫、嫖娼的，可以由公安机关会同有关部门强制集中进行法律、道德教育和生产劳动，使之改掉恶习。期限为6个月至2年。具体办法由国务院制定。因卖淫、嫖娼被公安机关处理后又卖淫、嫖娼的，实行劳动教养，并由公安机关处5000元以下罚款。由以上规定可以看出，劳动教养还可以适用于屡教不改但不构成犯罪的行政违法行为。劳动教养制度废止之后，卖淫、嫖娼本身是不构成犯罪的，即使是次数再多，也不适用《刑法》。因此，对于多次卖淫、嫖娼的行为只能一次次地适用《治安管理处罚法》的规定。最多15日的拘留和5000元以下的罚款，无法制止这类行为的发生，这就致使多次卖淫、嫖娼屡教不改现象出现了立法上的断层。因此，劳动教养废止之后，必然会产生立法的空白，致使刑罚与行政罚在立法上产生断裂与失位。对于这一问题的解决我们将在第三部分进行探讨。

（三）制度填补：中国轻罪制度的确立与构建

在我国现行社会治安制裁体系中，刑法处罚犯罪行为，劳动教养法规处罚违法严重而又不够刑事处罚的行为，治安管理处罚法处罚行政违法行为。[1] 从第二部分的论述我们也可以看出，劳动教养的废止，致使用刑罚惩罚过重而用行政罚惩罚过轻的违法行为得不到有力的惩罚，我国惩罚制度产生缺失。劳动教养是我国

---

〔1〕 陆岸：《犯罪的边界——我国轻罪制度的立法思考》，载《河北法学》2012年第7期，第169页。

独有的一种惩罚措施（现在已经被废止），这在一定程度上与我国的入罪门槛比较高有一定的关系，劳动教养似乎成为行政罚与刑罚的一个过渡环节。西方国家并没有劳动教养制度，但却具有相对完备的轻罪制度。依犯罪的性质将其分为重罪和轻罪是各个国家普遍存在的现象，如德国、法国、日本、美国等都对此作了规定。绝大多数国家采用了重罪与轻罪的两分法，有的国家只规定重罪，轻罪由推定产生，也有个别国家采取了重罪、轻罪、违警罪的三分法，法国就是如此。我国刑法典虽然没有明确将轻罪和重罪区分开来，但是必然存在轻罪和重罪之分，只是并没有形成一个相对完善的轻罪制度。

第一，在美国，轻罪是指判处1年以下监禁或非监禁刑的各类犯罪的总称，是相对轻微的刑事犯罪。判处轻罪的罪犯，通常被处以缓刑、社区服务或者周末监禁。在司法实践中，凡有轻罪的人通常在地方监狱服刑。联邦和各州还把轻罪更为系统化、详细化，将其分为不同的等级，每个等级都有其最高的量刑尺度，各州之间的等级层次和各等级的最高量刑尺度是不同的。美国的轻罪在控方检察官和被告律师参加的审前会议或在过后的双方会见时即可得到判决。如果控辩双方没有达成协议，那么在第一次开庭时也可形成判决。美国有的州还设有专门的轻罪法院。美国判处轻罪的范围非常广泛，比如酒驾、卖淫、超速、家庭暴力，等等。对于轻罪的判决主要包括1年以下监禁、周末监禁、缓刑、社区服务、家庭拘禁、赔偿、罚金、征收法庭开销、一定期限内限制生育等。对于轻罪的执行，1年以下监禁在当地监狱执行，由警察局负责管理。缓刑等非监禁刑在社区、家庭、医院等地方执行。法国将犯罪分为重罪、轻罪和违警罪三类。适用于轻罪的刑罚为10年以下监禁、罚金、日罚金等，适用于违警罪的刑罚为罚金、剥夺或限制权利。轻罪的追溯时效往往要低于重罪，违警罪低于轻罪。法国有专门的轻罪法院，负责轻罪的审判，而违警罪的管辖法院按照违警罪案件严重程度分别为近民法院和治安法院。通过对美国和法国轻罪制度的简单描述，我们可以看出，一个国家的轻罪制度应当包含以下几个方面：轻罪与重罪实体法的界定；轻罪与重罪在实体法中处罚区分；轻罪与重罪在审判程序上的差异；重罪与轻罪在执行时的区别。

第二，我国轻罪制度的确立，也应当从以上四个方面入手。首先，通过刑罚立法严格区分重罪与轻罪。虽然我国通说以3年有期徒刑作为重罪与轻罪的划分界限，但这仍然只是学理上的分析，缺少相应的法律依据。其次，降低处罚门槛，对轻罪的处罚应体现轻缓化的趋势，以及实现处罚方式的多样化。我国刑罚处罚门槛过高，再加上劳动教养制度的废除，使得较为严重的违法行为得不到应有的处罚。在我国，对于轻罪的处罚，也不外乎那五种主刑和四种附加刑，对于管制和缓刑实行社区矫正。这体现出我国轻罪处罚形式的单一性，美国却有着多种处罚手段，而且对轻罪的处罚也不仅仅限制在刑罚处罚的范围之内。针对轻罪的性质，制定相应的处罚措施，可以提高惩罚的效率，在一定程度上弥补刑罚有限性带来的弊端。比如，对于卖淫行为，可以处以短期监禁，实行监外执行，对其进行社区矫正，并且限制其夜晚活动和进出某些场所。再次，制定简便的诉讼程序。在程序上，我们需要有相应的轻罪案件诉讼程序，以应对现实中大量的轻罪案件，提高司法效率、降低诉讼成本。最后，制定轻罪的执行手段。轻罪的执行不能与重罪相同，监禁刑一般情况下不宜适用于轻罪。轻罪的犯罪人往往具有很强的可矫正性，监禁会致使矫正效果严重降低，甚至适得其反。

第四章

罪刑对应：刑罚立法的评价技术

一、罪刑对应的逻辑结构

（一）刑罚立法与罪刑对应的关系

罪刑对应也即我们传统意义上所讲的罪刑相适应，在阐述刑罚立法与罪刑对应的关系之前，我们有必要再次对"罪刑相适应"进行一次系统的回顾。我国1997年《刑法》第5条规定，刑罚的轻重，应当与犯罪分子所犯罪行和承担的刑事责任相适应。罪刑相适应是指犯罪人所犯的罪行与承担的刑事责任应当相当，禁止重罪轻判，轻罪重判。罪刑相适应原则是刑法的三大基本原则之一，贯穿刑法始终，为刑法的整个运行过程提供必要的指导。在刑罚的纵向运行的各个阶段，本书认为罪刑相适应原则主要表现在以下三个方面：其一，在刑罚制定阶段，表现在刑罚体系的建立应针对不同性质、不同情节的犯罪规定各种具体的法定刑。刑罚制定时的罪刑对应与刑罚适用时的罪刑对应是两个不同的范畴，其主要原因在于两者所依赖的标准不同。前文我们已经谈及，刑罚有自己独立存在的体系，在刑罚制定阶段，罪刑对应所依据的标准就应当是刑罚体系本身所具有的罪刑对应标准。比如说杀人者死，那么故意杀人情节恶劣的就应该以死刑配置。关于刑罚制定阶段罪刑对应的标准，本书认为主要来源于两个方面：一是本国长期形成的民俗习惯,比如上述所说的"杀人者死";二是现有刑罚体系已经形成的在量刑阶段的罪刑对应标准。其二,在量刑阶段,依据具体的犯罪嫌疑人的社会危害性和人身危险性确定刑罚的适用;在刑罚制定阶段,将可以考虑的各种情节以立法的形式规定于刑法之中,形成法定情节及其对应的法定刑。法官在进行刑罚裁量时,只要依照一定的量刑标准,按照不同的犯罪情节(法定情节和酌定情节)根据刑法规定定罪处罚。但是由于法官自由裁量权的存在,不同地域、性别、年龄、学历、工龄等的法官,可能对相同或相似的案件作出不同的判决,这也是我们一直强调的量刑差异的问题,虽然2010年最高人民法院出台了全国性的量刑指导意见,但并没有很好地解决这一问题。其三,在刑罚执行方面,根据罪犯在监狱中的悔改、立功表现,给予再犯可能性明显降低的人减刑或假释。刑罚执行时应有罪刑对应的观念,法官的判决期限仅仅是一种宣告,而实际是否能够真正实现罪行对应,关键还在于刑罚执行阶段刑罚刚性的维持。如果说我们把刑罚制定和刑罚裁量阶段理解为罪刑对应的状态,那么刑罚的执行则决定着罪刑对应的实然状态。由上文论述可知,刑罚立法是罪刑对应的应然阶段,是实现罪行对应的基础阶段,刑罚立法的科学性,决定了罪刑对应的合理性和公平正义的最终实现。

(二) 罪刑关系的理论回溯

刑罚立法的最终指向在于实现罪刑均衡,因此罪刑关系的理论问题被视为刑罚立法技术的核心命题。在此问题上,由于视角和切入点的不同,各方的观点则更加呈现差异化。通过对刑罚史和哲学史的考察,本书认为在历史的不同时期,理论上出现了不同的刑罚配置原则,并指导着司法实践,对于这些原则,大致可以分为五类:

1. 罪刑绝对均衡理论

该理论由报应主义提出,其理论内容也是报应主义的正当理由之一。在其理论内部，又存在着等量均衡和等价均衡的分野：康德认为刑罚要与犯罪在量上相适应，称为等量均衡，而黑格尔则认为刑罚与犯罪要在价值上相适应，称为等价均衡。但无论是等价还是等量，都是从报应正义出发，追求罪刑之间的绝对均衡，即要求与犯罪相对应的刑罚必须绝对确定。

2. 罪刑比例均衡理论

这是功利主义在刑罚立法问题上回应报应主义的理论，其强调罪刑之间比例均衡，即重罪重罚、轻罪轻罚，只要保持这样的比例，罪刑之间也就均衡了。罪刑之间的量比关系最终要依靠功利原则来确定，以求达到最大的刑罚效果。功利论对此比例均衡理论作出系统论述的当属贝卡里亚和边沁。与报应论要求刑罚维护正义不同，功利论要求刑罚体现其功能性效用，以能否以最小的代价发挥出刑罚的最大效用为均衡标准。

3. 罪刑该当均衡理论

罪刑该当均衡理论试图折中报应论与功利论的主张，在此问题上，莫斯和赫希的观点尤为突出。其中，莫斯认为刑罚应根据犯罪的应受谴责性而设定一定的上下限度，而根据功利之需在此上下限度间进行合理选择，如此刑罚立法既可满足正义又可满足功利的需要，真正实现了罪刑均衡；而赫希则提出了刑罚立法的三项要求：刑罚的轻重幅度与犯罪的轻重幅度大体相适应；刑罚的轻重顺序与犯罪的轻重顺序大致相应；同罪同罚的平等性原则。

4. 罪刑个别化均衡理论

罪刑个别化均衡理论是一种根据犯罪人的人身危险性确定相应刑罚的理论。其最早由德国学者沃尔伯格于1869年提出，并由著名刑法学家李斯特进行系统阐述，其基本理论观点在于应根据各个犯罪人的人格来进行刑罚配置。

5. 罪刑相对均衡理论

在罪刑均衡与罪刑个别化理论的基础上，我国学者董淑君博士提出了罪刑相对均衡理论，认为"现代意义的罪刑均衡不再是罪刑等同的绝对均衡，也不再是罪和刑成比例——对应的均衡，而是罪和相对确定的法定刑的均衡；既不是刑罚和单纯的犯罪的均衡，也不再是刑罚和单纯的犯罪人的均衡，而是在犯罪和刑罚均衡基础上，考虑犯罪人的人身危险性的均衡；既不是纯粹的满足报应的均衡，也不再是纯粹满足功利的均衡，而是在满足报应基础上，考虑功利的均衡。绝对的均衡是不存在的。罪刑相对均衡原则包括如下含义：刑罚应和犯罪的严重程度相适应，无罪不罚，有罪当罚；重罪重罚，轻罪轻罚；罪当其罚，罚当其罪。罪刑的比例必须是确定的，使人们能够看到犯罪的必然结果。刑罚应与犯罪人的可责性相适应，也就是与行为人的个人责任相均衡。比如，要考虑几个因责，行为人的故意和过失、行为人的年龄、有无前科、精神状况如何等。刑罚要与犯罪人的应受谴责性相均衡。现代刑罚观念认为，刑罚是通过对犯罪人的价值的否定对其进行谴责，所以行为人价值的可谴责性就成为确立刑罚的一个标准。"可见董淑君博士认为罪刑相应应包括三方面的内容：程度上相应；比例上相应；可责性相应。[1]

基于同样的哲学史和刑罚学说史的考察，邱兴隆教授对于刑罚立法原则的理论演进得出了不同的结论。其将罪刑关系的原则分为按罪配刑论、按需配刑论以及折中配刑论三大类，其中按罪配刑论又可分为按害配刑论、按恶配刑论与刑罪等价论三说。按害配刑主张以犯罪的损害形态或侵害方式来配置刑罚；按恶配刑主张以犯罪的主观恶性大小来配置刑罚；刑罪等价则要求从犯罪的客观危害和主观恶性两方面进行评价配置刑罚。[2]

按需配刑论则主张刑罚配置应以预防犯罪为需要配置刑罚，按

---

[1] 董淑君：《刑罚的要义》，人民出版社2004年版，第154页。
[2] 邱兴隆：《罪与罚讲演录》（第1卷·2000），中国检察出版社2000年版，第115页。

立论的不同又具体分为一般预防需要配刑论、双重需要配刑论（一般预防需要与个别预防需要）、个别预防需要配刑论。

折中配刑论则主张按罪配刑与按需配刑于一体，具体而言，在立法上按一般预防需要配刑而在司法上按罪配刑。应该说折中配刑论目前已成理论的主流。

邱兴隆教授严格地反对将刑罚个别化理论纳入到刑罚配置原则之中。其认为，刑罪相适应要求的是刑罚与已然的犯罪的轻重相适应，刑罚个别化要求的是刑罚与未然的犯罪的可能性相适应，而已然的犯罪重未必意味着再犯可能性大，已然的犯罪轻也未必意味着再犯可能性小。既然如此，在已然的犯罪需配重刑但预防再犯只得配轻刑或已然之罪只得配轻刑但预防再犯只得配重刑的情况下，如何既坚持刑罪相适应又坚持刑罚个别化？换言之，二者如何并行？

进而，邱兴隆教授在对刑罚公正与效率的两个基本价值的分析研究的基础上，提出了所谓按罪配刑制约配刑上限与按需配刑制约配刑下限的配刑规则。所谓按罪制约配刑的上限，是指当按预防犯罪的需要所要求分配的刑罚重于按犯罪的轻重所要求分配的刑罚时，所分配的刑罚最高不得超过按犯罪的轻重所要求分配的刑罚。换言之，便是不得将预防需要凌驾于犯罪的轻重之上分配置刑。

所谓按需缓和配刑的下限，指的是当被预防的需要所应分配的刑罚轻于按犯罪的轻重所应分配的刑罚时，可以分配轻于犯罪的轻重所决定的刑罚。换言之，便是可以不因犯罪量而配之以与犯罪相对应的置刑。这样一种配刑原则可以看作是折中配刑论在对按罪配刑与按需配刑原则在适用上的结构安排上的变化，即从立法—司法的阶段区分到上限—下限的结构区分以把两种配刑原则融合。

（三）刑罚立法中罪刑对应的逻辑结构

在对上述观点进行梳理之前，有必要对"刑罚立法"本身进行一个细致的分析。正如前文所言，刑罚立法的宗旨是在罪与刑之间找到一个合理的量比配置原则，那么刑罚立法就必然要包括两个必要阶段：即罪刑对应基准的选取以及罪刑对应模式的确定。也就是说，当我们举起刑罚的天平之时，天平的一端是作为衡器的成比例的刑罚，天平的另外一端则是我们应当选取的衡量的标的物，而不同的对于"罪"的理解所选取的衡量基准必不相同；而后，刑罚衡量方能进入第二个阶段：二者呈现如何的状态才算是达到了天平的平衡？罪刑均衡、罪刑相应或者说"罪责刑相一致"是一条举世公认的刑罚立法原则，但与其"霸权话语式"的公认性和抽象性相比，其对于实践的指导意义却十分有限，原因就在于不同的理论流派对于罪刑均衡这一原则的理解和阐释不同，因而罪刑对应的模式也就大相径庭。因此，一个体系完整的刑罚立法理论必然应当包括两个方面的内容：即罪刑对应基准和罪刑对应模式。

贝卡里亚有云："如果让人们看到他们的犯罪可能被宽恕，或者刑罚并不一定是犯罪的必然结果，那么就会煽惑其犯罪不受处罚的幻想。既然犯罪可以受到宽恕，那么人们就认为无情的刑罚不是正义的伸张而是强力的凌暴。"[1] 罪刑对应基准选取的意义在于在罪与刑之间建立一个必然或者说自然的"联系点"，通过这样一种联系点，向社会宣示刑罚的施加并非国家的强权和权威的滥用，而是针对犯罪的否定，并以此确立人们对于刑罚和刑罚权作为一种政治秩序的合法性认同和服从。而联系点选取的不同则直接影响到人们对于刑法规范效力范围的认知程度。

---

[1] [意] 贝卡里亚：《论犯罪与刑罚》，黄风译，中国大百科全书出版社1993年版，第68页。

刑罚立法的最终完成则要依靠罪刑对应模式的确认。罪刑对应模式直接关乎刑罚的确定性和稳定性，是对于罪刑对应基准的精细化和现实化的过程。但这样的精细化过程是否能够最终实现刑罚的正当性需要？刑事政策在此方面又有怎样的影响？显然，这是罪刑对应模式的理论必须要回答的问题。

总之，笔者认为，刑罚配置应当包括两个理论阶段即罪刑对应基准的选取和罪刑对应模式的确定。反观当前的理论叙述，董淑君博士显然是在刑罚立法的第二阶段的层次上对于罪刑对应模式的理论进行了总结和阐释，并提出了相对均衡的折中性理论，其理论不足之处在于缺乏系统的对罪刑对应基准的分析，同时混淆了罪刑对应基准与罪刑对应模式的问题，将本属于罪刑对应基准的所谓"刑罚个别化"理论纳入罪刑对应模式中考察，最终得出了一个相对模糊[1]的折中理论。

而邱兴隆教授的理论体系中也有类似的问题，其"按罪配刑论、按需配刑论以及折中配刑论三大类刑罚立法原则"主要论述的显然是罪刑对应基准的问题，并把"罪"和"需"的区分看作是报应主义与功利主义的主要理论分歧，但问题是，正如有的学者所指出的，同为古典主义学者的康德、黑格尔尽管在实施刑罚的理由（刑罚正当性）这一问题上与贝卡里亚和边沁完全不同，但在刑罚应当与犯罪相对应这一点上完全一致。因此在罪刑对应基准的问题上，报应论与功利论的着眼点是一致的，即都关注犯罪，而只是在实证主义学派产生之后，才有将刑罚与犯罪人相对应的理论区分。邱兴隆教授在此未将罪刑对应基准问题与罪刑对应模式问题相区分，而导致其将按需分配作为对应基准的立论根基不准确。而其在罪刑对应模式上也是主要采取了赫希的理论观

---

[1] 将所有理论简单相加混合的"既……又……"的类似理论在严格的意义上说并不具备"整合"的折中理论的必需条件，无论如何形式的折中，都必须要有一个坚实的理论内核，而这恰恰是其理论的缺失所在。

点,并进行了一定论述。

综上,笔者认为,对于刑罚立法技术的核心命题也即罪刑关系理论的重新梳理应当从罪刑对应基准与罪刑对应模式两个方面展开,这两方面相互依存,共同构成了刑罚配置的理论基础。

(四) 刑罚立法的价值以及立法价值的取向和依据

1. 刑罚立法的价值的基本内容及其理论回溯

刑罚作为刑法的一部分,而刑法作为法律的一部分,在刑罚立法过程中,其所要遵循的,必然也是所有法律在立法过程中要遵循的价值和原则。我们将在探讨立法价值的过程中,进一步探讨刑罚立法的价值。

(1) 立法价值思想与理论的回溯。柏拉图是最早对立法价值问题进行探讨的思想家。他提出"美德的整体"的思想,对研究立法价值具有重要的意义。柏拉图指出:我们始终在寻找哪些立法有助于美德,哪些立法无助于美德,希望公民们非常乐意遵循美德的指引,显然这是立法者试图通过立法取得的效果。[1]

孟德斯鸠的"法的精神"的思想,也在一定程度上涉及了立法价值的问题。他认为"法律在制定之先,就已经有了公道关系的可能性"[2]。此处的"公道",就是正义。

黑格尔对立法价值进行了本质的探讨。他反对自然法学派把法律分为自然法和人定法,认为法律应该是现实、具体、明确的。黑格尔主张,只有法律得到真正地实施,才能实现人的自由,这是立法最终追求的价值。

英国功利主义哲学家边沁,认为立法行为同样要以功利主义为

---

[1] 参见张海斌:《作为知识与德性的法律——评柏拉图〈法律篇〉》,载苏力主编:《法律书评》(第3辑),法律出版社2005年版,第123~135页。

[2] [法]孟德斯鸠:《论法的精神》(上册),张雁深译,商务印书馆1961年版,第2页。

基本原则,并将功利主义作为立法科学的宗旨。边沁认为,评价一部法律的好坏与否,要看这部法律是否涉及社会公共利益,是否给社会和人们带来的好处多于坏处,是否普及了绝大多数人的利益,即"为最大多数人谋求最大幸福。"边沁对于立法价值的研究与探讨,对以后立法价值的研究具有很重要的参考意义和重大影响。

(2)对刑罚立法价值的科学理解。在对立法价值的研究过程中,不同的学者对立法价值下了不同的定义。本书参照陈雪平在《立法价值研究》中对立法价值下的定义:立法价值是指在立法活动中存在的立法主体(有立法权的立法机关)与立法客体(法律调整的对象)之间的关系,体现着全体社会成员对"良法善治"追求的愿望,并使这种愿望能够与不断变化、发展的立法客体具有某种适合、接近或者一致,以满足其对道德准则、习惯要求、科学规则等行为规范的实现的需要。[1]也就是说,立法价值是指制定(或修改)法律(或法规、规章),对确认、分配、衡量、维护某种或某些社会关系与社会利益所能产生的符合立法主体需要或立法目的的效益。

针对上诉定义,我们可以看到,立法价值是对于法律的实现,对于实现"良法善治"的一种需要。借鉴立法价值的定义,我们可以给刑罚立法的价值也下一个定义,笔者认为,所谓刑罚立法价值,是指在刑罚立法过程中,立法主体为了实现刑罚的目的,使刑罚满足更好地惩治犯罪、维护社会公平正义的需要,而应该遵循的道德准则、习惯要求等。

2. 刑罚立法价值取向的基本阐释

(1)立法价值取向的基本阐述。法律的存在是为了对社会制度以及人的行为做一种规范和约束,以达到某种目的的实现。这

---

[1] 参见陈雪平:《立法价值研究——以精益学理论为视阈》,中国社会科学出版社2009年版,第57页。

一目的在法律产生之初,是统治者为了实现自身统治的需要而希望达到的某种统治目的。在近代社会,法律更多地是为了实现保护社会绝大多数的价值与利益,以及保护社会安定与秩序而制定的,简言之,法律的产生和制定是为了满足某种社会需要。但是,社会需要是多种多样的,这些社会需要对立法主体来说,也存在价值的轻重缓急。立法者不可能也无法做到将所有的立法价值都纳入法律之中,如果真的如此,那么法律将变得无比庞杂,这与法律的简洁性是相违背的,法律的存在也将变得毫无意义。而且,很多价值之间还存在冲突,比如自由与秩序,公平与效率,对秩序的追求意味着要多加限制个体的自由,个体的自由是人权的基本内容;有时过多地追求立法的效率,可能又会在某些方面违背了公平价值。这些价值之间是相互矛盾的,这就意味着相互矛盾的价值有时可能不能并存在一部法律之中。

因此,这就需要立法者在诸多价值之间有一个衡量和取舍的过程,这就是立法价值的取向。

(2)刑罚立法的价值取向的界定。通过上述对立法价值取向的阐述,笔者在此对刑罚立法价值取向做一个界定:在刑罚立法过程中,立法主体需要对诸多价值进行一个排序、衡量、取舍、适用,这就是刑罚立法的价值取向。所谓排序、衡量、取舍、适用,是指立法者在刑罚立法中,需要先对众多的价值进行一个排序,哪些价值更重要,根据此排序顺序,决定将哪些价值优先给予法律的保护。立法者在制定刑罚时,需要对不同的价值进行了解,综合考虑哪些价值可以共同存在在一部法律之中,哪些法律又存在冲突。在一些情况下,价值之间是存在冲突的,对存在冲突的价值,应该对价值的重要程度进行一个对比、衡量,以此决定在刑罚立法时应该适用哪些价值。最终,立法者决定将在立法中选择适用哪些价值,这是一个动态的过程。

3. 刑罚立法价值依据的基本内容及其核心内涵

(1)刑罚立法所要遵循的一般价值。第一,平等。平等是人权的一项重要内容，人人生而平等，意味着每个人都是平等的，同时，平等也是法律的一项重要价值。"立法上的平等则更为复杂。立法平等是指所有类属相同的人（社会主体），除特殊的理由外，必须视为平等地享有同类法律权利的资格和平等地承担法律义务的主体。"[1] 由此可见，平等在立法上更多地表现为一种权利资格的平等。法律赋予主体很多的权利，这些权利的拥有不因人的性别、家境而有不同，每个刑法上的主体都享有平等的资格。在刑罚立法上，本书认为，平等更多地意味着，对每个犯罪人都平等地适用刑罚，在前提条件相同的情况下，刑罚会等价地适用每个个体，不会因个体身份、地位的差异而差别对待。在两个犯罪人所犯罪刑相同，所承担的刑事责任相同的情况下，在暂时不考虑量刑情节的情况下，要适用相同的刑罚标准，不能因为一个人具有特殊的身份、地位，就要对他适用轻的刑罚，也即"天子与庶民"都应平等地适用法律。

第二，自由。在立法中，自由作为一种立法的目的和取向，同样具有优先的地位，立法应认可和保障自由这一价值。自由与平等一样，也是人权的一项重要内容。通俗意义上的自由是指社会个体所享有的为或不为的一种权利，也就是做一件事或不做一件事的自由。立法意义上的自由与通俗意义上的自由有相似之处，笔者认为，立法意义上的自由有两种类型：一是"法无授权即禁止"，这是针对国家公权力而言的，公权力享有法律规定范围内的自由。法律没有规定的领域，国家公权力不得踏入，这是法律约束公权力来保护私人权利的良好的体现。二是"法无禁止即自由"，这是针对私人权利而言的。虽然法律认可和保障自由，但是不是每种自由都可以受到法律的保护，某些自由也要受到法律的规制。在立法过程中，应该对存在的诸多自由进行选择和取舍。

---

[1] 参见郭道晖：《中国立法的价值取向》，载《法制现代化研究》1996年第0期，第141~171页。

在刑法立法上,可能会给予社会主体更多的限制。如果刑法赋予社会主体无限的自由,可以允许人们做任何行为,包括杀人、放火的自由,那么社会的法益将会受到无限的侵害,刑法也没有其存在的意义。因此,要想保护社会法益,必须要对一些所谓的自由加以限制。法律所禁止的范围,社会成员不得踏足,一旦越过刑法所禁止的边界,将触犯刑法,会受到刑法严厉的惩罚。但是,刑法没有禁止的,即刑法之外的自由,社会成员享有做任何事的权利。当然,虽然享有法律之外的自由,但是社会个体最好能以道德规范来约束自己的行为,不能肆意妄为,而不顾道德的约束,虽然某些行为没有触犯法律,但也会受到道德和社会大众的谴责。

  刑罚立法必须赋予司法机关一定的自由度。因为刑事案件不是一成不变的,每个案件的情节、性质都不同,司法机关在进行量刑时,必然要根据刑事案件具体的情节进行具体的量刑,这就要求司法机关进行量刑时具有一定的弹性,作出最适当的刑罚。如果司法机关进行量刑时,严格按照法律规定执行,不具有一点的量刑空间和自由,是不具有现实性的。因为立法无法对刑罚作出尽善尽美、毫无遗漏的规定,也不可能要求所有的刑事案件都具有同样的量刑情节。因此,自由价值必然是刑罚立法所遵循的基本价值。

  第三,公平。公平是长期以来人们在社会生活中所遵循的价值原则,其与平等、自由价值一样,也具有重要的地位,自然也要作为立法所要依据的价值之一。公平与平等价值具有相似之处,公平也具有平等的含义;但是二者也存在差别。在立法层面,平等更多地表现在一种资格的平等,主体享有平等的权利资格,法律赋予每个人平等的拥有权利的资格;而公平更多地侧重于对法律资源的分配,比如权力、权利、机会等的分配。在刑罚立法的层面,公平更多地表现在对刑罚权的合理分配与约束。对享有刑罚权的司法机关,应合理地分配权力,对各机关进行合理的权力配置，让各司法机关各司其职，互相协作，权力的合理配置是对司法机关的公平。对刑罚权的约束，是对犯罪人，即刑罚适用主体的公平的一种表现。在刑罚立法过程中，立法应适度地约束司法权，虽然在量刑过程中需要一定的自由度，但是立法是刚性的，立法的刚性更应在刑罚立法中得以体现。因为刑罚适用的严厉性，一经适用将具有严厉的惩罚性，所以更要规范地、公平地适用刑罚，保障犯罪人在刑事诉讼中的基本权益。

第四，效率。在立法过程中，效率价值同样不容被忽视。效率价值在立法上表现为立法成本与立法收益之间的比例关系，即追求以较低的立法成本来获取较大的立法效益。诚然，效率在某种程度上与公平等价值之间可能会存在某些冲突，但是效率价值也是立法必然要遵循的基本价值之一。制定一部完美的良法应该是每个立法者的追求，诚然，法律的制定必须以良法为前提，这是对一部法律最基本的要求。但是如果立法者在制定法律的过程中，一味地追求平等、公平价值，而忽视效率价值的指引，这是不现实的。在立法过程中不参照效率价值的指引，将使立法成本在某种程度上造成浪费。

效率价值更多的是追求在立法过程中对立法成本的节约，强调以最少的立法成本追求最大的立法收益。但是，在制定法律过程中，能否不考虑最后所制定出的法律好坏，而一味地追求立法的效率呢？这显然是不可以的。因此，本书引入效益价值的概念。效益价值是指立法者最终所制定出的法律能够得到良好的运行，能够达到一部良法的标准。正如前文所说，立法者在立法时应以制定一部良法为目标，适用效率价值必须以坚持制定良法为前提，这就要求坚持效率与效益的统一性。

（2）刑罚立法自身特殊性决定其所遵循的特殊的价值。刑罚立法中，除了要遵循上述一般性的价值外，由于刑罚自身所特有的严厉性、广泛性、保障性等特点，刑罚立法也体现了其特殊的价值。通过上述对立法价值思想学说的梳理和对立法价值定义的分析，本书认为刑罚立法价值的依据大概分为以下几个方面：

第一，道德规范。道德规范是人们在日常生活中所参考和依据的内心准则。道德规范相比法律，具有更高的起点和要求。在刑罚立法过程中，道德规范对立法者的约束作用不容忽视。立法者在刑罚立法过程中要遵循道德规范的指引，充分体现公平正义等道德规范的要求。但是，由于刑法自身所特有的特点，"体现刑法立法价值的道德规范除体现公正精神的一般立足点外，也体现在刑事立法独特的价值，即谦抑性和人道主义。"[1]而且道德规范具有指引、评价等功能，但在刑罚方面，因为刑罚的目的是保护社会法益，保障社会安全。因此，笔者认为在刑罚方面，道德规范的功能主要体现在安全方面。在道德规范方面，本书将在公正精神、谦抑性以及安全功能三个方面展开。

公正精神。公平正义是立法价值最基本的价值依据，法律制定以及运行的目的本身即是维护社会的公平正义，正义是对法律最基本的要求。刑罚作为最严厉的法律制裁手段，无论在刑罚的立法、适用还是执行阶段，都必须首先遵循公平正义的价值追求。公正价值在刑罚立法中主要体现在罪刑法定原则和罪责刑相适应原则。《刑法》第3条规定"法律明文规定为犯罪行为的，依照法律定罪处罚；法律没有明文规定为犯罪行为的，不得定罪处罚"，即"法无明文规定不为罪，法无明文规定不处罚"，其中的"法无明文规定不处罚"体现了刑罚立法过程中的公正精神。一个行为，法律如果已经明文规定为犯罪行为的，按照法律的规定，对其进行处罚。但法律如果没有明文规定为犯罪，则不得擅自对其进行处罚。因为一种行为，法律都未将其规定为犯罪，肯定不得对其处罚，刑罚是对犯罪行为的惩罚。如果刑罚的适用不以法律明文

---

[1] 参见陈雪平：《立法价值研究——以精益学理论为视阈》，中国社会科学出版社2009年版，第293页。

规定为前提,那么在刑罚适用以及执行阶段,会赋予刑罚执行主体太多的自由度,这样会侵害到人民的人权和自由,发生公权力侵害私权利的现象,这样就违背了罪刑法定原则。

《刑法》第5条规定"刑罚的轻重,应当与犯罪分子所犯罪行和承担的刑事责任相适应"。罪责刑相适应原则是指刑罚与罪的类型以及犯罪分子所承担的责任是要相适应的。此处的相适应,笔者理解为应该是犯罪分子所受刑罚与其所应承担的责任之间是应该处在一个适当的比例。这个比例应该在一个适当的数值空间内,应是合理的。比如,故意杀人就应该判处重刑,故意伤害就该判处比故意杀人相对要轻的刑罚。如果,一个犯罪人故意杀人,刑罚却只判处几年的自由刑,但是另一个犯罪人故意杀害致人轻伤,却对其判处死刑,这显然是不合理的。犯罪分子所犯罪刑与所受刑罚就明显是不成比例的,这就违反了罪责刑相适应的原则。贝卡里亚在《论犯罪与刑罚》一书中对刑罚与犯罪相称也做了论述。他说:"公众所关心的不仅是不要发生犯罪,而且还关心犯罪对社会会造成的危害尽量少些。因而,犯罪对公共利益的危害越大,促使人们犯罪的力量就越强,制止人们犯罪的手段就应该越强有力。这就需要犯罪与刑罚相对称。"[1]贝卡里亚论述了罪责刑相适应的重要性与必要性,也在一个侧面反映了公正精神。因此,刑罚立法最重要的价值依据即公平正义。

谦抑性。谦抑就是指缩减或者压缩。刑法的谦抑性最早是由日本刑法学家平野龙一提出的,他认为:"即使行为侵害或者威胁了他人的生活利益,也不是必须直接动用刑法。可能的话,采取其他社会统制手段(如私刑)过于强烈,有代之以刑罚的必要时,

---

[1] 参见[意]切萨雷·贝卡里亚:《论犯罪与刑罚》,黄风译,商务印书馆2017年版,第69页。

才可以动用刑法。这叫刑法的补充性与谦抑性。"[1] 中国的一些法学家也对刑法的谦抑性进行深入的研究，如陈兴良先生认为："谦抑，是指缩减或压缩。刑法的谦抑性，是指立法者力求以最小的支出——少用甚至不用刑罚（而用其他刑罚替代措施），获得最大的社会效益——有效地预防和控制犯罪。"

在某种程度上，法益保护原则也体现了刑法的谦抑性。法益保护原则是指刑法的目的与任务是保护法益，即为了使法益不受侵害或者威胁而制定刑法。刑法不以保护伦理道德为目的；刑法的目的也不是保护法规范本身的效力。[2] 法益保护原则提出，刑法立法的目的和任务是保护社会的法益，某些行为，如果没有侵害到实质的法益，则无需认定为犯罪。法益保护原则的一个重要内容就是对法益的衡量。刑法是通过损害一部分人的法益，即对犯罪分子实行刑罚，来保护另一部分人的法益，即社会成员的整体利益以及被害人的利益。刑法所损害的法益，必须要小于其所保护的法益，这样才具有刑法的正当性。例如，如果盗窃罪没有入罪的数额要求，一个人即使偷了一个面包也要规定为盗窃罪，也要定罪量刑，那么在这样一种情形下，刑法所侵害的法益，是通过对偷面包的人进行刑罚而剥夺的其一段时间内的人身自由。其保护的，是一块面包的价值的财产权。在这种情况下，刑法所侵害的法益与其所保护的法益，明显不具有平等性。因此，只有要求刑法必须具有谦抑性，才能避免刑法损害不该损害的法益。这就需要立法者在制定法律时，对法益之间的取舍进行一个衡量，将一个行为制定为犯罪时，其所保护的法益与损害的法益之间的轻重，以及对刑法所保护的法益的界限与度，确定一个具体的执

---

〔1〕 转引自陈兴良：《刑法的价值构造》，中国人民大学出版社1998年版，第292页。

〔2〕 参见张明楷：《也论刑法教义学的立场 与冯军教授商榷》，载《中外法学》2014年第2期，第357~375页。

行参照标准。

以上关于谦抑性的讨论虽然都是在刑法层面,但笔者认为,在刑罚方面,更适合用谦抑性的理论。在当今社会,人权和民主不断发展和深化,人道主义盛行,各国越来越少地适用死刑和重刑,很多国家甚至已经废除死刑制度,刑罚的适用越来越偏向轻刑化,这在很大程度上是刑罚谦抑性在实践上的表现和应用。在我国,虽然依然适用死刑制度,但是在刑罚立法方面,对死刑的适用范围明显缩小。其他刑罚的适用范围也在不断缩小,入罪门槛逐渐提升。对于社会危害性较小的非暴力犯罪,如经济金融类犯罪,笔者认为,应减轻刑罚惩罚力度,适度提高入罪门槛。多采取管制、缓刑等社区矫正的方式,一方面可以体现对人权的保护,另一方面可以减轻刑罚成本,减轻刑罚执行阶段的成本和人力支出,以达到以最小的成本获取最大的刑罚效益的目的。

安全功能。安全(包括个人与社会安全)是使社会主体得以享受其他价值(如生命、财产、自由和平等价值)的一个重要条件,它本身也是一项重要价值。为了更好论述刑罚立法所依据价值中的安全功能,本书在此讨论一下刑罚目的和刑罚功能两个方面的内容。在我国,刑罚的目的有两个:特殊预防与一般预防。特殊预防是防止犯罪人再犯罪。"一般认为,特殊预防的目的,是通过刑罚的保安、威慑与再社会化实现的"[1]一般预防是指刑罚起到教育国民的作用,防止未犯罪的人犯罪。明确了刑罚的目的,还需要借助刑罚的功能发挥其作用。刑罚的功能与刑罚的目的是分不开的。针对刑罚特殊预防的目的,刑罚的功能主要表现在:限制消除再犯条件的功能、个别威慑功能、教育感化功能;针对刑罚一般预防的目的,刑罚的功能主要体现在一般威慑、法制教育、安抚补偿、强化规范意识等几个方面。无论是刑罚的目的还

---

[1] 参见[日]城下裕二:《量刑基准の研究》,成文堂1995年版,第133页。

是刑罚的功能,笔者认为,其最终都是为了保障社会的安全。刑罚制裁犯罪,是为了起到惩罚威慑作用,其特殊预防与一般预防的目的,都是减少社会的犯罪率。犯罪率减少,国民和社会的安全自然也会得到保障。因此,在刑罚立法中,安全功能是不容忽视的一个重要的价值依据。

综上,本书认为,安全在立法中的地位与作用,体现在两个方面:其一,法律对权力有着很好的约束作用。"法无授权即禁止"即是法律对权力约束的很好的阐释。法律没有进行授权,权力不可肆意而为。如果没有法律对权力的约束,公权力则可能肆意而为,必然会侵害到个人的权利和自由。在刑罚立法方面,安全的价值更多地体现在,通过立法,更好地约束司法权等公权力,避免公权力对公民个人权利和自由过多的侵害。如果刑罚立法中,不对刑罚权以及刑罚标准作具体明确的规定,必然会导致刑罚权的肆意扩张。刑罚权的扩张会产生两种情况,一是司法机关在进行量刑时,过度地加重犯罪人的刑罚,使犯罪人所承受刑罚与其所犯罪行不成比例,这在很大程度上侵害了犯罪人在刑事诉讼过程中所应享有的应被公正审判的权利和自由;二是司法机关进行量刑时,滥用职权,玩忽职守,鉴于某种利益关系而对犯罪人判处过轻的刑罚,这将侵害被害人及其家属的相关权利。其二,法律对于社会个体具有很好的规范、指引、评价、教育的作用。通过制定法律,将法律条文展现在大众面前,让社会个体能够根据法律更好指引自己的行为,评价他人的行为。刑罚法律规范的安全作用,更多地表现在通过适用行为,或者公众通过多途径了解刑法条文的刑罚部分,了解犯罪行为所要接受的法律处罚,而给予社会公众和社会个体以警示和教育作用,使其能够更好地规范自己的行为,达到预防犯罪的目的。这在一定程度上,也减少了犯罪的概率,更好地维护了社会的安全。

安全功能是刑罚的一个重要方面,安定功能也是刑罚的一个重要的功能。刑罚安定功能在某些方面与刑罚的安全功能是相似的，比如都是防止犯罪的发生，保护社会法益，保障国家、社会和人民的安全。但两者也具有不同之处，笔者认为，安全功能具有当下性、及时性，即及时地惩治犯罪，减少犯罪的发生，这就可能需要采取较为严厉的刑罚来抑制犯罪的发生。安定功能具有持续性、长远性，其更多偏重的是社会长远的安全与社会秩序持续的稳定，其侧重的更多是解决引起犯罪发生的社会本质问题。在某些方面，刑罚的安全功能与安定功能也存在一系列的冲突。为了达到刑罚的安全功能，及时惩治犯罪，刑法可能更多采取的是严厉的刑罚实现刑罚的惩罚性、威慑性以及保障性的功能，在一定范围和时间内维护社会的安全。但一些社会问题的发展和恶化往往需要一定的时间，刑罚实施的安全功能可能会掩盖犯罪背后的本质问题，导致犯罪发生的本质问题不能被很好地发现和解决，可能会影响社会长期的安定以及不能很好地实现社会秩序的持续性稳定。因此，刑罚的安全功能与安定功能的冲突应该得到重视，并且有待采取行之有效的措施缓和两者的冲突与矛盾，使两者更好地融合，更好地保障社会的安全。

第二，习惯影响。在法律漫长的发展过程中，很多法律规范是在习惯中得以形成和发展起来的。在人类社会的早期，是没有成文法的存在的，随着商品经济的不断发展，人们之间形成了某种契约，大家都共同遵守这一契约，这是早期法律的雏形。国家出现之后，统治阶级为了更好地保障本阶级的利益，制订了约束另一阶级的规范，法律随之产生。在立法者制定法律时，某种人类普遍遵守的习惯，经过长期发展，变成了人们约定俗成的行为规范，立法者便将这些习惯上升到法律层面。因此，在刑罚立法过程中，习惯也是立法者所要遵循的价值之一。例如，《刑法》对故意杀人者一般会处以死刑的刑罚，这就在一定程度上反映了古代"同态复仇"的规则，即人们常说的"杀人偿命""欠债还钱"的习惯性观念。这些习惯对立法产生了很大的影响，是刑罚立法过程中所不能忽视的价值依据。从法律的最先产生到发展到现代社会，习惯仍然会为立法者所参考和借鉴。随着社会的发展，社会不断出现新问题、新情况，有些成文的法律已经不能很好地解决社会发生的新的案情和矛盾。在这种情况下，很多司法者试图从习惯法上找到解决案件的方法。这时候，立法者也要与时俱进，法律并不是一成不变的，立法者要考虑是否要将某些习惯继续纳入成文法的范畴，以解决新的问题。这就需要立法者对习惯法以及习惯有一个斟酌衡量的过程，哪些习惯是与时俱进的，有利于更好地解决社会矛盾和问题，可以加入成文法的范畴，哪些习惯已经滞后，不能纳入成文法，需要立法者进行仔细严谨的思考。

二、罪刑基准的确立理论与要素精细化

（一）以犯罪为基准的理论梳理

如前文所言，在罪刑对应基准的问题上，报应论与功利论的观点是大致一致的，即都要求以犯罪为准，但在具体如何评价犯罪的问题上仍有观点的差异：

1. 形态基准论

即应根据犯罪所表现出来的损害形态或者侵害方式来配置相应的刑罚。同态复仇（equal retaliation）是对此基准的最原始的表述。按照邱兴隆教授的观点，这是人类最早出现的配刑原则，其源自刑罚的第一种形态的报复时代。在外国刑法中，主要表现为古巴比伦王国的《汉谟拉比法典》及希伯来的《摩西法典》。其中，《汉谟拉比法典》规定对伤害他人眼睛、折断他人骨头、击落他人牙齿的自由民，应分别处以伤害其眼、折断其骨、击落牙齿的刑罚。为他人建屋者因工程不固而导致屋塌压死主人，应处死

刑。显然，这是"以眼还眼，以牙还牙、以命抵命"的法典式表述，体现了一种原始朴素的正义精神。在它影响下产生的《摩西法典》也有类似的同态复仇法的规定，甚至比《汉谟拉比法典》更为残酷。而《十二铜表法》第8表规定，毁伤他人肢体而不能和解的，他人亦得依同态复仇而"毁伤其形体"。

对于中国刑法史上是否存在着类似同态复仇的刑罚配置基准的问题，邱兴隆教授在一些史料的研究基础之上，做出了"报复时代的中国刑法以刑害相应为配刑原则"的所谓"推论"。在这一点上笔者不能认同，正如蔡枢衡先生所指出的："中国历史上不存在摩西法那样的同态报复。所谓杀人者死，伤人者刑，不过就大体言，绝不等于同态报复。肉刑种类有限，刑罚权属于统治者。中国刑法历史资料告诉我们：君主的刑罚权一开始就是镇压敌对阶级的武器，不同于复仇，亦不可能实行同态报复。不论是黄帝时代的'奸人者杀'，或唐尧时代的'怙终贼刑'，都和同态报复漠不相关。中国刑法史上不存在同态报复阶段，复仇是人群与人群以及人和人之间的问题。复仇不是刑法的起源；刑法起源于禁止复仇。杀人罪的历史，正是这样。"可见，中国刑法史中虽刑罚种类有限，且肉刑居多，但并非是出于同态复仇的目的而施于刑罚的。因此，邱兴隆教授的推论是站不住脚的。

同态复仇的刑罚配置基准是人类的复仇文明由无限复仇发展到有限复仇的产物，体现了一定的理性，但其主要存在于奴隶制阶段。而在近代的刑法哲学的思想中，德国的古典哲学家康德又重新在其"理念的星空"的构建中提出了类似的看法："如果你偷了别人的东西，你就是偷你自己的东西；如果你打了别人，你就是打了你自己；如果你杀了别人，你就是杀了你自己。"从一个正义的理念出发，康德要求刑罚扮演着对于犯罪人实施来自国家的报复的角色，显然这样一种刑罚理念仍旧没有逃离其复仇的局限性。

对此基准许多学者进行了严厉的批评，如黑格尔就指出："很容易指出刑罚上同态报复的荒诞不经,例如以窃还窃,以盗还盗,以眼还眼,以牙还牙,同时我们还可以想到行为人是个独眼龙或者全口牙齿都已脱落等情况。"哈格也认为:"刑罚不是且不可能在种类上与其因被施加的犯罪相对称。对某些财产犯罪处以惩罚性的罚金或对谋杀予以处死属于罕见的例外。"随着刑罚的发展与文明的进步,这种配置基准基本上也已被尘封进了历史的档案盒。

2. 恶性基准论

其主张以犯罪的主观恶性作为刑罚配置的基准,主观恶性大的配以重刑,主观恶性小的配以轻刑。

在中国刑法史中,以主观恶性作为刑罚配置基准始见于汉代儒家董仲舒的"春秋决狱"与"原心论罪"的主张,其主要论述为:"春秋之听狱也,必本其事而原其志;志邪者不待成;首恶者罪特重,本直者论其轻。"原其志即为对其主观恶性的追究,如果有主观恶性(志邪),无须犯罪得逞便给予处罚,"本直者论其轻"则是对于主观无恶性的犯罪人从轻处罚。值得一提的是,董仲舒在此所提出的处罚未遂犯的主张较之于西方 15 世纪提出的处罚未遂的司法原则和相关的司法判例(1784 年斯高菲尔特案)整整早了 1500 多年。

在西方,主观基准论的盛行则是与宗教刑罚和教会法相结合的。"对于教士们来说,人的心理活动是最重要的,因为他们的目标就是根除罪孽和邪恶,而这些重大错误正式发源和存在于人的心里。按照他们的观点,需要苦行和赎回的,是已经引起损害行为的罪恶的意图和动机。"深受教会法影响的中世纪欧洲立法及司法实践无不受其影响,强调对犯罪人主观罪孽进行处罚,只有思想没有行为的"犯罪人"被施以极刑的比比皆是,刑法彻底沦为君主和宗教的统治工具,因而这样一种配置基准在经历了欧洲黑暗的中世纪后就再没有为西方立法所采纳。

3. 犯罪基准论

此说在表述上有"罪刑相适应""罪刑等价""罪刑相称"

"罪刑均衡"等称谓，不一而足，但事实上都是以"犯罪"的概念为核心，从犯罪的严重性（the seriousness of crime）着手，依据犯罪的主观恶性和客观危害来评估犯罪的严重性，并以此作为刑罚配置的基准。

在立法上，该说最早体现在1791年的法国刑法典草案上，在关于该刑法典的报告中，议员列彼列吉耶将刑罪等价作为配刑原则予以阐明，旗帜鲜明地主张"罪刑应当相称""刑罚的性质应和犯罪的性质相适应"。1793年法国宪法所附的《人权宣言》第15条也规定："刑罚应与犯法行为相适应。"

在刑法学说史上，其理论基础最早为黑格尔所系统论述，其强调应以犯罪的客观危害与主观恶性相统一作为评价犯罪轻重的基准，并以此来配置刑罚。一方面，只有作为主观恶性表现的客观危害才能作为评价犯罪轻重的依据，"在意志的行动中仅仅以意志在它的目的中所知道的这些假定以及包含在故意中的东西为限，承认是它的行为，而应对这一行为负责。行为只有作为意志的过错才能归责于我"。"我的意志仅以我知道自己所做的事为限，才应对所为负责"。另一方面，客观危害应该成为评价犯罪的轻重与法定刑轻重的根据，"如果犯罪行为所发生的后果为害不大，这对犯人是有利的……如果犯罪使其后果得到比较完全的发展，就得对这些后果负责。"可见，作为报应论代表的黑格尔主张在主客观相统一的前提下，以客观方面即行为责任作为刑罚配置基准来评估犯罪。

这样一种客观主义倾向同样也存在于古典功利论的理论之中。如贝卡里亚认为：犯罪对社会的危害是衡量犯罪的真正标尺。在其设计的罪行对应模式中，也要求依据犯罪的社会危害性来配置刑罚。贝氏指出：既然存在着人们联合起来的必要性，既然存在着作为私人利益相互斗争的必然产物的契约，人们就能找到一个由一系列越轨行为构成的阶梯，它的最高一级就是那些直接毁灭社会的行为，最低一级就是对于作为社会成员的个人所可能犯下的、最低微的非正义行为。在这两极之间，包括了所有侵害公共利益的、我们称之为犯罪的行为，这些行为都沿着这无形的阶梯、从高到低顺序排列。如果说，对于无穷无尽、暗淡模糊的人类行为组合可以应用几何学的话，那么也很需要有一个相应的、由最强到最弱的刑罚阶梯。有了这种精确的、普遍的犯罪与刑罚的阶梯，我们就有了一把衡量自由和暴政程度的潜在的公共标尺，它显示着各个国家的人道程度和败坏程度。类似的表述同样存在于古典功利论的边沁的学说理论之中。可见，尽管报应论与功利论在具体的刑法配置模式上存在着分歧（如下文所述），但是在刑罚配置的基准的问题上，双方的观点还是大体一致的。

这样一来，刑罚实际上就应与犯罪（危害严重性）相对应，而罪刑均衡就是其理论的集中表述。当然，在我国许多学者的理论中，由于对犯罪的严重性进行了一种广义的扩张，认为所有影响刑罚配置的因素都是犯罪严重性的范畴，因此犯罪的严重性不仅应包括犯罪的危害，还包括预防的需要，因此，罪刑均衡不仅包括对犯罪已然危害的均衡，还包括对未然犯罪预防需要的均衡。而从一种与国外理论的协调，防止概念的混淆的角度出发，邱兴隆教授认为这样一种广义的犯罪严重性概念一方面混淆了已然之罪与未然之罪的关系，另一方面如将预防作为刑罚配置基准将导致重罪轻判，轻罪重判的情况，因此其主张应严格限制该概念于犯罪的实然危害之中。而在国外的理论中，犯罪的严重性就更是一种狭义的概念，如美国学者赫希就如此阐述："犯罪行为的严重性，分开来说，有两个主要因素：危害与应受谴责性"。根据此说，作为危害性与谴责性的结合体，严重性既构成与预防需要相并列的概念，又构成与预防需要相排斥的配刑基准。它只以既已存在的犯罪为评价对象，丝毫不与尚未发生的犯罪相关。在严重性的蕴涵中不具有任何预防需要的成分。

刑罚的配置应以犯罪为基准，可以说，这是古典刑法学派为刑罚配置提供的一个理论方向。但是，犯罪的严重性仍旧是一个十分模糊的概念。而在其具体评价上又存在着主观说和客观说的分歧：客观说认为，犯罪是否严重取决于犯罪的危害性与主观恶性的大小本身，而不取决于人们对二者是如何认识的。拿美国学者斯派克斯的话来说，便是犯罪行为的危害不取决于人们如何认为犯罪行为的后果与危险，而取决于实际的后果与危险，或者说，犯罪行为的危害不是由人们认为后果是什么而是由其真正是什么所决定。照此说，犯罪的严重性应该根据体现犯罪的客观危害与主观恶性的大小的各种因素来判断，而不应根据人们对犯罪的严重性的感受来评价。这也是我国学界和司法实践的主要观点和做法。客观说主要从犯罪的客观危害和主观恶性两个方面对犯罪的严重性进行评价。

（二）犯罪客观危害评价要素的精细化分析

1. 客观危害

在犯罪的客观危害方面，评价犯罪的客观危害的基点有二，即犯罪的实然危害和未然危险，具体考察的客观因素应当包括：

（1）犯罪所侵害的利益。根据犯罪所侵犯的法益一方面可以从类罪的角度对犯罪的危害之轻重次序做出排列，如与不同犯罪所侵犯的法益的共性相适应，我们可以将犯罪划分为危害国家安全罪、危害公共安全罪、侵犯人身权利罪、破坏经济管理秩序罪与妨害社会管理秩序罪等类别。而为与这些类别的犯罪所侵害的法益的重要性相适应，我们可以就不同类属的犯罪的危害性的评价产生一条规则，即类罪所侵害的法益越重要，其危害便越严重。法益的重要程度可以通过其在我国刑法中的地位加以确定。类罪所侵犯的法益越不重要，其危害性则越轻。由此，我们可以进一步就诸类罪的危害性向下由重至轻的排序：危害国家安全罪—危害公共安全罪—侵犯人身权利罪—破坏经济管理秩序罪—破坏社会管理秩序罪。另一方面，在类罪的内部划分中，其也可以作为评价同一类罪中某些不同种罪的客观危害的轻重的标准。原因在于，侵害同一类法益的不同种罪可能侵害不同种的法益。而对于个人来讲，法益的重要与否，完全出自一种主观的评价标准，每个人的评价可能都不同，难以统一。这便使得不同种的同类犯罪显示出客观危害的轻重之别。以我国现行《刑法》中的侵害人身权利类罪为例。生命、健康、人身自由等虽然均属公民个人的人身权利，但其对个人的意义殊异。生命既是个人从事一切活动的必要前提，又是个人所有权利的载体，生命权对于个人的意义居于个人权益之首，天经地义；身体完整与健康虽不如生命重要，但其同样构成个人生产与生活等的重要前提，健康权对个人的意义仅次于生命权，不言而喻；人身自由权虽因其行使以身体健康为前提而意义次于健康权，但其又构成个人行使许多权利与从事许多活动的前提而意义大于人格、名誉权等。基于此，在侵害人身权利类罪中，侵害生命的杀人罪的危害性居诸种罪之首；危害健康的伤害罪的危害性次之；妨害自由的非法拘禁罪再次；侵犯人格、名誉的侮辱、诽谤罪等最次。

（2）犯罪的危险性。对于所侵害的具体权益相同的种罪来说，犯罪行为的危险性即其给权益所可能造成的损害的大小，是评价种罪的危害性的首选标准。在侵犯财产类罪中，行为的危险性作为评价不同种罪的危害性的作用更是决定性的。在此类犯罪中，抢劫罪表现为暴力或者胁迫行为，既具有侵犯人身的危险又具有侵犯财产的危险。而盗窃、抢夺与诈骗三罪属于单纯的侵犯财产犯罪，表现为只具有侵犯财产的危险而不具有侵犯人身的危险。因此，相对而言，抢劫罪因危险大于盗窃、抢夺与诈骗而在客观危害的排序上列后三者之先。盗窃、抢夺与诈骗既然本身均属单纯的财产犯罪，其相互之间只有行为方式的不同，而无危险性的明显之差，因此，其在客观危害的排序上大致相当。同时犯罪的危险性也是衡量同一种罪中不同个罪的客观危害的重要标志。这是因为，相同的种罪可以以危险性不同的手段实施，而危险性不同的个罪所造成的损害可能不同。最明显的例证是，同是抢劫或强奸罪，使用暴力手段的个罪可能造成人身伤害，而使用威胁手段的个罪则只可能造成精神强制。前者的危险性大于后者，其客观危害相应地大于后者。

（3）犯罪的实然损害。在相同种罪中，衡量不同个罪的客观危害性大小的最直观标志是个罪所造成的实际损害。因为实际损害最明显地标志着犯罪所侵犯的权益所遭到的侵犯的严重程度。在故意放火、爆炸、投毒、决水、杀人、伤害之类犯罪所造成的结果为有形的损害的犯罪的情况下，所造成的结果越严重，个罪的客观危害便越大，所造成的结果越不严重，个罪的客观危害便越小。因此，杀害两人的个罪的危害大于只杀害一人的个罪，造成重伤的个罪危害大于只造成轻伤的个罪。在侮辱、诽谤之类犯罪的无形损害结果的情况下，犯罪造成的不良影响越大，其客观危害便越大，反之亦反。因此在大范围内给受害人造成名誉损害的个罪的客观危害大于在小范围造成名誉损害的个罪；在经济型、谋利型与财产型犯罪的情况下，个罪的涉案数额越大，表明个罪的规模或者造成的财产损失越大，个罪的客观危害便越大，反之亦反。

（4）犯罪对象。在某些情况下，犯罪的对象构成衡量不同种罪或个罪的客观危害的重要标志，而且，在特定情况下，犯罪对象对于衡量犯罪的客观危害具有决定性的意义。这是因为，有的对象一旦受到犯罪的侵犯，其便比其他对象更易受到损害或者更易受到更大损害，而有的对象一旦为犯罪所追求或者保护，犯罪所造成的损害便可能远远大于其他犯罪所造成的损害。在危害公共安全类罪中，破坏交通工具、交通设备、易燃易爆设备等可能造成人身与财产双重损害,而破坏通信设备则不致产生人身损害。因此,破坏交通工具、交通设备、易燃易爆设备的种罪相互间在客观危害大小上相当,且比破坏通信设备罪大;在侵犯人身权利类罪中,奸淫幼女给被害人可能造成的损害大于强奸成年妇女所可能造成的损害,前者的客观危害因而大于后者;同是盗窃罪,盗窃珍贵文物的危害大于盗窃普通财产,因为珍贵文物的价值大于普通财产;同是走私,走私武器、弹药的危害大于走私普通货物,因为武器、弹药可以致人死伤,而普通货物则否;同是包庇罪犯,包庇危害国家安全的罪犯客观危害大于包庇普通罪犯,因为危害国家安全罪比普通犯罪的危害更大。

(5)犯罪的实施程度。相同种罪中的不同个罪还因实施的程度不同而显示出危害性的不同。原因在于,如果以犯罪的结果的发生作为犯罪完成的标志,那么,行为距结果的发生越近,其危险便越大,因为其引起结果发生的可能性越现实,相反,行为距结果的发生越远,其危险便越小。基于此,作为犯罪之完整状态的既遂的危害大于相同条件下的犯罪之任何非完整状态。而同是犯罪的非完整状态,已进入实施状态的未遂行为的危害大于未进入实施状态的预备行为;同是中止犯罪,在实施阶段的中止的危害大于在预备阶段的中止;同是未遂,实施终了的未遂的危害大于未实施终了的未遂。

2. 主观恶性

在主观恶性方面,考察的因素则应当包括:

(1)罪过形式。在中国刑法中具体包括直接故意、间接故意、过于自信过失、疏忽大意过失四种。在犯罪的四种罪过形式中,直接故意对犯罪的性质认识充分,对危害结果所持的态度积极,犯罪的主观恶性最大;间接故意对犯罪的性质的认识程度略逊于直接故意,因为其所预见到的是结果发生的可能性而不是必然性,而且,其对危害结果所持的态度不是积极追求而是消极放任。因此，其主观恶性较之直接故意为轻。过于自信的过失对行为的性质的认识不如间接故意明确，因为其只是"预见"而不是"明知"，而且，其对危害结果所持的态度不是放任而是避免，因此，其主观恶性次于间接故意；疏忽大意的过失对危害结果根本没有预见、对行为的性质毫无认识，其意志因素不在于对危害结果的态度，而在于未尽应尽的努力，趋恶的自由意志程度最低，其主观恶性自然最小。由此，我们可以就不同罪过形式的主观恶性程度由重至轻排序如下：直接故意—间接故意—过于自信—疏忽大意。

（2）犯罪动机与目的。作为直接故意犯罪所持有的心理事实，犯罪的动机与目的对于衡量犯罪的主观恶性意义重大。在同是直接故意犯罪的情况下，犯罪的动机的恶劣程度与犯罪的目的的卑鄙程度，构成评价犯罪人主观恶性程度的重要标志。同是直接故意杀人，出于谋财的动机比出于安乐死的动机恶劣，前者的主观恶性大于后者；同是直接故意杀人，即使均只杀死一人，但以杀死二人为目的而只杀死一人比只以杀死一人为目的而只杀死一人卑鄙，前者的主观恶性大于后者；同是盗窃，出于贪图享受的动机比出于生活所迫的动机更为恶劣，因而主观恶性更大；同是盗窃1万元，意图盗窃2万元而只盗得1万元比意图只盗窃1万元而只盗得1万元更为卑鄙，因而主观恶性更大。

（3）主观认识。在直接故意犯罪的情况下，作为故意之构成要素的认识因素的具体内容可能不同。尽管行为人因为对危害结果均持追求的态度而构成直接故意犯意但是对行为事实的认识范围与程度却可能有所差异。而这种认识的差异往往显示出犯罪的主现恶性的差异。

（4）犯罪起因。犯罪的起因，即引起犯罪人犯罪行为的原因，在特定情况下，对犯罪的主观恶性具有一定影响，因为有的犯罪事出情有可原，从而可以减轻对犯罪人的谴责程度。最明显的例证是，防卫过当、受被害人挑衅以及受胁迫情况下的犯罪，行为人趋恶的意向轻于普通情况下的犯罪，其应受的谴责程度较轻，主观恶性相应地较小。

（5）犯罪人生理与精神状况。未达到特定年龄的人、完全丧失认识控制能力的人，属于无意志能力的人，其无作为主观恶性之基础的自由意志可言，其行为因而谈不上主观恶性。依此类推，所谓"半成人""半精神病人"以及因为生理缺陷而认识与控制能力不如常人的人所实施的犯罪，所应受到的谴责也相对于成人、精神与生理正常的人犯罪为轻，其主观恶性亦相对较小。

（6）犯罪人身份。尽管犯罪的主观恶性应该是基于犯罪行为而不是基于犯罪人而应受的谴责程度，但是，一定身份的人与犯罪相联系，对犯罪的主观恶性有着不容忽视的影响。在共同犯罪的情况下，尽管犯罪的危害是所有共同犯罪人的行为的共同结果，但是主犯系犯罪的组织、领导者或者在犯罪中起主要作用者，其应受的谴责重于在犯罪中仅起辅助或者次要作用的从犯；国家工作人员，本应严于律己，却利用职权犯罪，其自然应比普通人犯罪受更大的谴责；累犯也应比初犯受到更重的惩罚。

与客观说相反，主观说则认为犯罪是否严重，应该以公众是否认识到犯罪的严重性为根据。即是说，公众认为犯罪严重，其便严重；而公众认为其不严重，其便不严重。因此，持主观说者主张将对犯罪的严重性的评价奠基于民意调查之上，即通过对大众关于犯罪的严重性的认识的调查，就犯罪的严重程度得出结论，将大众普遍认为严重的犯罪作为重罪，而将大众普遍认为不严重的犯罪作为轻罪。

（三）以犯罪人为基准的理论考据与要素分析

基于对古典刑法学派的批判，刑事实证学派通过批判报应主义和功利主义根据犯罪行为来确定刑罚轻重的错误，提出了刑罚的轻重应根据犯罪人的人身危险性确定的理论,即犯罪人基准理论。它是德国学者沃尔伯格在1869年首先提出的,由著名刑法学家李斯特进行了系统的阐述,并最终成为刑罚配置的一个重要原则应用于司法实践。它的基本内涵是,确定刑罚轻重的标准是行为所体现出来的犯罪人的人身危险性,而人身危险性通常是犯罪人的各种人格因素表现出来的,如行为人的犯罪情操、行为人对于法秩序的态度以及行为人的全部心理特征等。减少主义者批评报应主义和功利主义的罪刑均衡理论的缺陷,批评他们强调意志的绝对自由,从而主张罪刑均衡的出发点本身就是错误的;他们所说的罪刑的严重性,由于实践中缺乏一种一致的标准,是不能予以严格限定的。因此所谓的罪刑均衡是个极端的做法,"我们必须避免走向两个极端:刑罚均衡性和在美国监狱学者中特别时髦的所谓刑罚个别化",根本无法做到正确解决罪与刑之间的均衡关系。"即无绝对或客观标准以决定刑罚和犯罪之间的比例,刑罚之正义便成为偶然之侥幸之事了。"

至于在犯罪人的人身危险性的具体评价方法上,早期西方学界基本上是采取定性分析法,即按照犯罪人的分类,对不同类型的犯罪人的特点进行逻辑的分析、判断与对比,进而就其人身危险性的大小得出结论。龙勃罗梭、加罗法洛与李斯特等对人身危险性的评价基本上持这种方法:龙勃罗梭提出对虽未犯罪但有犯罪倾向者予以与社会相隔离的保安处分、对有犯罪生理特征者予以生理矫治、对危险性很大的人流放荒岛、终身监禁或者处死;加罗法洛提出根据犯罪人的不同性质采取不同的剥夺犯罪能力的"消除措施";李斯特提出"矫治可以矫治者,不可矫治者不使为害"均是基于人身危险性的推测、分析与判断的。而自20世纪初开始,定量分析方法被引入对人身危险性的预测。这种方法通常是从收集有关某一罪犯样品的各种资料开始,包括主体的犯罪、犯罪记录、就业与社会历史情况等。然后,运用双方或者多方不同的统计资料，考察这些因素中的哪一些与后来发生的累犯相关，从而形成一定的预测指数。随后，再将预测指数在罪犯样品上测试，并根据测试的结果最终形成累犯预测模式，用以预测累犯。在我国，虽有学者在评价西方曾经流行一时的定量分析法时对其持肯定态度，并倡议开展对再犯可能性的定量预测，但是，至今尚无人付诸实践，有关再犯可能性的评价仍然停留在定性分析阶段。在这方面，体现再犯可能性大小的因素多种多样，其中最主要的因素及其对再犯可能性的影响如下：

1. 犯罪的性质

人身危险性的大小与犯罪人已经实施的犯罪的性质关系密切。这是因为，人身危险性是指既犯罪的人再犯罪的可能性，已然的犯罪构成评价再犯可能性的前提。再犯罪的可能性的评价只有首先确定犯罪人可能再犯的是什么样的犯罪，才能就这种可能性的大小得出结论。基于犯罪的"惯性"，犯罪人既已实施的犯罪也就是其最可能再实施的犯罪。毕竟，之所以假定犯罪人可能再犯罪，是因为其既已犯罪，由此类推，既已实施的犯罪的性质也构成推论犯罪人可能再实施的犯罪的性质的根据。而离开了犯罪人既已实施的犯罪的性质，关于犯罪人可能再实施的犯罪便失去了推论的唯一客观前提，因而无法确定，对再犯罪的可能性大小的评价也就失去了目标，评价活动必然处于盲目状态。因此，杀人者的人身危险性首先在于其可能再犯的是杀人罪，其次才在于其再杀人的可能性的大小，强奸者的人身危险性首先在于其可能再犯的是强奸罪，其次才在于其再强奸的可能性的大小。基于杀人罪的性质重于强奸罪，杀人者的人身危险性大于强奸者。与此相适应，所实施的犯罪严重的人，人身危险性大于所实施的犯罪轻微的人，其个别预防自然需要大于后者。

2. 犯罪的行为表现

犯罪人在犯罪中的表现，往往是犯罪人人格与个性的明显反映，因而可以作为推论其再犯罪可能性大小的重要依据，构成评价其人身危险性大小的重要参数。犯罪人在犯罪前周密计划、充分准备乃至为犯罪而学习技术、训练胆量，说明犯罪人精于算计，犯罪意志坚决；犯罪人敢于在光天化日之下、大庭广众之中犯罪，表明其胆大妄为，肆无忌惮；犯罪人选择重要目标作案乃至公然以犯罪直接对司法、警察机构挑战或以无耻、残忍、恶劣的手段犯罪表明其藐视法制、人格变态、行为鲁莽，反社会性强；犯罪人运用技术性手段犯罪，表明其犯罪能力强；犯罪人一意孤行、不听劝阻、无视警告，坚持犯罪，表明其犯罪态度坚决，如此等等，都说明犯罪人的人身危险性大。相反，犯罪人在犯罪前并无周密的计划、充分的准备，在犯罪的时间、地点、手段的选择上具有一定的节制性，或者放弃犯罪、阻止危害结果的发生，等等。则表明其犯罪态度不坚决、心存顾虑、胆小怕事，可以认为其接受教育、改造的可能性大，人身危险性相对较小。

3. 犯罪的主观罪过

过失犯罪者，并非因具有与社会相对立的心理而犯罪，危害结果的发生与其本旨相悖。正由于犯罪不是其有意追求的结果，其不存在有意犯罪、与社会相对抗的可能性，其人身危险性极小。与此不同，故意犯罪尤其是直接故意犯罪，无论出于何种原因，都是犯罪人有意选择的结果，纵其不是犯罪人所追求的，也至少是其所放任的。因此，犯罪人不同程度地存在藐视法律与反社会的心理，人身危险性大。两相对比，故意犯罪的个别预防需要显然大于过失犯罪的个别预防需要。

4. 犯罪的一贯表现

犯罪人一贯表现不良、劣迹斑斑，连续多次犯罪，甚至以犯罪为业或以犯罪作为生活手段，表明其具有牢固的反社会意识，犯罪已成习惯，积重难返。基于犯罪的惯性，再犯罪的可能性大。与此有别，犯罪人一贯表现良好，只是偶然犯罪，或者只是一次性犯罪，表明其并无根深蒂固的反社会的意识，步入犯罪歧途只是一念之差，易于改造，个别预防的需要不大。因此，一贯行为不良者、连续犯、数罪犯、惯犯个别预防需要大于一贯表现良好者、一次性犯罪者、初犯、偶犯。

5. 犯罪记录

犯罪人有无犯罪记录与犯罪记录的多少，是公认的评价人身危险性的参数。初次犯罪而无犯罪前科者，并无犯罪习惯，改邪归正的可能性较大，刑罚的教育、矫正功能易于收效，个别预防的需要小。相反，有过犯罪记录者，尤其是有过多次犯罪与受刑记录者，要么是犯罪成性，要么具有抗拒改造的经验，对刑罚具有"抵抗力"，接受教育、改造的可能性小，个别预防的需要大。因此，有过犯罪记录的人的预防需要大于无犯罪记录的人，犯罪记录多的人大于犯罪记录少的人。

6. 犯罪原因

犯罪的原因尤其是犯罪的主观原因对犯罪人的人身危险性的评价具有不容低估的意义。犯罪人因为生活所迫而犯罪、受被害人挑衅而犯罪、基于义愤而犯罪、不知法而犯罪，在很大程度上表明其并无强烈的反社会性，犯罪只是特定情况下特定原因的结果，其与社会的对立性不明显，易于接受教育、改造，个别预防的需要小。而犯罪人贪图享受而犯罪、知法而犯、基于对社会的不满而犯罪，等等，则表明其具有较强的反社会性，刑罚难以收教育、改造之效，个别预防的需要小。

7. 犯罪地位

组织、领导他人犯罪者，是犯罪的发起者，犯罪的策划能力强、鼓动能力与感染能力强；在共同犯罪中起主要作用者，犯罪的主动性、积极性以及犯罪对其的吸引力大，其与社会对抗的意识强；教唆他人犯罪的，其本身便是犯罪之源；传授犯罪方法者，不但本身犯罪经验丰富、手段高强，而且传播犯罪，如此等等，都极为明显地标志着犯罪人具有较大的人身危险性。而共同犯罪的一般参与者、受胁迫、欺骗而参加犯罪者、在共同犯罪中起次要作用者,犯罪的积极性与主动性不明显,人身危险性较小。因此,共同犯罪的主犯、教唆犯的再犯可能性大于从犯、胁从犯。

8. 犯后表现

犯罪人在犯罪后阻挠报案、畏罪潜逃、抗拒抓捕、销赃灭迹、嫁祸于人等,表明其逃避惩罚的欲望强烈,再犯罪的可能性明显。而犯罪人在犯罪后主动投案自首、积极避免犯罪恶化、抢救或安抚受害人等,表明其有悔罪之情或者赎罪之意,人身危险性相对于犯罪前或犯罪中减小。因此,前种情况人身危险性要大于后种情况。

9. 犯罪人诉讼中表现

在刑事诉讼过程中,犯罪人拒不认罪、推却罪责、对抗审讯、拉拢或腐蚀办案人员、越狱逃跑、滋事闹监、充当牢头狱霸、翻供、串供、伪造证据等,表明其毫无认罪、悔罪之意,逃避惩罚的欲望强烈,与司法机关相对立、抵触的情绪大,难于接受教育、改造,人身危险性大。而犯罪人主动认罪、坦白交代、检举揭发他人的犯罪、具有其他立功表现、积极退还赃物、赔偿损失、接受管教等,则表明其有较好的认罪、悔罪态度与赎罪心理,接受审判的态度诚恳,易于教育、改造,人身危险性小。

10. 人格特点

犯罪人性格倔强、固执、偏颇,人格不正常乃至变态,往往表现出对犯罪的执着与对刑罚的蔑视,在其看来,犯罪不但不可耻,反而值得追求。基于这种偏执、变态的人格,其人身危险性大。而如果犯罪人心理正常,不存在人格缺陷,其人身危险性则相对较小。因此,具有偏执与变态人格的人的人身危险性大于人格正常者。

11. 犯罪人的社会环境

犯罪虽然是犯罪人自由意志的结果,但同时又是社会环境的产物。与此相适应，在良好的家庭、社会环境中成长与生活的犯罪人，易于接受正常因素的积极影响，人身危险性的消除较为容易，刑罚的教育、改造效果易于巩固。而在不良的社会、家庭环境尤其在亚文化氛围中成长与生活的犯罪人，易于接受消极因素的影响，刑罚不易收教育、改造之效。因此，所处社会环境不良的犯罪人的人身危险性比所处社会环境良好的犯罪人更大。如长期与流氓、地痞、黑社会成员为伍者、与作奸犯科者过往甚密者，往往廉耻观念淡漠，甚至视犯罪为勇敢、英雄，以受惩罚为荣，其再犯罪的可能性自然大于常人。

12. 犯罪人的生活经历

犯罪人有过良好的家庭教养、学校教育、生活未受过大的挫折等，易于明辨事理，重新树立生活的信念，接受教育、改造的可能性大，可塑性强，人身危险性易于消除。相反，犯罪人自幼缺少教养，文化程度低，知识贫乏，累经生活挫折等，辨别是非的能力差，易于破罐破摔，难于接受教育、改造，人身危险性不易消除。

13. 犯罪人的年龄与身体状态

犯罪人的年龄与犯罪的身体能力以及犯罪人的可塑性相关。犯罪人年老力衰，活动能力有限，再犯罪的身体能力减弱，人身危险性较小；犯罪人未成年，思想尚未定型，易于接受外界积极因素的影响，刑罚对其易收教育、改造之效，人身危险性容易消除。而青壮年精力与体力充沛，活动能力强，犯罪的体能条件充分，且思想已经定型，不易接受改造。因此，未成年人与老人的人身危险性要小于青壮年。

以上是对以往犯罪基准理论的整理和探讨，应该说，现在的刑罚配置的基准仍未能跳出以往理论的框架，而在这些基准的基础之上，各种学说又从各自的立场出发，对于刑罚配置的理想状态提出了自己的看法，这又涉及罪刑对应模式的理论研究。

(四) 以外部客观情况为基准的要素分析

1. 量刑情节对罪刑基准确定的影响

量刑情节是指根据《刑法》规定，人民法院对犯罪分子量刑所必须考虑的，能够影响行为社会危害程度或者行为人的人身危害性程度，从而决定处刑从严从宽或是不是免除处罚的各种主客观事实情况。量刑情节是定罪事实以外的有关犯罪行为和犯罪人的具体事实总和。简言之，和定罪有关的犯罪构成事实以及其他与定罪有关的主客观事实都不能成为量刑情节，只有是在刑罚阶段，排除定罪基本事实的外部主客观情况，才属于量刑情节。量刑情节一般分为法定量刑情节和酌定量刑情节。

(1) 法定量刑情节在刑法中的具体规定。法定量刑情节是法律明文规定在量刑时应当考虑的情节。在书中我们做一个大致梳理：①应当免除处罚的情节：没有造成损害的中止犯。②可以免除处罚的情节：犯罪较轻且自首的，非法种植毒品原植物在收获前自动铲除的。③应当减轻处罚或者免除处罚的情节：防卫过当；避险过当；胁从犯。④应当减轻处罚的情节：造成损害的中止犯。⑤可以免除或者减轻处罚的情节：在国外犯罪，已在外国受过刑罚处罚的。⑥可以减轻或者免除处罚的情节：有重大立功表现的；在被追诉前主动交代向公司、企业工作人员行贿行为的；个人贪污数额在5000元以上不满1万元，犯罪后有悔改表现、积极退赃的；在被追诉前主动交代介绍贿赂行为的。⑦应当从轻、减轻或者免除处罚的情节：从犯。⑧可以从轻、减轻或者免除处罚的情节：又聋又哑的人或者盲人犯罪；预备犯。⑨应当从轻或者减轻处罚的情节：已满14周岁不满18周岁的犯罪；已满75周岁的人过失犯罪。⑩可以从轻或者减轻处罚的情节：尚未完全丧失辨认或者控制自己行为能力的精神病人犯罪的；已满75周岁的人故意犯罪的；未遂犯；被教唆的人没有犯被教唆的罪时的教唆犯；

自首的;有立功表现的;在被追诉前主动交代向国家工作人员行贿行为的;收买被拐卖的妇女后,按照被买妇女的意愿,不阻碍其返回原居住地的。⑪可以从轻处罚的情节:犯罪后如实供述自己罪刑的;收买被拐卖的儿童后,对被买儿童没有虐待行为,不阻碍其进行解救的;个人贪污、受贿数额巨大或者有其他严重情节,以及数额特别巨大或者有其他特别严重情节,在提起公诉前如实供述自己罪刑、真诚悔悟、积极退赃,避免、减少损害结果发生的。⑫应当从重处罚的情节:教唆不满18周岁的人犯罪的;累犯;等等。

通过上诉梳理我们可以看出,法定量刑情节一般包括累犯、自首、坦白、立功等几种情节。其中累犯是要加重处罚的量刑情节;自首、坦白、立功是可以或应当从轻、减轻或免除处罚的情节。

(2) 酌定量刑情节的分类及其对罪刑基准的影响。酌定量刑情节是《刑法》未明文规定,根据立法精神与刑事政策,由人民法院从审判经验中总结出来的,在量刑时酌情考虑的情节。酌定量刑情节一般包括以下几种:

第一,犯罪的方法、手段。犯罪的方法和手段虽然不是法定量刑情节,但其对量刑产生的作用不容小觑。同样一个犯罪,所使用的手段不同,对量刑的影响是不同的。例如:犯罪人在杀人过程中,采取的是较为普通的手段和方法或用极其残忍的手段和方法致使他人死亡,对被害人身体和心理上造成的痛苦是完全不同的。在故意杀害他人时,采取极端残忍手段,可想而知被害人会承受巨大的身体痛苦,被害人的家属在心理上也会承担巨大的痛苦。这时候如果按照普通的量刑情节进行处罚,无论是对被害人还是对被害人的家属都是不公平的。因此,这种情况在量刑时就要从重处罚。

第二,犯罪的时间、地点。如偷盗、抢劫罪中,入户抢劫、入室偷盗的情况应当作为从重处罚情节在量刑时加以考虑。

第三,犯罪的动机、目的。犯罪的动机与目的作为犯罪的主观方面,虽然对定罪没有直接的影响,但是在量刑阶段,犯罪的动机和目的对量刑具有很大的影响。如果犯罪人实施犯罪的目的和动机具有很强的主观恶性,具有很大的社会危害性,其对法益造成的可能的危害可能是很大的,即使最后并没有造成加重结果的出现,但是由于其主观恶性较深,是有造成加重结果的可能的,因此需要对动机和目的具有明显不正当性的犯罪,给予较重的处罚。反之,如果犯罪人在犯罪时的目的和动机的主观恶性较小,犯罪结果的发生对其想要达到的犯罪目的而言,是较重的,也不能单纯地按照犯罪结果定罪量刑,而应考虑犯罪人在犯罪时的主观心态,给予合适的刑罚处罚。

第四,犯罪的一贯表现和事后态度。犯罪人在犯罪后的态度和表现也可以作为量刑的一个标准。犯罪人在犯罪后的认罪态度以及事后的一贯表现,一是可以反映其对自己犯罪行为的悔悟程度,二是可以反映出犯罪人再犯可能性的大小。如果犯罪人在犯罪后认罪态度良好,积极交代犯罪事实,并且有悔罪表现,说明其对自身的犯罪行为认识的较为清楚并且意识到自己行为的危害性。那么,其再实施犯罪的概率会相对较小,刑罚特殊预防的目的就是防止犯罪人再犯罪,既然行为人自身悔悟程度较高,综合各种情节,是可以根据其一贯的态度和悔悟程度,对犯罪人做出较轻的处罚。反之,犯罪人在犯罪后拒不交代犯罪事实,并且不具有悔罪态度,则可以从重处罚。

第五,犯罪的对象及犯罪造成的损害结果。就犯罪对象来说,如果犯罪行为针对的是社会中相对弱势的群体,比如妇女、儿童、老人等群体,则应将此作为一个从重的情节加以考虑;就犯罪造成的损害结果来说,如果犯罪造成的损害结果很大,对被害人及其家属或者社会利益造成的损失很大,则应将此作为从重情节加以考虑,反之,如果犯罪人行为构成某一犯罪,但是并未造成很严重的损害后果，可以在量刑时考虑是否可以判处相对较轻的刑罚。

（3）量刑情节在刑罚立法中的问题及改进措施。第一，量刑情节在法律规定中存在的问题。在我国《刑法》对于法定量刑情节的法条规定中，我们可以看出存在很多的问题。首先，《刑法》对于从轻、减轻、免除处罚等法定量刑情节的分界线规定得很模糊。很多情节，既可以从轻，也可以减轻，甚至可以免除。这在具体适用过程中，很容易造成对个罪具体进行量刑时的混乱。其次，酌定量刑情节只是列举出了几种量刑的类型，《刑法》并未对符合酌定量刑情节时，以什么标准来进行量刑做出具体规定。这给司法裁量者进行量刑带来了很多的困难，同时也增大了司法裁量者的自主裁量权，在某些情况下会造成司法不公的情况。

第二，量刑情节在刑罚立法中的改进。要解决上述刑法立法中量刑情节存在的问题，笔者认为，在刑罚立法中，可以从以下两个方面来进行改进：

一方面，将某些酌定量刑情节上升为法定量刑情节。酌定量刑情节是司法裁量者进行斟酌的具体情况，这是给予司法裁量者的空间。但是，在刑罚立法过程中，某些已经经过司法实践检验的，已经成熟的酌定量刑情节，立法者应上升为法定量刑情节，对量刑标准用法律加以具体规定。将酌定量刑情节法定化，有利于在司法实践中对于量刑情节更好的把握，做到有法律的明文规定，在一定程度上也贯彻了罪刑法定原则以及罪责刑相适应原则，有助于司法公正的实现。

另一方面，将法定量刑情节明确化，标准统一化。针对法定量刑情节规定的界限模糊等问题，在刑罚立法时，应将法定量刑情节的规定进一步明确化，具体化，做到量刑标准的统一化。针对"情节严重""情节极其严重"等模糊字眼，应作明确的规定。什么标准是"情节严重"，什么标准是"情节极其严重"，刑罚立法中都要给予明确规定。并确定一个统一的量刑标准,避免在司法实践中出现量刑标准不一、适用混乱的情况。

2. 以被害人作用为基准的要素分析

本书前面已经讨论了以犯罪和犯罪人为基准的罪刑基准的确立的内容。列举了主观方面以及客观方面的各要素对于罪刑基准的确立的影响和作用。传统的刑法理论对犯罪的研究往往集中在犯罪人、犯罪行为两个方面,在定罪环节还是量刑环节,很重要的依据还是犯罪构成的主客观方面。但无论是以犯罪行为作为罪刑基准的依据,还是以犯罪人的各要素作为犯罪的依据,所考虑和参考的都是加害者一方。犯罪行为是加害人的行为,犯罪人就是加害者本人。但是,在一个犯罪过程中,往往都是加害方和被害方的一种互动过程,在定罪量刑时,仅仅考虑犯罪一方的客观行为和主观责任,而不将被害人一方的客观行为和责任加入定罪量刑的考虑范围之内,也是不科学的。因此,在刑罚立法过程中,被害人在犯罪中的作用是一个不容忽视的问题。在任何有具体被害人的犯罪过程中,犯罪从来都是犯罪人和被害人的互动过程。本质上说,"被害人过错是一种价值否定性行为,且与法益损害结果的产生具有刑法规范上的因果关系,对它的评价直接关系到被告人刑事责任大小、国家对被害人的态度、被害人能否谨慎自我行为,因而需要对被害人过错客观公正的评价。"[1] 因此,在探讨罪刑基准确立的相关因素时,被害人因素也应加以考虑,并且期待可以被刑罚立法所采纳,在量刑时更多地考虑被害人作用这一因素。

被害人作用,顾名思义,是指在犯罪过程中或者定罪量刑阶段,被害人的行为或者态度对加害人实施犯罪或者对其所采取的量刑轻重所产生的影响。本书将从被害人过错对罪刑基准的影响

---

〔1〕 参见潘庸鲁:《被害人过错认定问题研究》,载《法学论坛》2011年第5期,第156~160页。

和被害人谅解对罪行基准的影响两个方面来探讨以被害人作用为基准的要素分析。

（1）被害人过错要素对罪刑基准的影响。第一，被害人过错的内在含义。对于被害人过错概念，不同的学者有着不同的理解。一种观点认为被害人过错是指被害人因实施了某种行为而促使、诱引、暗示或激惹犯罪人实施了针对自己的犯罪行为，犯罪行为不过是对于被害人"催化""刺激"或者"推动"行为的一种还击或过当反应，其发生恰好是被害人的此类行为在当时的条件下合乎规律的结果。这是从犯罪学的角度来阐述被害人过错。另一种观点则认为：被害人过错即指实施了违法犯罪行为或者违背道德或其他社会规范的行为或过失行为，从而与加害行为的发生之间具有一定直接关系的、被害人应当承担的责任。这是从刑法学的角度对被害人过错所做的阐述。

从犯罪学的角度对被害人过错所下的定义，是将被害人的行为作为犯罪人实施犯罪的主要促进因素，甚至可以理解为被害人的行为是犯罪人实施犯罪的最主要的原因，犯罪人的犯罪行为不过是对被害人先前行为的反应，而被害人的行为被形容成是一个最主要的诱导性因素。从刑法学的角度对被害人过错所下的定义，是将被害人过错看作是被害人由于先前的违法或犯罪行为，而在另一个犯罪构成中，所应承担的责任。笔者认为，将犯罪人实施犯罪行为看作是对被害人行为的反应，是片面的、不科学的。虽然从刑法学的角度所下的定义也存在些许不足之处，但笔者更认同从刑法学角度所下的定义。因此，本书认同第二种观点。

第二，刑罚立法应考虑被害人过错的因素。在刑罚立法过程中，要充分考虑被害人因素对罪刑基准的影响。充分考虑被害人过错因素在量刑中的重要作用，是与罪责刑相适应原则相匹配的。罪责刑相适应原则是刑法的一个基本原则，其主要的核心内涵是刑罚要与犯罪和责任相适应、相匹配。对犯罪人的量刑的轻重是与犯罪人所承担责任的大小相匹配的，犯罪人承担的责任多，对其惩罚要相对重，反之，则相对较轻。在一个具体犯罪中，如果被害人存在过错，其对犯罪结果也要承担一定的责任，这就相当于在归责的问题上，不应只让犯罪人承担结果的全部责任，一部分责任也应归责于有过错的被害人。这在某种程度上，就削弱了犯罪人对犯罪结果所应承担的责任，虽然被害人无需受刑罚处罚，其先前行为也不构成犯罪，但是犯罪人所受刑罚也会相对减轻。

如果被害人存在过错，在刑罚立法中，则要考虑被害人过错这一因素。在量刑时，要根据犯罪人承担责任的削弱，适度减轻对犯罪人的量刑力度。同时在刑罚立法中不应对被害人过错只是作一个笼统的规定，而是要明确被害人过错对量刑的参照标准，使其规范化、精细化。在发生类似案件需要参照被害人过错这一因素进行量刑时，可以有法律法规提供的明确详细的参照标准加以参照。

（2）被害人谅解对罪刑基准的影响。第一，被害人谅解的内涵。刑事法中的被害人谅解，是指被害人或其家属因犯罪人认罪悔罪、退赃退赔、赔偿损失或者其他正当原因，而对犯罪人表示宽恕或者谅解的行为。[1]

在我国的司法实践中，大多数情况下被害人谅解被作为酌定量刑情节而适用于刑罚。但是，被害人谅解作为酌定量刑情节，也存在诸多问题。如被害人谅解作为酌定情节，适用的标准不明确。在司法实践中，关于被害人谅解的适用，并没有一个明确的标准加以规定，导致在适用过程中，出现随意化倾向，司法人员在这一块有很大的自由裁量权，导致相似的案件会有不同的量刑结果的出现，出现司法不公的现象。因此，笔者认为，被害人谅解在我国上升为法定量刑情节是必要的，也是切实可行的。"从必要性

---

[1] 高贵君主编：《〈人民法院量刑指导意见〉〈关于规范量刑程序若干问题的意见〉理解与适用》，中国法制出版社2011年版，第76页。

上看，被害人谅解的法定化能为刑事和解程序提供实体法根据，妥善解决刑事和解在司法实务中存在的部分问题，符合刑罚轻缓化的历史发展趋向。正当的理论根据和'坦白'情节法定化的成功经验，也使得被害人谅解法定化具备了可行性。"[1]

第二，被害人谅解上升为法定量刑情节的必要性。将被害人谅解上升为法定量刑情节，对于实现我国的刑罚轻缓化，具有重要的推动作用。所谓刑罚轻缓化是指刑罚由严厉、残酷向轻缓、人道的方向发展变化的趋向，是一个刑罚理念、刑罚设置、刑罚裁量和刑罚执行等各方面、全方位的动态变化过程。"从历史上看，刑罚轻缓化是人道主义的发展与人权保障的进步的结果，符合人类文明的发展方向；从现实来看，刑罚轻缓化体现了宽严相济的刑事政策，体现了社会和谐和法治进步。"[2]在量刑过程中，某些获得被害人谅解的犯罪行为，在量刑时可以从轻处罚，这也是刑法的谦抑性在刑罚中的体现。

3. 第三者介入因素对罪刑基准的影响

（1）将第三者介入作为罪刑基准因素的合理性。一个行为，判定其是否构成犯罪，主要是从违法性和有责性两个方面来判断的。在归责方面，一般是从行为人的行为与危害结果是否具有因果关系来考量的。如果行为与结果之间具有因果关系，则应将危害后果归责于行为人，这是很好判断的。但在某些特殊情况下，存在第三人介入的情况，会使行为人行为与危害结果之间的因果关系的判断出现困难。

在第三者介入的情况下，即使认定了行为人行为与危害结果之间存在因果关系，行为人的行为构成犯罪，但是在刑罚阶段，笔

---

[1] 参见詹奇玮：《被害人谅解应成为法定量刑情节》，载《黑龙江省政法管理干部学院学报》2017年第1期，第28~31页。

[2] 参见赵秉志、金翼翔：《论刑罚轻缓化的世界背景与中国实践》，载《法律适用》2012年第6期，第7~14页。

者认为,也应将第三人介入这一因素,作为罪刑基准应该考虑的因素之一。在量刑时,判定犯罪人的责任大小,应考虑第三人介入对犯罪结果的作用大小,然后予以排除,真实地还原犯罪人的犯罪行为对犯罪结果的因果关系的大小,然后给予犯罪人最应受的刑罚。

(2)第三人介入因素应在刑罚立法中有所体现。在刑罚立法过程中,首先应将第三人介入纳入衡量罪行基准的要素之中,对第三人介入这一因素在立法上做一个明确、精细的量刑标准。

首先,在刑罚立法中肯定第三人介入行为对罪刑基准的影响,将第三人介入以立法方式明确予以规定。如果立法未给予明确的规定,则会导致立法的不确定与自由裁量权的扩张性相冲突。诚然,司法是需要弹性的,但弹性的司法需要刚性的立法来约束,二者才会相得益彰。

其次,在某一案件确有第三人介入的情形下,法律必须明确规定对第三人介入的参照标准,这个标准可以是一个维度、范围,但必须是存在,如前所述,刑罚立法是一切刑事活动的基石,刑罚立法必须以明确性规定、委任性规定、准用性规定的其中一种来表述这种标准的地位。

最后,刑罚立法在明确第三人介入的参照标准后,应对如何对犯罪人归责以及量刑也作出详细而具体的规定。在第三人介入因素对犯罪结果起的作用大的情况下,犯罪人对犯罪结果所承担的责任也会相应减小,对犯罪人的量刑幅度也要降低。反之,第三人介入对犯罪结果起的作用很微小的情况下,犯罪人对犯罪结果所承担罪责将要加重,量刑幅度也会偏高。但是本书讲述的这种情况与司法中的情形是有区别的,本书要求的是立法必须折射法律实践中的需求,侧重于法律对生活的显现,但司法侧重于裁量,故本书支持立法给予概括性的立法,而司法裁量则要求与事实相对应。

4. 对刑罚立法技术上的补充与建议——法律留白技术

上述主要是对量刑情节、被害人作用以及第三人介入等外部客观情况对罪刑基准的影响做了具体的分析,并且对每个因素都在刑罚立法上提出了一些提议与建议。本书的核心内容是刑罚立法的技术,刑法的立法规定模式一般被认为是一个技术性的问题,因为立法如何规定才能够完满,才能够达到与立法意图的一致,这并不关涉立法的思想,也不涉及立法意图的评价,仅是一个立法技术问题。但立法的技术性问题却并不是可以被忽略的,毋宁言,只有立法技术才能够使立法思想得到真正实现,如果没有精湛的立法技术,无论多么深刻的思想,多么良好的意图,多么合理的设计,多么善意的追求,都可能成为止于良好愿望而不能得到实现的单纯追求或者说是奢望。也基于此,立法技术问题绝不是可以被忽略的,没有符合刑法立法要求的立法技术,就难于有合理的刑法立法,在不合理的立法规定之下,法律的公正追求之实现,就是不可能或者说至少是相当困难的。[1] 因此,本书在此对以上这些外部因素在刑罚立法技术上提出一个总体性的补充和建议,笔者认为,在这些因素的刑罚立法技术的应用中,应增加法律留白技术。

(1) 使用法律留白技术的合理性分析。第一,罪刑法定主义中明确性的片面理解导致的立法误区。罪刑法定主义作为刑法的一个基本的原则,无论是刑法立法还是刑罚立法,都不得违背罪刑法定主义,罪刑法定主义在前文也已经有所涉及。在此部分,本书所要讨论的是罪刑法定主义的明确性原则。罪刑法定主义要求定罪量刑都必须有法律条文的明确规定,否则不得定罪处罚。这种情况要求法律规范必须规定得具体明确,因此明确性原则就成了罪刑法定主义的一个派生的原则和要求。诚然,法律规范必

---

[1] 李洁:《遏制重刑:从立法技术开始》,载《吉林大学社会科学学报》2009年第3期,第48页。

须是明确而具体的,不然无法体现法律,尤其是刑法的严谨性和严厉性的特点。但是在实际适用罪刑法定主义的明确性时,很多人甚至立法者对其中明确性的片面的认识,认为法律就是有一说一,绝对不能有任何解释的空间和余地,这是对罪刑法定主义中明确性机械而片面的理解。这就导致了在制定法律规范时,会出现各种问题。由于过度追求明确性,在司法实践中,很多司法解释应运而生,很多学者或者官员对法条中每个不明确的字眼几乎都要求进行确定、明确、具体的解释,不给司法裁量留有合理范围内的自主空间。这使得法官在进行判案时,丧失了法律赋予的合理的自由裁量权,对每一个情节都要在法条书上找到对应,这是不合理的。

因此,要正确地理解罪刑法定主义的明确性,明确性不等于事无巨细,不等于一成不变,不等于任何事情都必须在法律条文中得到阐释。这是机械的、形而上学的。我们要辩证地看待明确性原则,在立法中加以合理的运用。

第二,法律本身的特征决定了使用法律留白的合理性。法律是具有稳定性的。法律的稳定性决定了法律不可能随时进行修改,但是社会生活是不断变化和发展的,任何法律部门领域,都会不断地遇到新情况、新问题。"在人类生活中没有任何东西是静止不动的,这就注定不可能用什么高明的知识,打算颁布一项简单的法规去永远处理每一件事情。"[1]原有的法律可能已经无法解决新出现的情况和矛盾,这就显示出了法律的滞后性。立法是一个复杂的过程,其需要严格依照具体的程序,而不是随时随刻都可以对其进行修改、废止或者扩充。在遇到新的情况和问题时,时刻都要借助法律进行修改来解决这些问题和矛盾是不切实际的。在刑罚领域,随着社会的不断发展,对犯罪和刑法研究的不断深入,

---

[1] 法学教材编辑部《西方法律思想史》编写组编:《西方法律思想史资料选编》,北京大学出版社1983年版,第16页。

对量刑有影响的因素还会不断地增加。就如本书所讨论的量刑情节、被害人作用以及第三人介入等因素对于罪刑基准较为非传统的量刑情节一样，日后肯定有更多因素的出现，这些新的情况和问题，单纯依靠立法者来修改法律是不现实的，因此，法律需要保留一定的空白，而不是事无巨细，全都大包大揽。

第三，立法者自身的局限性决定了立法不可能尽善尽美。"我们是人，不是神，无论何时，我们试图用不给官员留下特殊情况下的自由裁量权的一般标准，去清晰地、预先地调解某些领域，都会遇到两种不利条件，这是人类、也是立法者所不能摆脱的困境。其一是我们对事实的相对无知；其二是我们对目的的相对模糊"[1]。这句话告诉我们，立法者在法律规范的制定中处于较高的地位，但是，立法者终究是普通意义上的人类。立法者在制定法律时，虽然要具有一定的预测性，预测一定时期内可能会发生的一些情况和问题，在法律中加以规定，以避免无法可依的情况。在我国这样一个人口大国，幅员辽阔，民族众多，刑罚立法所面对的情况是无比复杂的，不可能要求立法者将所有的情形都罗列在法律规范之中，这是不现实的。每时每刻都有新的犯罪事实、犯罪手段、犯罪因素出现，刑罚法律规范也不可能将所有可能出现的情节都一一包括、一一罗列，正是无限多样的犯罪现实决定了立法技术上的不可能穷尽性结果。

而且，立法者自身的价值观念也会对刑罚立法产生影响。立法主体作为人类，在进行立法活动时，势必会受到自己的价值观念的影响。立法者不可能完全摒弃自己的价值观念去制定法律规范，只能保持一个相对客观、理性的价值态度，不存在不受主观影响的完全的客观状态。因此，立法者所制定出的法律法规必然受到其主观价值观的影响。

---

[1] [英]哈特：《法律的概念》，张文显等译，中国大百科全书出版社1996年版，第128页。

最后，立法者的能力可能良莠不齐，不能保证每个立法者都是优秀的立法者，可能有的法律规范在某种程度上不能满足良法的条件，所以过度追求立法的刚性和法律规范的绝对的具体明确，是不科学的，法律有必要留有一定的空白空间。

第四，给予司法裁量权一定的空间的要求。法律规范在一定程度上具有约束公权力的作用，刑罚法律规范也是如此。刑罚法律规范在一定程度上约束着司法机关的自由裁量权，但约束并不意味着剥夺。司法机关在刑罚量刑时，必须具有一定的自由裁量权。司法机关是法律规范与具体案件之间的桥梁和纽带，刑罚法律规范依赖司法机关加以适用，实际的刑事案件需要司法机关进行解决，司法机关在刑罚适用中的作用是无可替代和不可忽视的。如果不给予司法机关对刑罚的自由裁量权，司法机关在判案量刑时仅仅只能机械地进行三段论式的推理，法律规范是大前提，案件事实是小前提，最终得到结果，即量刑结果。这样很多复杂的案件是无法进行解决的，即使表面看似已经解决，但细节经不起推敲。而且，如果司法机关丧失自由裁量权，长此以往，司法机关则丧失主动性，很多情形只需死板地按照法律规范的规定，而不会再发挥自己的主观能动作用，这对刑罚和量刑的整个环节都是非常不利的。因此，法律应保有空白，给予司法机关行使自由自由裁量权的空间。立法虽然是刚性的，但是也需要司法的自由裁量的弹性来中和。

（2）法律解释的存在空间。第一，立法解释存在的必要性及其与法律留白的相互作用。在立法中，立法解释的作用也是不容忽视的。立法解释是指由制定法律规范的机关对法律规范所作的解释，使法律含义明确化、具体化，完善、补充法律漏洞。立法解释是一种完善补充法律的重要手段，又是介于立法和法律实施之间促进法律实施的一种技术。在刑罚立法中，运用法律留白技术，也是给予立法解释一定的存在空间。立法解释可以弥补法律规范自身的不足,在刑罚规范存在滞后和缺陷时,立法解释可以对其进行补充和修正。立法者作为立法的主体,其更了解自己制定法律时的目的和价值追求,因此在解释法律条文时,更能与立法本身的目标和价值最求趋向一致化。这样,就能使解释后的法律规范能够更好地表达立法者的意图,同时,也能使刑罚法律条文更好地运用在司法实践当中,为疑难案件的解决提供更规范具体的法律条文。

在刑罚立法中,运用法律留白技术,意味着在法律条文中,留有一定的空间和余地,不能也无法做到事无巨细地对每种情况都做出具体的规定。这在一定程度上就赋予了立法解释很大的空间,使立法解释能补足刑罚立法条文自身的不足。立法解释作为一种法律解释的手段,在某种程度上也是促进法律实施的一种技术,这与法律留白技术是相类似的。两者作为一种法律上的技术,都是为了使法律更好地实施,能够在立法和法律运用过程中,使得法律得到更好的出台和实施。两者是相互配合,相得益彰的。

第二,司法解释的存在也有其合理性。立法解释和司法解释都是为了法律更好地实施,而对法律条文进行的解释。但是,笔者看来,立法解释更多地补足法律规范自身的不足,对法律规范自身模糊不清的地方,通过立法解释使其更明确化、具体化;司法解释虽然也有这一方面的作用,但是司法解释更多的是解决在实际的司法实践的环节,法律规范多有不能解决的问题,有赖于司法解释对其进行补充规定。司法解释更多的是结合具体案件、具体问题而做出的解释,更具实践性。

因此,必须给予司法解释一定的存在空间。上文也提到过,司法机关是法律规范与具体案件之间的纽带,而且司法机关需要一定的自主裁量权。在具体的案件的裁定中,司法机关对法律规范本身没有规定得十分清楚或者没有规定的地方,可以通过具体的案件事实等对其做出司法解释,以解决棘手的案件。

（3）多制定委任性规范，而非明确性规范。既然在刑罚立法中需要用到法律留白技术，那么法律留白技术在刑罚立法的法律条文上必然要有所体现。笔者在此认为，在刑罚法律条文中增设一些委任性规范是十分必要的。

委任性规范和明确性规范是法律规范根据内容的明确程度而做的两种不同的分类。委任性规范是指没有直接确定行为规则的内容而委托某一专门机关加以确定，准用性规范某一部分规定得并不具体，而准许引用其他的法规。明确性规范则是指法律规范本身对行为规则的内容已经规定得十分具体明确，无需其他机关再专门加以规定的法规。在上一条建议中已经提到刑罚立法需要用到法律留白技术，给予法律规范一定的空间和弹力，而不是用极其刚性的手段对每项内容都事无巨细地加以规定。要达到法律留白技术的要求，笔者认为，就要在刑罚立法上，多制定委任性的条例，在某些地方，不对其进行明确刚性的规定，而是在立法上，通过委任性条例的制定，委托授权其他主体对其做进一步的规定。如果立法者在制定刑罚条文时，不保留一些委任性条例，则在司法实践中遇到新的问题时，司法机关无法根据现有的刑罚法律法规来解决这些问题，但又没有权力去作出新的规定和解释来解决这些问题，此时就会陷入一个僵局，案件无法得到解决。反之，在刑罚立法时制定一些委任性条例，如果发生了现有刑罚法律法规无法解决的问题，被授权的主体则可以根据这些法律法规上的委任性条例的授权，作出具体明确的规定，以解决量刑过程中遇到的难题。

因此，在刑罚条文中，应保留一定数量的委任性条例。但是，对于应该在哪些部分和范围内给予一定的空间和弹性，立法者应该仔细地给予考虑和斟酌。在需要立法明确给予规定的地方，必须明确具体作出规定，用立法的刚性加以保证。在情况相对复杂，比如罪行基准的确立这一块，量刑因素众多，并且随时会有新的影响因素,新的疑难案件出现,则需要立法的相对的一点弹性来制定。在这些地方,就需要多加运用委任性条例,委任专门机关,如法院、检察院这些司法机关,来对其作出具体规定。

前述从主观角度和客观角度的分析都具有一定的优势,这些理论、学说都促进了对刑罚基准确立的具象化。以犯罪人为基准的理论分析了犯罪主体的特征,并且结合了犯罪人犯罪时的方式、手段、心理状态等,这些要素很好地解释了犯罪的过程、犯罪结果与刑罚的应当性之间的关系。但是以犯罪人为基础的假设是建立在学者们多年的经验总结上的,犯罪人本身的立场是通过预设得到的,即学者们对长期研究的犯罪人范本做出统计,进而得出符合学术标准的理想化犯罪人形象。因此范本本身掺杂了各种犯罪人的主客观要件,所以此种模式并不能严格界定哪些要素是主观的、哪些要素是客观的,同时也没有区分这些要素在刑罚确立时的地位。这些要素的综合相对其他几种范本显得比较冗杂且封闭。以外部客观情况为基准解决了以犯罪人为视角带来的封闭化问题,另外,以外部条件为视角很好地解决了不同种类犯罪的突发性问题,这使得衡量罪行基准的要素丰富了起来。不过这种视角仍然存在其弊端,这类视角过分注重犯罪的外部环境而忽略了犯罪本身的特质,虽然其很好地解决了犯罪中的突发状况与刑的关系,但是其偏向于犯罪主体事实以外的要素,容易导致罪刑认定的偏差。综上,以犯罪客观要素与主观要素特性所做的分析比较适合一般犯罪的特征,这种分析基准保障了普遍、一般的犯罪特性不会被遗漏,同时在审视视角上保持中立无偏差。这种分析方式很好地符合了犯罪与刑罚的一般需求。

三、罪刑对应模式的选择

(一) 罪刑对应模式

1. 绝对对应模式

此种模式要求在犯罪与刑罚之间实现一种量或质的绝对的相称和统一，一般被认为最早起源于原始的"以牙还牙，以眼还眼"的同态复仇，产生于朴素的公正的刑罚理念，即刑罚的轻重要和犯罪的严重程度相适应。罪刑绝对对应模式是报应主义关于刑罚配置的一个重要理论，该理论的内容也是报应主义刑罚的正当理由之一，由康德和黑格尔先描述为：刑罚要和犯罪相均衡（The punishment should fit/match the law）。康德将这一术语解释为，刑罚要和犯罪在量上相适应，称为等量均衡。而黑格尔解释为刑罚和犯罪在价值上的等同，称为等价均衡。康德的等量均衡是建立在绝对平等基础上的绝对正义概念之上的道义报应。刑罚的严重性应和犯罪的严重性对等，用康德的话就是"公正的刑罚在手段上是相等的，刑罚的严重性应当相等于侵害行为的道德严重性"。"如果你诽谤了别人，你就是诽谤了自己；如果你偷了别人的东西，你就是偷了你自己的东西；如果你打了别人，你就是打了你自己；如果你杀了别人，你就是杀了你自己。"这是康德对其等量均衡原则的形象描述。

报应论的杰出代表黑格尔，修正了康德的等量均衡，认为等量均衡近似于同态复仇，以窃还窃，以牙还牙，过分地强调了刑罚在性状和数量上的绝对等同，是不可能实现的。黑格尔认为在犯罪和刑罚之间，绝对的等同，即种的等同是不存在的，只能追求罪和刑之间价值的等同，黑格尔以票据为例进行了解释。黑格尔的等价均衡是指刑罚和犯罪之间内在的等同性，即价值上的等同。

关于这种价值上的等同,黑格尔指出,犯罪对市民社会的危险性是它的严重性的一个规定,也是它的质的规定性之一。

康德和黑格尔的罪刑均衡不论是等价还是等量,都是从刑罚满足于报应正义出发,都要求罪和刑之间的绝对等同,也就是说,与犯罪所对应的刑罚必须是确定的,多或少都有违公正。因此功利主义者将报应主义所建立的绝对对应模式称为"非常刻板的、感情化的复仇原则"。虽然在回应功利主义的批评过程中,报应主义者曾经用古老的希伯来法律的规定对"以眼还眼,以牙还牙"的含义重新进行了解释,认为康德和黑格尔的"以眼还眼,以牙还牙"并不是在强调复仇,而是在强调刑罚的限制条件,即像古老的希伯来法律所理解的,对犯罪人复仇只应限制在"牙"或"眼"的范围内,不许超过限度。但这种解释是非常勉强的,与康德和黑格尔阐述其报应理论时的背景不符。报应主义的罪刑均衡过于强调刑罚应该与犯罪的严重性相适应,事实上,这种理想化了的罪与刑的绝对等同,是不可能真正达到的。这种刻板的、理想化的罪刑对应模式必将被新的理论所代替。

2. 比例对应模式

报应主义从绝对正义理念出发,强调罪刑之间绝对的等同的理论,遭到了功利主义者的强烈批判,被功利主义指斥为"过时的、刻板的理论"。但这并不意味着功利主义否定罪和刑之间的量比关系在刑罚配置中重要性,恰恰相反,罪刑量比关系在功利主义理论中也占有相当重要的地位,只不过,功利主义不认为它是刑罚的依据。功利主义的罪刑量比关系和报应主义的相比,存在着很大的不同。第一点区别在于功利主义强调比例对应,只要重罪重罚,轻罪轻罚,保持适当的比例,罪刑之间就达到均衡了,罪刑之间不是也不可能是绝对的对应;第二点区别在于功利主义的罪刑量比关系建立的根据是功利,也就是罪刑量比关系如何确定才能够最大限度地达到预期的刑罚的效果,而不是最大限度地满足正义。功利论的鼻祖柏拉图的"正义不应该被理解为数量的平等,而是比例的平等",亚里士多德的"盗窃:杀人=一年徒刑:终身监禁"以及近代的孟德斯鸠的"防止大罪应该多于防止小罪"等都是功利主义刑罚配量的金科玉律。

对罪刑比例对应模式做出详细阐述的是贝卡里亚和边沁。贝卡里亚将自然科学领域中的牛顿万有引力定律引入刑罚研究中,将刑罚作为阻止犯罪这一万有引力的政治阻力。他认为,遭受侵害的福利愈重要,犯罪的动机愈强烈,阻止人们犯罪的阻力也就应当愈强大。如果对两种不同程度的侵犯社会的犯罪处以同等的刑罚,那么人们就找不到更有力的手段去制止实施能带来较大好处的较大犯罪了。因此,要根据罪行的轻重和刑罚的轻重建立一个罪刑阶梯,其中直接破坏社会存在本身的行为,便是它的最高阶梯,一切可能产生的侵害个人权利的无关紧要的行为便是它的最低阶梯。在这两端中间,由上到下排列着一切违反公共福利的犯罪行为——由最重的一直到最轻微的犯罪行为,相应地应该有一个由最重到最轻的刑罚阶梯。贝卡里亚认为,"英明的立法者,只能定出基本原则,而又不违反规定的制度即对最重的罪判处相当于最轻的罪的刑罚就够了。"贝卡里亚将其描述为"刑罚与犯罪的比例均衡"(The punishment should be fair proportionate to the offence)。可见,贝卡里亚的罪刑均衡已不再是强调罪和刑之间的绝对等同,罪刑均衡作为确定罪刑量比的一个原则,只要求与犯罪求得公平意义上的比例均衡就够了,甚至低到只要不是最重的罪受到最轻的刑罚处罚就够了。

贝卡里亚认为,犯罪的严重性也就是它的社会危害性,"我们已经看到,什么是衡量犯罪的真正标尺,即犯罪对社会的危害。"所谓犯罪对社会的危害,是指犯罪对公共利益的危害。犯罪对公共利益的危害越大,促使人们犯罪的力量越强大,制止人们犯罪的手段就应该越大。因此,罪刑对应首先是指犯罪的社会危害性与刑罚的强度相适应，犯罪的社会危害性越大，刑罚就应越重，反之刑罚就越轻。

罪刑对应还应包括刑罚和犯罪的性质相对称，"刑罚应尽量符合犯罪的本性"，对于侵犯人身权的犯罪，无疑应受身体刑的处罚；对财产性犯罪，应处以财产刑。贝卡里亚指出，刑罚与犯罪的均衡，"不但应该从强度上与犯罪相称，也应从实施刑罚的方式上与犯罪相对称。"贝卡里亚的罪刑对应完全从刑罚可能产生的效用上去考虑，与康德和黑格尔的罪刑对应的出发点有很大差别。

边沁发展了贝卡里亚的罪刑对应模式，从功利主义的苦乐算计出发，对罪刑对应模式进行了系统的解释。他认为罪刑对应原则的实现要遵循以下五个规则：其一，刑罚之苦必须超过犯罪之利。其二，刑罚的确定性越小，其严厉性就应该越大。刑罚越确定，所需严厉性越小。其三，当两个罪刑相联系时，严重之罪应适应严厉之刑，从而使罪犯有可能在较轻阶段停止犯罪。其四，罪行越重，适用严厉之刑以减少其发生的理由就越充足。其五，不应该对所有罪犯的相同之罪适用相同之刑，必须对可能影响感情的某些情节给予考虑。受刑者的个人状况和感受不同，对刑罚的轻重的理解程度各异，罪刑对应也应考虑这些因素。边沁指出，罪刑相称不应该是数学化的相称，应当避免法律的过分细微、复杂和模糊，简洁与明确应当是更重要的价值。有时，为了赋予刑罚更引人注目的效果，为了更好地鼓励人们对预备犯罪之恶的憎恨，可能会牺牲彻底的相称性。边沁的罪刑均衡完全建立在他的功利主义的苦乐计算公式基础上，在罪刑均衡原则和刑罚的满足功利需要之间发生矛盾时，边沁选择的是满足功利需要。

报应主义从刑罚维护正义出发，功利主义从刑罚功用出发，分别主张罪与刑的对应。报应主义的罪刑对应模式要求刑和罪之间的绝对相等，而功利主义的罪刑对应模式强调刑和罪之间的比例对应，以是否能用最小的代价、最大限度地发挥刑罚的效用作为是否对应的标准。

3. 折中对应模式

报应主义的罪刑对应建立在纯粹的报应基础上，而功利主义的罪刑对应却又走向了另外一个极端，建立在纯粹的功利基础上，这在折中理论者看来，都不是真正的罪刑均衡。莫里斯批评了康德和黑格尔的报应主义过分地强调犯罪与刑罚之间的绝对等同，过于刻板，功利主义的罪刑对应片面强调刑罚的效果，不能做到真正的均衡，由此提出了混合理论的罪刑对应模式。莫里斯认为，刑罚应该根据其应受谴责的程度设置一定的上下限度，这样刑罚的强度就不是刻板的，而且可以根据预防犯罪的功利之需在刑罚的限度内进行选择。这样，刑罚既可以满足正义又可兼顾功利之需，这才是罪刑对应原则的应有之义。折中论的另一个杰出代表赫希，也从刑罚应兼顾正义和功利之需出发，提出了他的罪刑均衡理论。赫希认为，要达到罪刑均衡，必须达到以下三项要求：刑罚的轻重幅度与犯罪的严重性程度幅度可以做到大致相应；刑罚的轻重顺序可以与犯罪的相对的轻重次序相适应；应受同样的谴责的犯罪行为应同样地受到惩罚，当罪犯被定为具有同等严重性之罪时，他们所受到的刑罚也应是同等严厉的，除非有特别的因素。这到了这三项要求，刑罚还不可以彻底实现与犯罪相当，只有在判决前有适用此刑罚能够达到预防犯罪的初步效果的情况下，才真正实现了罪刑相称。上述两个折中论者的罪刑对应模式的理论，既不是报应主义的罪刑绝对对应，也不是功利主义的罪刑相对对应模式，而是对它们的理论进行了发展。

4. 个别化对应模式

近代刑事实证学派认为，罪刑对应将刑罚看作是"一种针对犯罪结果而采取的措施，而没有触及犯罪的原因和根源"。实证学派从犯罪原因入手，指出犯罪人之所以犯罪，是由于生理、心理疾病或社会原因，应该针对不同的犯罪人对症下药。因此，为了真正能够实现正义，只能从个别案件的犯罪人的人格上去寻找刑罚轻重的标准。根据犯罪原因的不同，划分不同的犯罪人种类，对不同种类的犯罪人适用不同的刑罚标准。"对于天生的或由于疾病引起犯罪的罪犯，不能随便把他们关上一个时期，而应当关到他们能适应正常的社会生活为止。"在减少主义者看来，罪刑均衡强调刑罚的确定性以及罪刑之间的适当的固定的比例，犹如医生对不同病人适用相同的处方一样，是非常荒唐的。

减少主义从过去的单纯强调刑罚和犯罪之间的关系，转化为强调犯罪人和刑罚的关系，是理论的进步，但又走向另一个极端。犯罪的严重程度和犯罪人的人身危险性，通常情况下是成正比的，但是如果两个罪的严重程度相当，对两个罪的犯罪人应如何确定其轻重，单纯地强调刑罚与犯罪的严重程度相适应的罪刑均衡理论就不能提供一个统一的标准。但如果一味地强调刑罚的轻重要和犯罪人的人身危险性相一致，那么就难免会出现对于重罪和轻罪判处同样刑罚的情况，这与刑罚的基本价值——正义价值相去甚远。刑罚个别化理论，强调对犯罪人的个别预防，具有非常重要的现实意义，矫治刑和回归刑至今仍是刑罚的主流，足以说明个别化原则对刑罚实践的重要影响。但是，强调刑罚和犯罪人的人身危险性相适应的刑罚个别化原则和强调刑罚和犯罪的危害性相适应的罪刑均衡原则之间到底是什么关系呢？我国刑法学界存在着很大的分歧，有必要澄清。

（二）罪刑均衡原则与刑罚个别化原则关系之争论

虽然罪刑均衡原则与刑罚个别化原则经过几个世纪的发展，从原来的格格不入，到已经可以协调地存在于同一部刑法典中，但是，关于二者的关系究竟该如何表述，这是理论界"共识话语"最少的，一个相当值得讨论的话题。具体而言，关于二者关系的表述，主要有以下几种观点：

马克昌先生认为，刑罚个别化原则是罪刑均衡原则的派生原则，审判机关在量刑时，应当根据犯罪人所犯罪行的社会危害程度和犯罪人的人身危险性大小，在相应的法定刑范围内或以该法定刑为基础，判处适当的刑罚或刑期（也包括因刑事责任轻微而免除刑罚处罚的情况）。曲新久教授认为，刑罚个别化原则与罪刑均衡原则，既有着密切联系，又有着各自的独立性，刑罚个别化既不从属于罪刑相当原则，也并不是罪刑均衡原则的例外，刑罚个别化原则是一项独立的刑法基本原则。何秉松教授认为，刑罚个别化原则是与罪刑均衡相对立的确定罪刑关系的原则，它们之间存在着根本的分歧。罪刑均衡强调刑罚和犯罪行为之间的均衡，而刑罚个别化强调刑罚和犯罪人的人身危险性的关系。主张刑罚个别化原则的近代学派是极力反对古典学派的罪刑均衡原则的，它们根本不是一回事，存在着明显的对立。周振想教授认为，刑罚个别化是建立在罪刑均衡基础上的刑罚个别化，认为刑罚个别化是相对于刑罚一般化而言的，主要是指对犯罪人的人格进行刑罚价值评价，主张刑罚与犯罪人的人身危险性相适应。它是在刑罚一般化基础上的个别化，不能脱离立法所规定的客观的罪刑结构，而且对犯罪人定刑罚是在犯罪的社会危害性的基础上，兼顾犯罪人的人身危险性。陈兴良教授认为，罪刑均衡包括刑罚个别化的内容，罪刑均衡，一方面是指刑罚与已然的犯罪的社会危害性程度相适应，另一方面是指刑罚与未然犯罪的可能性大小相适应。未然犯罪的可能性包括再犯可能性和初犯可能性，也就是犯罪的人身危险性，罪刑均衡原则中所包含的刑罚与犯罪人的人身危险性相适应，就是刑罚个别化的内容。屈学武教授认为应该全盘个别化。这种观点认为，罪刑均衡原则根源于社会报复观念之中，而社会报复是腐朽落后的观念，应该被抛弃。同时，世界性的刑法发展趋势正在由行为中心论转向行为人中心论，这也要求刑罚个别化代替罪刑均衡原则。邱兴隆教授则全盘否定个别化。

这种观点认为刑罚个别化是一种先天不良后天不足的刑罚理念，既无效益可言，也有失公正。

综上所述，除去全盘个别化与全盘否定个别化的观点以外，我国刑法学界对罪刑均衡原则和刑罚个别化原则的关系有以下几种观点：①罪刑均衡原则和刑罚个别化是两个对立的原则；②罪刑均衡原则和刑罚个别化原则是不同的刑罚基本原则，但不存在对立关系；③刑罚个别化原则是罪刑均衡原则的派生原则，是罪刑均衡原则的题中之意；④刑罚个别化是罪刑均衡基础上的个别化，受罪刑均衡的制约。

罪刑均衡与刑罚个别化并行论，并未能揭示二者之间的内在矛盾。依照这种观点，罪刑均衡原则要求的是刑罚与已然犯罪的社会危害性相适应，而刑罚个别化则要求的是刑罚的轻重与未然犯罪的可能性相适应。但是，对于在已然犯罪需要轻刑而预防犯罪需要重刑的情况下，或者已然犯罪需要重刑而预防再犯需要轻刑的情况下，如何同时坚持两个原则这一问题，这种观点无法回答。认为刑罚个别化原则是罪刑均衡原则的派生原则，是罪刑均衡原则的题中之意，从表面上看消除了二者之间的矛盾，但是，两个原则毕竟是两个不同的范畴，有着不同的价值基础。罪刑均衡原则不论怎么发展，其重心还是在于报应观念；而同样，刑罚个别化原则无论怎样发展，其重心还在于预防。以一元的价值观试图涵盖两个追求各异的原则实现所谓统一，只能是一种表面上的统一。况且，二者的范畴也有不同。罪刑均衡原则是横跨罪与刑两大领域，解决罪刑关系之间的桥梁，表现为一种抽象性和概括性，代表着立法者的价值取向；而刑罚个别化仅仅是刑罚领域的概念，是一个具体性的原则，代表着一种实践模式。全盘个别化的观点显然是一种没有原则的极端主义思想。刑罚个别化最初是基于个别预防的思想提出的刑罚适用原则，虽然理论发展到现在，其根据不仅仅是单纯的个别预防，同时兼顾了报应和一般预防的需要，但是，罪刑均衡原则作为奠基于人权保护观念的刑法基本原则，已被大多数国家接受。

（三）系统中心论：罪刑对应模式的最佳选择

罪刑均衡原则和刑罚个别化原则是两个在不同的价值基础上建立起来的原则，因此，二者不可能存在谁完全包容谁的可能。

首先，社会危害性与人身危险性二者在犯罪现象中所处的地位不同：社会危害性是犯罪行为的属性，而人身危险性是犯罪人的属性；社会危害性是已然的犯罪事实的属性，而人身危险性则是未然的犯罪人再次实施犯罪的可能性。从人类社会对犯罪现象由古典学派到实证学派的认识过程看，由"行为到行为人"体现了人类对犯罪现象认识的深化：由社会危害性到人身危险性。对犯罪而言，社会危害性与人身危险性不是同一层面的属性，社会危害性是犯罪现象的外在的行为的属性，而人身危险性则是犯罪现象的内在的行为人的属性。根据马列主义的唯物主义原理，本质是与现象相对的，是事物现象背后的内部矛盾。虽然列宁提出了本质的层次问题，列宁指出："人的思想由现象到本质，由所谓初级本质到二级的本质，不断深化，以至无穷"。列宁说明的并非本质的层次结构，而是由表及里的认识运动的规律。因此，在行文上列宁在初级本质前加上"所谓"二字，表明所谓的初级本质是所谓的二级本质的表现，相对于二级本质来说，它实际上也是现象，这就是本质与现象的相对性问题。就某一具体的认识阶段而言，只有最深的、马克思称之为"最后的"、黑格尔称之为"最高的"、起决定作用的东西或矛盾，才是该事物的本质。所以将犯罪本质认为是社会危害性与人身危险性二个不同层面的东西的统一，是否符合哲学上的本质的定义，值得商榷。实际上，相对于一般社会现象，社会危害性是犯罪的本质；相对于其他有社会危害的现象，人身危险性是犯罪的本质；社会危害性是外在犯罪行为的属性，人身危险性是内在犯罪人的属性，犯罪行为的社会危害性是犯罪人的内在人身危险性的外在表现。从犯罪本质的角度，社会危害性与人身危险性二者难以统一。

其次，作为一门规范法学的刑法学规范的是人外在的行为，对犯罪的研究更重要的是对犯罪行为的研究而不是对犯罪本质的研究，刑法学上的犯罪只能是行为人的行为。刑法作为司法法，其规范的只能是犯罪现象——犯罪人的行为，犯罪本质的研究并不是刑法学的核心。在司法实践中，刑罚与犯罪相均衡只能是与犯罪行为相均衡而不是与现象背后的本质——人身危险性相均衡。纵观当今世界各国的刑法理论与立法实践，无不将犯罪界定为人的行为，这并不是对犯罪的本质的界定，也不是对犯罪的实质定义，但却是规范刑法学的唯一科学的定义。刑法学中无行为则无犯罪，所谓仅指人身危险性的未然的犯罪在刑法学中是不存在的，没有任何行为的人身危险性在刑法学中是不能被称为犯罪的，实际上也不在刑法的调整范围之内。即使是未遂犯罪、犯罪预备也必须以犯罪人的行为为依据来界定。将罪刑均衡中的犯罪理解为社会危害性与人身危险性的统一、行为与行为人的统一，这与规范刑法学的基本属性相矛盾，刑法学中的犯罪只能是犯罪行为。

因此，罪刑均衡的基础理念，在于基于已然客观行为的一般预防，而刑罚个别化的基本理念在于基于未然危险的特殊预防。这两个原则的重要区别在于，罪刑均衡原则更注重宏观上的把握，着眼于犯罪之间的共性一面。而刑罚个别化原则更多的是着眼于各个犯罪之间个性的一面，强调刑罚对个案的公正。罪刑均衡作为刑法的基本原则，其从刑法的高度把握罪刑关系，对刑事立法、刑事司法都具有普遍适用性。虽然刑事立法中也存在着诸如累犯、缓刑、假释、自首、立功等个别化处理的制度安排，但是，这些情况的大前提依然是"凡是此类情况都照此处理"，从根本上说，还是基于相同的法律事实的同等的法律后果。另外，刑罚个别化原则是刑罚适用、刑罚执行乃至刑罚制定的方法论问题，其目的是通过具体案件的情节以及行为人的特点决定刑罚以及处遇，从而促进刑罚适用公正、有效遏制犯罪。作为一种配刑原则，罪刑均衡原则强调的是刑罚的配置对象以类型化的行为为主；而刑罚个别化则是强调量刑的对象是具体时间地点的具体行为，以及在这个具体时间地点实施具体行为的行为人。

但是我们必须注意，其实犯罪现象是一个纷繁复杂的连续体，所以罪刑均衡所强调的"同"与刑罚个别化所强调的"异"是相对的，二者之间不存在绝对的界限。站在同时保护社会利益和个人人权的立场上，透过法律的框架审视二者的关系，恰当可行的选择应该是以"同"为主以"异"为辅的法律反应。一方面，从罪刑均衡的角度看，其中的"罪"包含行为人人身危险性的成分，刑罚个别化已经成为不争的事实；另一方面，从刑罚个别化的角度来看，量刑的基本根据是犯罪行为本身，更是毋庸置疑的。相对于法律规范的制定与实施而言，只有将类型化的行为设定为基本的调控对象，才能进一步在一定的限度内针对行为人的不同情况进行适当的调整。因而，强调"同"的罪刑均衡，永远都统领着刑罚的配置过程。但是一个不可回避的问题在于，这种基本的主从关系下，刑罚个别化的要求一旦膨胀扩张，以至于威胁到罪刑关系中等价报应的主导地位时，刑事司法系统如何迅速意识到这种危险并及时启动某种调控机制，以使罪刑关系维持在一种相对理想的水平上。这就需要根据犯罪构成理论对刑罚个别化范围做出规制。超出这个规制的范围，就是与法相悖。根据犯罪构成系统中心理论，行为与行为人统一于犯罪构成，刑法应当"以行为为核心并结合行为主体的具体情况来解决罪与非罪、此罪与彼罪的界限"。犯罪构成整体性原则，现实生活中客观存在的"犯罪构成事实"这个有机整体，是刑事责任的基础，是定罪量刑的根据。系统要素行为和行为人作为一个相互联系的整体起作用，而每个单独的要素只能从属于犯罪构成这个有机整体，不能单独成为刑事责任的根据。系统中心论强调行为和行为人等构成要件在系统中的从属地位，其离开了这个系统，就会丧失作为系统要素的性能。这样就可以避免过于强调行为人的"危险性"而对其处遇"过分"地个别化，从而抑制刑罚个别化的无限扩张。当然，这是笔者的初步猜想，在二者的关系上，仍需结合刑法的功能与刑罚的正当依据的理论加以确认，这个问题仍有待于进一步研究。

第五章
目的融贯：刑罚立法的反思与评估

党的十八届三中全会指出，我们要推进法治中国建设，强化权力运行制约和监督体系。刑罚权作为国家权力的重要组成部分，其运作主要体现在刑罚的制定、刑罚的裁量、刑罚的执行之中。刑罚作为最严厉的处罚方法，主要以剥夺或部分剥夺公民的财产权利、人身自由或者某种资格为手段，最严重的可剥夺犯罪人的生命。刑罚虽然严厉，但其最终目的还是对公民合法权益的保护。刑罚权的运作必须限定在一定范围之内，才能有效发挥其功能，真正成为保障公民权利的强大后盾。同时对刑罚权的限制和监督，需要科学的刑罚立法、正确的刑罚实施理念、完备的刑罚运行监督体系以及良好的法治环境。我国对于刑罚立法的研究尚不够成熟，也没有一个完备的刑罚立法技术为其提供科学的立法方法。刑罚立法应当自成体系，有一套立法者不可违背的规则来规范刑罚立法活动的进行。而这一规则的形成需要正确的刑罚实施理念进行引导，所谓刑罚实施理念就是指刑罚实施过程中的相关人员对刑罚运行的心理态度和对刑罚目的的内在看法。[1] 刑罚运行不可能离开人而存在，正确的刑罚实施理念是刑罚科学运行的前提。刑罚运行的三个阶段分别由不同的工作人员进行，他们对于刑罚

---

[1] 这里的相关人员包括：刑罚立法工作者、法院从事刑事审判的法官、检察院检察官、公安机关从事刑事侦查的人员、关注刑罚运行的普通公民等。

目的的理解不尽相同,刑罚在动态运行中出现了目的偏移的现象。那么,这种目的偏移的表现是怎样的?产生这种偏移的原因是什么?我们又应该采用怎样的手段或措施来解决这一问题?下面我们将对此进行详细探讨。

一、刑罚动态运行的目的偏移与刚性流失

刑罚配置是指在刑种与刑罚方法基本确定的前提下,通过对犯罪决定是否应当发动刑罚以及发动刑罚的程度,来使罪刑之间的量度关系得以有效均衡的独立理论范畴。[1] 刑罚配置从阶段上可以细分为立法配置与司法配置两个层次。刑罚的运行是刑罚权得以实现的整个过程,包括刑罚的制定、裁量和执行三个阶段。刑罚配置尽管分为立法、司法配置,但是其只是在立法和司法各自的范围内进行刑罚的发动以及刑罚程度的决定,立法配置与司法配置是不同的机关根据不同的理念进行的,虽然二者有一定的联系,但各自可独立存在,不具有连贯性。刑罚的动态运行,始终以刑罚权的实现为目的,其三个阶段是刑罚权实现的三个步骤,缺一不可,具有一定的连贯性。各阶段的刑罚的有效配置是保障该阶段刑罚权运行的重要手段,如果说刑罚的有效配置是从静态意义上保障刑罚权的实现,那么刑罚的运行则是从动态上来实现刑罚权的具体方式。刑罚动态运行中各阶段实施者对刑罚目的的理解存在差异,致使刑罚目的在此过程中发偏移,刑罚目的的偏移直接导致了刑罚生刑刚性的流失,刑罚刚性是刑罚公正的内在要求,生刑刚性的流失必然导致公众对生刑的信赖难以维持,影响刑罚目的的实现。刑罚目的在动态运行中的偏移主要表现在以

---

〔1〕 蔡一军:《刑罚配置的基础理论研究》,中国法制出版社2011年版,第18页。

下三个方面：

（一）刑罚立法中，刑罚目的的横向整合模式缺乏共识

当前，刑罚目的的多元化发展趋势已经不仅是一种理论需要，更成为一种立法现实。[1] 罪责报应、一般预防、特别预防都在我国刑法中得以体现。如《刑法》第1条规定："为了惩罚犯罪，保护人民，根据……制定本法。"第65条，累犯应当从重处罚；第72条第2款，宣告缓刑，可以根据犯罪情况，同时禁止犯罪分子在缓刑考验期限内从事特定活动，进入特定区域、场所，接触特定的人；第74条，累犯和犯罪集团的首要分子，不适用缓刑等。刑罚目的的多元化发展不仅只在中国得以体现，它已经成为一种刑罚目的理论演进的世界性主流趋势。在美国、德国、瑞典、芬兰、荷兰、英国、俄罗斯等许多国家的刑事立法中，均有此类发展趋势的体现。到目前为止刑罚的目的理论体系至少应当包含以下三个方面：其一，罪责的报应目的。这种理论认为刑罚的目的就是报应，一个人侵害了他人的法益，就应当为此负责，受到与侵害法益程度相对应的惩罚。报应是一种十分古老的观念，作为一种理论形态，它经历了从神意报应到道义报应再到法律报应这样一个演进过程。[2] 罪刑相适应原则要求刑罚的轻重应当与犯罪分子所犯的罪行和承担的刑事责任相适应。报应目的贯穿于刑法之中，为罪刑适应提供对应标准和思想渊源。其二，犯罪的预防目的。这种理论认为，刑罚的目的在于预防犯罪，而非报应。"刑罚不是因为有犯罪才科处，而是为了将来不犯罪。所以，刑罚并不是犯罪的当然结果，而是预防将来犯罪，维护社会利益的手段。

---

[1] 蔡一军：《论刑罚目的理论的多元化趋向与整合范式——以当代西方研究发展为视角》，载《广西社会科学》2011年第2期。

[2] 屈耀伦：《预防与报应：刑罚目的的二元论构建》，载《法学评论》2006年第1期，第33~37页。

所以刑罚的目的不在于犯罪本身，而在于保护社会的实际利益，从而科刑的标准应以是否达到维护实际利益的目的来决定，不是依犯罪的客观现实或罪责的大小来决定。"[1] 犯罪预防又可以分为一般预防和特殊预防，一般预防是为了防止未犯罪的人走上犯罪道路，特殊预防是为了防止犯罪人重新犯罪。其三，关系修复目的。关系修复目的是伴随着恢复性司法的全球化发展而被纳入刑罚目的理论体系的。该理论认为，除犯罪、犯罪人、社会一般人以外，刑罚目的体系还应当将受害人的主体诉求纳入考量范围，重视关系修复目的的达成，并相应地在刑罚适用结果中有所体现。犯罪人是否在犯罪后能够有效赔偿受害人及其家属，并有效达成双方和解，应当成为刑罚适用轻重的重要考量依据。[2]

从上文论述可知，刑罚的动态运行是一种纵向观察，而这种刑罚目的的纵向融贯必然要求一个横向的刑罚目的整合。面对刑罚目的呈现出的多元化发展趋势，各学者均试图以一种学说来实现刑罚目的的体系的横向整合。在西方，目前学界刑罚目的的整合理论有三种范式：其一，报应限制理论。1974年，美国学者莫里斯在其《监禁刑的未来》一书中首次提出了对刑罚适用多元目的进行限制性折中的理论，要求对刑罚适用设立对刑罚严厉性的限制，即由报应目的设立刑罚适用程度的上下限，在此范围内，刑罚最大限度地实现其他各种目的。这一理论迅速得到了许多学者的支持，最终被美国2003年《模范刑法典》，吸纳为刑罚适用目的的主要指导理论。其二，预防限制理论。这一理论由德国学者罗克辛提出，他以一般预防与特殊预防作为核心目的，且认为刑罚的报应目的隐于积极的一般预防之中，因而完全可以用积极的一般

---

[1] 马克昌主编：《刑罚通论》（根据1997年刑法修订），武汉大学出版社1999年版，第54页。

[2] 蔡一军：《论刑罚目的理论的多元化趋向与整合范式——以当代西方研究发展为视角》，载《广西社会科学》2011年第2期，第75~80页。

预防考量代替报应目的。其三，阶段区分理论。阶段区分理论认为刑罚适用过程中应当进行多种不同的目的考量，但由于各自哲学基础不同，刑罚适用诸目的之间的矛盾很难调和，因此试图通过区分刑罚适用的不同阶段，依据各刑罚目的的特性相应地将他们安排于彼此不同的阶段来解决冲突。德国学者亨克尔以及荷恩等对阶段区分理论进行过较为系统的阐释。

在我国有"刑罚目的二元论""刑罚目的层次说""分阶段刑罚目的论"等多种学说。其一，刑罚目的的二元论。陈兴良认为刑罚目的应该是报应与预防的辩证统一，刑罚目的具有二元性，这种理论过于笼统，缺少可操作性。其二，刑罚目的层次说。刑罚目的的层次说有二层次和三层次之分，其中二层次说又可以分为三种：一是"减少犯罪和消灭犯罪二层次说。"这种观点认为我国刑罚目的包含减少犯罪和最终消灭犯罪两个层次，这种观点很显然已经被淘汰；二是"三项内容——两个层次说"，认为刑罚目的分为三项内容，两个层次；三是"根本目的与直接目的的二层次说"，认为刑罚目的可分为根本目的和直接目的两个层次，根本目的是刑罚追求的最终目标，直接目的是具体指导刑罚的制定、适用和执行。三层次说认为刑罚目的包括三个层次：惩罚犯罪、预防犯罪、保护法益。其三，分阶段刑罚目的论。这种理论认为刑罚目的不应仅仅局限于量刑阶段，还应延伸到刑事立法阶段和刑罚执行阶段。我们暂且不分析上述论点的科学性，但无论上述哪种观点，都未能成为学界普遍赞同的观点，刑罚目的的横向整合并未达成共识。

由此可知，刑罚目的呈现多元化发展的状况，学者纷纷提出不同的观点，试图整合刑罚的多元化目的但均未达成共识，在这种情况下，刑罚目的在立法中出现散在化现状。所谓散在化的刑罚立法目的就是指多种刑罚目的共同体现在刑罚立法当中，这些目的之间没有主次之分，缺少统一的体系结构，呈现散乱分布的现象。例如，在我国刑法分则中，大多数都是规定"……的，处……"，以此来规定犯罪的处罚方法和处罚程度，借以告诫社会中的一般公民，是刑罚一般预防目的的体现；另外在刑法分则中也会规定从重、从轻或减轻处罚的情节，多数考虑到犯罪人的人身危险性，这可视为特殊预防在刑法立法中的体现；我国刑法总则关于缓刑、假释、减刑、累犯、从犯等的规定，都是对犯罪人的人身危险性作出的考虑，是刑罚特殊预防目的的体现；整个刑法中的刑罚规定，在一定程度上都是刑罚报应目的的体现；另外，刑事政策虽然不属于刑罚立法的范畴，但却在很大程度上影响刑罚立法活动，随着人们对被害人关注的加强，恢复性司法也受到了重视，刑事和解的刑事政策的提出和实施是刑罚的关系修复目的的具体体现。我国刑法立法中，刑罚目的多样化，但呈现散在化现状，没有一个系统的刑罚目的体系，从刑罚制定之初，就不利于刑罚的动态运行。

刑罚目的的横向整合模式缺乏共识，不仅在立法中的散在化导致结构和体系中的不明朗，在司法实践中产生的问题也影响着司法结果与量刑。审判中的最后的司法裁量结果是公检法等各部门共同作用的结果，但是如果各部门对于刑罚目的的认识没有达成共识和统一，那么最后做出的司法结果将是一个矛盾的结果。刑罚目的多元化目的的整合之重要不仅是在各行政、司法部门间，更重要的是体现在实际办案的行政司法人员的身上。学说的多元性，有的学说之间存在着差异，不同学者秉持着不同的观点，那么不同的办案人员所支持的学说也不尽相同，那么在办案时对于案件的发展与走向的观点也会有所差异，而且这样的差异是客观存在的，无法避免。这样的差异在促进司法改革发展的进程上也许有着积极的作用，但是在落实于具体案件的时候，差异会带来的是司法过程中的不便捷或有所偏差，和司法结果成为一个矛盾的结合体。矛盾是不可避免的，我们要做的是尽量地去整合司法过程中的每个机关、每个参与人员的刑罚目的共识,以达到一个相对公平正义的结果。

(二)刑罚裁量中,刑罚个别化目的难以实现

上文已经提到,刑罚的目的包括罪责报应、犯罪预防、关系修复三类,虽然关系修复目的已经逐步受到了人们的重视,但罪责报应和犯罪预防目的仍然占据主导地位。在刑罚裁量中报应目的得到了很好的体现,主要表现在以下三个方面:其一,在罪刑模式上,与1979年《刑法》相比,1997年《刑法》在立法规定的模式上,基本改变了简约、概括的立法模式,而基本采用了相对细密、具体的立法模式,这无论是在法条的数量上,还是在罪之规定的方式,刑之规定方式等方面都可以得到反映,而罪名数量(由1979年《刑法》的不足200个罪名增加到1997年《刑法》的400余个罪名)是一个比较明显的例证。[1] 罪刑模式规定得过于简约不利于限制法官自由裁量权,而规定得过于细致就很可能降低刑法的合理性。罪刑模式表现在刑罚裁量中,可以科学地指导法官以刑定罪和以罪行定罪,报应目的在此得以很好体现。其二,将多种情节规定于刑法之中,借以实现罪责均衡,为报应程度提供必要的界限。例如,已满14周岁不满18周岁的人犯罪应当从轻或减轻处罚;又聋又哑的人或者盲人犯罪,可以从轻、减轻或者免除处罚;累犯应当从重处罚;正当防卫明显超过必要限度造成重大损害的应当减轻或者免除处罚,除此之外还有自首、坦白、立功等。其三,量刑中除了法定情节之外还考虑多种酌定情节。一般认为,酌定情节包括犯罪动机、犯罪手段、犯罪的时间地点、犯罪结果、犯罪对象、犯罪分子的一贯表现、犯罪后的态度、被害人的申请等方面。例如,赔偿被害人损失、退赃、被害人过错、

---

[1] 李洁:《罪与刑立法规定模式》,北京大学出版社2008年版,第3页。

犯罪动机、初犯偶犯、与被害人关系、犯罪人一贯表现、被害人宽恕等。

但是，我国刑法对于预防目的缺乏必要的关照，其最主要的表现就是对犯罪人人格问题缺乏适当的考量。我们知道刑罚的预防目的可以分为一般预防和特殊预防，而犯罪人人格测评属于特殊预防的范畴。不同的领域对人格有不同的界定，哲学领域认为人格是真实的有理性的个人的本性，社会学领域认为人格是决定人在社会中角色和地位的一切特性的综合，心理学领域有人认为人格是个体内部那些决定个人对其环境独特顺应方式的身心系统的动力结构。鉴于特殊预防目的的需要，人格是人在社会生活中，与自然环境相互作用而形成的一种内在的心理品格，是人的世界观、价值观、人生观、个人需求、兴趣、态度、气质、性格等的有机整合。人格是可以被人们感知的，主要通过人的言语、行为来表现出来。从这个意义上讲，通过对人语言、行为的评测，即可得知一个人的人格现状、人格改变的程度等。由于人格内在心理品格，对人格的测量容易差生误差，另外行为人可能在一定的时间内刻意隐藏，用言语、行为等来表现出一种"伪人格"，因此测量一个不诚实的人的人格存在一定的困难。

日本学者团藤重光认为人的意志是相对自由的，责任的基础除了具体行为之外，还应当考虑行为者背后的人格。大塚仁在团藤重光的理论基础上，进一步深化拓展，首次提出了人格刑法学这一概念，并且初步构建了人格刑法学的理论体系。之后，人格主义思潮被许多外国学者所接受，甚至有些国家已经将其规定于刑事法典之中。例如，《法国刑法典》中规定，法院在法律规定的限度内，依据犯罪情节和罪犯人格，宣告刑罚并规定刑罚制度；《日本刑法典》第248条规定，根据犯人的性格、年龄及境遇、犯罪的轻重及犯罪后的情况以决定是否提起公诉；《意大利刑法典》规定，法官在适用刑罚时，既要考虑犯罪行为之情状，也要考虑犯罪人的犯罪倾向。在我国，罪刑相适应原则要求刑罚的轻重，应当与犯罪分子所犯罪刑和承担的刑事责任相适应。虽然，并没有明确把行为人的人格对刑罚裁量应起的重要作用规定出来，只是着重强调罪刑和刑事责任等客观要素，但我国在定罪量刑时一直注重主客观相统一，人格理论在我国刑法和刑事司法实践中都有所体现。比如，《刑法》中规定了坦白、立功、自首、犯罪中止、累犯等法定情节，这实际上是对犯罪人人身危险性的一个评估，也是对犯罪人人格的考量，而这些情节在刑事司法实践中也得以体现。除了法定情节之外，还有酌定情节，法官在审理案件时，有时候会考虑犯罪嫌疑人在法庭上的表现、悔罪态度、罪前罪后表现，以最终裁定刑罚，这实际上从一个侧面反映出量刑中对犯罪人人格的考量。

本书认为人格因素在我国已经影响了我国的刑事司法实践是一个不争的事实，然而我们并没有一个体系的任何考核标准，仅仅依靠犯罪人犯罪前、犯罪时、犯罪后言语、行为的外在表现很难推测这个人是否真的悔改，是否因为这件事情的影响发生人格变化。一个人他实施了犯罪行为，那么他的人格很可能就是有缺陷的，这种人格上的缺陷可能在平时的生活中并没有表现出来，因此，单纯地考虑行为人的一贯表现是不能判断他的人格状况的。至于在刑罚裁量中如何去考量一个人的人格，应当建立一套科学、专业的人格评估系统。我们在量刑时，一直在强调行为人的社会危害性和人身危险性，对社会危害性根据行为对社会造成的客观损害程度进行衡量，有一套相对完备的衡量标准，例如我国的量刑指南、轻重伤害量刑标准等。而人身危险性仅仅考虑犯罪人犯罪前后的外在表现，多数依赖的是法官的判案经验，很少对其人格进行客观的系统测评，这种缺乏显然不能满足刑罚融贯目的的要求，会导致重社会危害性、轻再犯危险性现象的出现。

再说，刑罚目的体系中的关系修复的目的，上文提到过，关系修复主要指的是被害人主体诉求是否得到相应的满足。关系修复在刑法目的体系中虽然属于一个较新的理论观点,但是在司法的理论和实践中都有着很重要的地位。在司法案件中,传统的自然犯都是有受害的对象的,就是受害人,犯罪人就是侵害了受害人的权益而犯罪的,犯罪人与受害人的关系的破裂是一切司法过程的起源。由于传统司法和刑罚中并不重视这一部分关系的修复,直到今天还没有完整的立法来规范这个关系修复的程度,和关系修复对于罪犯定罪量刑的影响,刑罚所规定的不过是在罪犯对受害人或其家属进行经济补偿或是赔礼道歉等人身性行为这些方面进行考量,酌定对罪犯最后的定罪量刑进行减轻,并无精确的法律规范对其进行控制。罪的定性在犯罪完成时已经就存在了,之后如何补救挽回是不会造成对罪的定性的改变,然而罪犯与被害人之间的关系修复,从案发到最后法院审判的过程中是可以得到一定修复的,并且其对于量刑的重要性不比罪的定性轻。如果在立法中,将罪犯能够积极修补与被害人关系作为法定的一个定罪量刑的标准,或是对罪犯执行刑罚的参考标准,笔者相信,这更有利于刑罚目的的实现,有利于对罪犯进行教育改造,并使其从内心进行忏悔,进而减轻犯罪人的社会危害性,减小再犯的危险。

(三)刑罚执行中,刑罚刚性出现严重流失

刑罚刚性,是指从刑罚制定到刑罚执行这一整体过程中,维持刑罚严厉的完整性,从而保证罪刑法定原则的有效实施。[1] 刑罚刚性是刑罚公正实现的必要条件和内在要求。刑罚公正就是刑罚正义,我们一直在强调实体正义和程序正义,我们研究了很多关于限制法官自由裁量权以实现司法公正,这些大多数都是立法、定罪、量刑方面的,而很少有人关注行刑的公正性。这实际上就

---

〔1〕 蔡一军:《论刑阶动态衔接中的刑罚刚性》,载《内蒙古社会科学(汉文版)》2010年第4期,第31~36页。

第五章 目的融贯：刑罚立法的反思与评估

是我们把目光都集中在了定罪量刑方面，而忽略了刑罚执行中刑罚正义的实现。刑罚刚性的维持，有助于增强公民对刑罚权威性的认同感，树立刑罚威严，促进一般预防和社会防卫目的的实现。刑罚执行中减刑、假释甚至保外就医制度的存在，是刑罚刚性严重流失的重要原因。

我国《刑法》第 78 条规定，被判处管制、拘役、有期徒刑、无期徒刑的犯罪分子，在执行期间，如果认真遵守监规，接受教育改造，确有悔改表现的，或者有立功表现的，可以减刑；有重大立功表现的应当减刑。之后又规定了各刑种减刑之后的最低执行期限，例如，管制、拘役、有期徒刑的，不能少于原判刑期的二分之一；无期徒刑不能少于 13 年；死缓转为无期徒刑的不能少于 25 年，死缓减为 25 年有期徒刑的不能少于 20 年等。本条的前半部分规定了减刑的条件，后半部分规定了减刑后各个刑种的最低执行刑期，后半部分实际上就是对刑罚刚性的一种维持。《刑法修正案（八）》明确了对判处死刑缓期执行的累犯以及因故意杀人、强奸、抢劫、绑架、放火、爆炸、投放危险物质或者有组织的暴力性犯罪被判处死刑缓期执行的犯罪分子，法院根据犯罪情节、人身危险性等情况，可以在做出裁决的同时决定对其限制减刑。《刑法》第 81 条规定被判处有期徒刑的犯罪分子，执行原判刑期二分之一以上，被判处无期徒刑的犯罪分子，实际执行 13 年以上，如果认真遵守监规，接受教育改造，确有悔改表现，没有再犯罪的危险的，可以假释。对累犯以及因故意杀人、强奸、抢劫、绑架、放火、投放危险物质或者有组织的暴力性犯罪被判处 10 年以上有期徒刑、无期徒刑的犯罪分子，不得假释。我国法律关于暂予监外执行规定了三种情形：身患严重疾病、生活不能自理、怀孕或哺乳期的妇女。另外我国有专门的《保外就医严重疾病范围》，具体规定了符合保外就医的病残情况。不得进行保外就医的情形有三种：累犯以及故意杀人、强奸、抢劫、绑架、放火、爆炸、投放危险物质或者有组织的暴力并犯罪的罪犯,被判处死刑缓期2年执行、无期徒刑或10年以上有期徒刑的,在不可暂予监外执行期间内;暂予监外执行可能有社会危险性的;自伤自残的;不配合治疗的。

从上文罗列的关于减刑、假释在我国《刑法》中的规定可以看出,管制、拘役、有期徒刑的实际执行期限至少是原判刑期的二分之一,无期徒刑的为13年,死缓的为20年或25年。减刑、假释的执行条件都有限制,累犯以及因故意杀人、强奸、抢劫、绑架、放火、爆炸、投放危险物质或者有组织的暴力性犯罪被判处死刑缓期执行的限制减刑,而假释是犯上述罪刑被判处10年以上有期徒刑的不得假释。在缓刑、假释的适用上存在以下三个问题:①实际刑罚执行的最低期限与原判刑期差距过大,致使刑罚刚性流失严重。无期徒刑作为对犯罪人人身自由的永久剥夺,其最低期限仅仅只有13年,这有令人费解之处。比如一个人犯了多种罪名,数罪并罚被判处24年有期徒刑,另外一个人仅仅是一个罪,但是被判处了无期徒刑,这两个人谁造成的社会危害性大?这个问题的答案肯定是后者。但是第一个人在监狱至少服刑12年,而后面一个作为对其人身自由的永久剥夺,可能仅仅13年就出狱,这是一个很不合理的现象。②限制减刑、不准假释的条件限制过于狭隘。除了累犯之外,其他的几个条件都是严重的暴力犯罪,暴力犯罪造成的社会危害是实实在在的,容易被人觉察的,但是有些犯罪虽然没有暴力犯罪的这些特点,但其造成的社会危害要比这些单纯的暴力犯罪还要大。比如,法官的枉法裁判罪,尤其是被媒体大肆宣扬的案件,这种罪造成的社会影响,对公民对法律的信任产生的不良影响,虽然不比故意杀人之类的暴力犯罪那么直观,但其社会危害性不容忽视。③减刑和假释之间的衔接问题。我们一般认为减刑是比假释门槛更低的制度,但是通过上文中对两者刑法规定的了解我们可以知道,如果一个人因为杀人被判处 11 年有期徒刑，此人不可假释，但却可以适用减刑。假释是在执行二分之一之后才可适用，减刑可以减到原来的二分之一，如果我们把此人减刑减到还剩二分之一，那么假释对他来说似乎已经失去了意义，因为他刑罚执行二分之一就可以出狱了。因此假释中关于执行二分之一、13 年的规定不能有效与减刑衔接，存在一定的不合理性。

至于保外就医，它的适用，更加在一定程度上加剧了刑罚刚性的流失。比如，一个人被判处 10 年有期徒刑，减刑还剩 5 年，在监狱服刑 2 年之后符合保外就医的条件准予保外就医，最后 10 年只在监内服刑了 2 年，这是一个很值得我们探讨的问题。通过上文对刑罚执行制度的详细论述，我们可以得知，刑罚制度本身存在的不合理性，必将导致刑罚执行中刑罚刚性的严重流失。在日常生活中，难免会听到有人很无奈地说，"有钱人，判个 10 年、20 年的都无所谓，也就三五年就出来了"，这其实反映的是人们对于刑事司法，对于刑罚的一种不信任。刑罚刚性的流失，必将导致公民对刑罚，乃至对整个法治的怀疑，不利于我国法治建设的顺利进行。归根结底这种刑罚流失的原因是对预防目的的过分强调而忽视了报应目的的实现。一直以来我们一味地在强调监狱矫正、社区矫正，教育改造为主惩罚为辅，这就是我们对报应目的忽视的一个直接体现。

因此，从纵向观察的角度来看，由于刑罚在横向上没有形成一个统一的整合模式，在刑罚裁量中社会危害性轻再犯危险性，在刑罚执行中刑罚刚性严重流失等现象的存在，导致刑罚的公正性在纵向运行中不断偏移，进而影响刑罚公正性的实现，不利于刑罚权威的树立，影响我国的法治建设。那么产生这一现象的原因何在？我们究竟应该采用怎样的手段或方式去解决这一问题？这些自然而然就成为我们研究的重点问题所在。下面我们对此进行详细探讨。

二、刑罚效果，立法预期与国民期待的差异

（一）立法预期、国民预测性是刑罚立法目的的重要内容

1. 刑罚立法目的对于刑罚效果的作用

本书认为，刑罚在一定程度上就是刑事执行，在制定和运用的过程中具有其特定的目的性。广义上理解，刑罚目的就是国家制定、人民法院适用刑罚所期待达成的目的，狭义上是指国家统治阶级意志所要达成的刑罚结果。[1] 刑事法律活动以刑罚活动为核心运行，笔者认为对于刑罚目的的理解应该从国家的角度进行，也就是说以国家对刑罚立法的目的为研究方向。刑罚立法的目的是基于刑罚目的体系中的内在要求所建构的，对于刑罚目的的三种学说：惩罚说、改造说和预防说，笔者在这里进行讨论和研究的主要是预防说，即刑罚的目的就是预防犯罪。在刑罚立法的当下，如果立法工作还是将目光放在刑法目的仅仅是对于犯罪的惩罚上，会对整个的刑罚立法造成不良影响，立法者应该看到对犯罪的预防才是刑罚立法的焦点。那么，一般来讲刑罚立法目的的内容有二：一般预防、特殊预防。从哲学的角度讲，一般预防和特殊预防是既对立又统一的，他们所针对的客体不同是他们最大的差异，一般预防所针对的是潜在的犯罪人，这些人是未曾犯罪的，而特殊预防所针对的客体是已经犯罪的犯罪人。一般预防所期待的是对于潜在犯罪的规范，而特别预防是对再犯的控制，其实从价值追求上看两者间不乏存在共通之处。整个司法的过程中，刑罚的立法最普遍的在于立法的一般预防，通过立法来规范大众行为，一般预防在从立法到执行的过程中有着筛选作用，在进入刑

---

[1] 高宇飞：《刑罚的目的及其实现研究》，载《商》2015年第38期，第253页。

罚裁量与执行阶段后，留下的是就是能被定罪量刑的犯罪，而大多数的潜在犯罪已被一般预防在前些阶段所规范，所以在裁量与执行阶段更重要的是刑罚的特殊预防，对于有较大人身危险性的犯罪人或已被定罪量刑的犯人的惩罚与矫正教育[1]。

刑罚效果可以被理解为刑罚立法的结果，刑罚立法目的促进刑罚效果的实现是由于刑罚前后贯通。从刑罚立法目的内容的角度看，由于一般预防对于刑罚效果的是无意义的，这里只谈特殊预防对刑罚效果的作用。进入刑罚执行之后，刑罚的一个作用就是对于罪犯的改造，从通过刑罚立法规定的减刑、假释等规定中鼓励与改造罪犯的行为和心理，减小罪犯再犯的危险。刑罚立法的结果也不只是惩罚罪犯，监狱对于罪犯的全方面的改造包括了心理矫治和劳动教育等，立法所追求的刑罚效果是罪犯在出监后对于社会危害性的减弱。那么，笔者认为在立法之初所定下的刑罚立法目的与刑罚效果有着紧密的关系，对于刑罚效果的实现起着至关重要的作用。

2. 立法预期与刑罚立法目的的关系

立法预期，在某一层面上讲和立法预测很相似，但又存在着差异。立法预期的含义是立法机关所制定的立法法案在司法实践中是否达到了立法者所预想达到的立法目的。立法预期这一概念的重要意义在于立法者目的与司法实践的平衡，立法者在做出法案制定时对于每一个条文在法律体系中所存在的具体位置应有一个明确的定位以及整个法案在运行以后所产生的具体实践效果有大致的评估，在协调与司法实践所产生的差异中能够将平衡控制在一个较小的范围内，这样对于刑罚效果的实现有重大助益。而立法预测，就是运用一定的科学方法和手段，对立法的发展趋势和

---

[1] 夏伟：《刑罚目的及其规范限制——基于对现代理论的反思》，载《河北科技师范学院学报（社会科学版）》2014年第4期，第44页。

未来状况进行预测[1]。两者都是在立法前期准备的必要环节。立法预期和立法预测在内容上都可以分为两类，一类是短期，一类是中长期的，由于中长期的立法预测在立法准备中愈显重要，对于立法预期来讲中长期的立法预期也比短期的立法预期更有参考价值。可以认为，立法者是整个刑罚立法的体系中的灵魂，代表国家统治阶级的意志，立法所产生的法条与法案更多的只是指示和指引的框架，具体的内容是在运行后立法对于司法实践具体的运用以及刑罚目的实现的多少。立法预期所产生的主要工作重点在于长期的对于司法实践的评估，通过对过往的案件的归纳总结和数据统计评估推断出同类案件的趋势以及预测对未来会发生的案件数量、性质等，通过对评估的分析确定未来长期内立法的方向和确定具体的立法方式方法。由此可见，对于司法实践的大数据统计以及对于未来犯罪走向的预测对立法预期的影响是深远的，在现代科技立法当下，立法预期成为刑罚立法目的不可或缺的重要内容。

3. 国民预测性与刑罚立法目的的关系

国民预测性一般表现为通过对立法的理解安排自己的行为，立法的明确有助于国民对自己的行为有一定的正确认识并能够对法律后果有一定的了解，可以对自己的行为做出更加准确合法而合理的安排。在这里与国民预测性相关更多的是刑罚目的的一般预防，国民对于刑罚的理解并能够根据刑罚所规定不为一定的行为就是对自身行为的一种规范，所强调的是法律对人的指引作用。从法理的角度讲，法律的指引作用，分为可为和勿为两种，一般预防在此处更多规范的是国民在犯罪刑罚面前的勿为这一方面，可为可以被看作是国民的权利，被规定在一个范围内而不用过多

---

[1] 黄晓慧:《构建科学立法预测机制》，载《人民之声》2016年第3期，第20页。

的干预与控制,而超出可为的方式的勿为则是刑罚立法所重点关注与限制的。所谓勿为即不当为,在刑罚立法的目的中,让国民明确知晓刑罚后果是十分重要的,不仅对国民有威慑的作用,而且能够帮助国民对犯罪与刑罚进行理解并对自身行为做自我内在评估。这与立法预期的评估存在着不同,国民的预测性强调的是国民自我内在评估,是微观的,而立法预期站在宏观的角度对刑罚立法整体的一个外在评估,主体一个是国民而另一个是广义的立法者,两者的评估存在差异,但是两者又互相关联、有机统一地建出一个立法评估体系,与刑罚立法目的有着不可分割的重要关系。

(二) 刑罚效果违背国民预期幅度影响刑罚价值的体现

由于立法本身所自有的滞后性和不全面性,刑罚效果违背国民预期的现象存在是很普遍的。刑罚效果违背国民预期幅度影响刑罚价值的体现有如下几个方面展开:

1. 影响刑罚公正性的严苛程度

刑罚的公正性主要包含有正当、公平、平等的含义。从贝卡里亚《犯罪与刑罚》一书中我们可以认识到,神法、自然法与社会契约是产生调整人类行为的道德原则与政治原则的源泉,我们认为的神明公正与自然公正是永恒不变的,但是社会的公正最容易受到侵害,由于社会公正本身的特质并受到"千变万化的社会状态间的关系"的影响,社会公正的公正性是最容易动摇的[1]。刑罚的产生是由"报应说"起源的,所阐释的主要是自然法下犯罪人的"公正"惩罚。但是,在对于非自然法状态下触犯刑法而产生刑罚的情形,刑罚的正当性就不再是自然法下所说的公正了。一切犯罪,包括对个人的犯罪都是在侵犯社会公共利益,对于国

---

[1] 杨正:《刑罚适当与社会公正——基于贝卡利亚的视角》,载《美与时代(城市版)》2017年第5期,第131页。

家的损害。从社会本位出发,刑法的公正性所要保护的是社会利益、国家利益,所以刑罚的正当性、公正性是依赖国家立法机关以合法程序制定的法律通过国家暴力机器维护与保障并得以执行的。在整个司法程序过程中,刑罚的惩罚与改造是最终要到达的地方,是司法初衷的目的归属,公正性在司法的终点显得格外重要。由于司法实践情况的复杂性,有关立法的滞后性、不全面性等给刑罚立法所带来的不良影响往往与国民预测是大相径庭的,国民预测往往是根据现下社会状况的变化而变化,这样刑罚效果与国民预测是存在一定差距的,这导致了刑罚所带来的"公正"并不是真正的公正。以社区矫正为例,社区矫正的这一概念起源于西方的19世纪,是一种刑罚执行模式,我国将社区矫正用于罪行较小的、主观恶性不大的、社会危险性较小的在社区中执行的非监禁刑。从定义上和立法者的原意来讲,社区矫正也是存在着强制性的,是对在社区中服刑的罪犯的规范与矫正,但是司法实践给我们呈现的与立法原意所要达到的效果可谓是相差甚远,司法实践中的社区矫正并没有严格的程序制度,服刑人员并没有进行他们所应进行的改造,社区矫正根本没有切实地落到实处,刑罚的效果荡然无存。然而我们的国民对于社区矫正的预期是很高的,由于时代的进程和国民意识的提高以及文化水平的提升,国民对社区矫正的期待和西方基本无异,由此可以推断此时刑罚立法的公正性也是无处可寻,是无法得到更多的认同的。换一个角度,由于国民的知识水平的日益提高,国民对刑罚所要达到的公正度要求很高,对于每一个细节的公正性的苛责度上升到有史以来最高的点,立法要达到国民心理预期所要到达的公正存在着距离,那么公正性的实际效果并没有立法预期那么到位。

2. 刑罚威慑性减小而达不到立法目的

刑罚的威慑性对于刑罚效果与国民预期幅度的一致性的要求最为严格。试想,如果刑罚的效果和国民预期完全相反何来刑法的

第五章 目的融贯：刑罚立法的反思与评估

震慑，何来对于潜在犯罪的一般预防。从传统刑罚方面讲，刑罚虽主要的内容是惩罚性，但是从刑罚的发展过程中，不论是从立法还是行政上，对于我们普通国民来讲，刑罚更多的是震慑和对于极刑的恐惧心理。那么刑罚威慑性的缺失和减小会体现在以下几个方面：首先，缺失的是国民的对于刑罚立法的信任。刑罚的立法与国民基本的法律常识和生活经验不符，国民由不公所引起的最强烈的感受就是不信任，这种失去的信任并不是一时能够弥补的，在一个长期的过程中会产生各种各样的社会矛盾，社会矛盾的爆发会激化国民心中的不安，将不安和不相信无限地扩大，这不仅是对立法和刑罚的不信任，这还往往会升级到对国家行政的不信任。其次，刑罚威慑性的缺失会引起犯罪的猖獗盛行。对于国民来讲，刑罚效果没有达到他们的预期往往意味着不认可和不确定，想要用刑罚立法来规范国民的行为难度增加，国民对犯罪没有正确的认识而导致无法预测自己的行为后果。刑罚的威慑性的内容主要是与一般预防相关，但是对特殊预防的影响也是存在的。在这里再一次拿社区矫正举例，由于我国对于社区矫正的立法还很不完善，被判处非监禁刑的罪犯在进行社区矫正时往往会发现社区矫正的惩罚力度和对自己的矫正和震慑并不是非常严厉的，他们看似经历了社区矫正以后依旧会抱有侥幸心理而重又踏上犯罪之路，没有达到特殊预防中减少复罪的目的。在监禁刑中刑罚的威慑性的减小也无法对罪犯进行彻底的改造与教育，最突出的表现在于罪犯在监狱内犯罪经验与恶习的交叉感染，这种不良的影响导致罪犯在出狱以后对社会的危害性会不减反增，刑罚所要求的结果和目的没有一项能够达到预期的效果。

3. 对于刑罚严厉性的减弱的现状

刑罚的严厉性是刑罚威慑力的一部分，是相较于违宪制裁、民事制裁、行政制裁而言最严厉的处罚方式，对于刑罚来讲如果失去了严厉性，刑罚将与其他制裁无异不再是刑罚。所谓严厉性是能够真正达到惩戒的效果,从刑罚所规定的财产刑、自由刑和生命刑上,我们不难看出,刑罚的严厉性主要体现在刑罚手段的严厉性上,刑罚制裁的手段之严厉也是刑罚威慑性最直接的体现[1]。刑法严厉性的目的不在于手段有多严厉,主要要求的是通过刑罚的严厉手段,让国民在刑罚惩罚罪犯的时候感受到刑法的威严和对其产生敬畏之心。从奴隶制五刑到封建制五刑再到现行刑法所规定的主刑和附加刑,笔者认为刑罚的严厉性是在逐渐减弱的。古代肉刑的严酷性更为显而易见,而现代刑罚中以自由行刑为主,自由刑在手段上虽不如肉刑严酷,只是对于罪犯自由的限制,手段相较而言比较温和,但是严厉性在罪刑的设定上是没有差异的。我们现行刑罚的立法制度和体系相较古代刑罚体系当然更加完善和体系化,但是由于古代的集权制度,在执行肉刑时的力度和效率是很果断和有力的,社会背景的变化和迁移,现行的刑罚运行过程中把更多关注点放在了人权的保护,很多其他的方面在执行力度和效率上都存在着松懈的状态,这就会造成刑罚的效果不是立法者所最初预期的,也与国民当然认为的有些许差距,严重地导致刑罚严厉性的减弱。但是增加刑罚的严厉性并不是从手段上去增加,刑罚本身就是严厉的,立法者不能随意提高或者加重惩罚的力度,或者堂而皇之地认为应该从重严厉处罚,这样从根本上违背了罪责刑相适应原则和罪刑法定原则,也从根本上破坏了刑法的权威性和严肃性。我们认为,对于刑罚严厉性减弱的问题现状,应该从刑罚执行监管的角度来改善。

4. 所期望达到的关系修复程度的硬化

刑罚目的的实现有一个方面是犯罪人与被害人之间的关系的修复,刑罚立法根据犯罪人与被害人之间不同的关系修复程度,对犯罪人的定罪量刑会有差异。所谓关系修复的目的或是关系修复

---

[1] 田旭、胡筱琳:《刑罚的威慑力与宽和力——从刑罚的目的看刑罚的确定性、及时性和严厉性的关系》,载《长江师范学院学报》2010年第6期,第128~129页。

的程度，取决于我们所谈到的人格评估制度的计量。但是，在立法方面的不完善导致刑罚立法的目的未达到或者刑罚的效果不佳的时候，国民一般认为犯罪人和被害人之间的关系是没有修复的。关系修复所需的不仅是犯罪人应受刑责的惩罚，还需要犯罪人在犯罪后对被害人所受到的打击或是创伤去弥补，是否真的获得被害人的宽容与谅解，同时还有刑罚对犯罪人是否达到了刑法的目的（对犯罪人的严惩与矫正教育）。刑罚作为最严厉的手段与惩治违法犯罪最后底线，如果在刑罚的立法、刑罚的裁量或是刑罚的执行任一阶段没有达到刑罚关系修复的目的，往往会适得其反，关系的修复将会愈加艰难甚至恶化。犯罪人本就是在法律、道德立场上被谴责的人，国民应对国家所定刑罚对犯罪人作用的效果抱有较大的期待，这个期待即是对国家机关的期待，也是对法律的信仰。犯罪人与被害人间的关系如果因为刑罚过程中的问题僵化了，会导致刑罚效果违背了国民预期幅度，那么相反地，刑罚效果违背国民预期幅度也会对刑罚目的的关系修复有所影响，影响刑罚的价值。影响在整个的刑罚体系中都是互相存在的，作为一个完整的法律体系，最重要的就是平衡各个方式与目的之间的不同，从而最大化地实现刑罚的效果、刑罚的价值。

5. 犯罪的预防无法实现刑罚目的

上文详细阐述过有关刑罚的一般预防和特殊预防，能够影响刑罚价值的体现的就是特殊预防的实现，即刑罚对罪犯的改造是否降低了再犯的风险。刑罚的预防是刑罚价值中最重要的价值之一，我们认为，在刑罚最主要的惩罚性价值之后就是刑罚的预防价值。刑罚的存在中，特别是在自由刑中，刑罚的目的往往就是通过限制自由的方式去教育改造罪犯，减小他们在服刑完毕后重新踏上社会时再犯的风险。我们在这里主要探讨的就是最主要的刑罚执行机关——监狱，监狱是帮助刑罚完成刑罚的特殊预防的最重要的场所，监狱主要实行的是自由刑。在监狱对罪犯进行教育改造，是对罪犯从身心上的彻底的教育矫治，监狱在执行刑罚的每个环节都要考虑到罪犯个别化的人格特征。要达到刑罚立法时所要求达到的效果，要从罪犯个别化入手，然而，我国现在大部分的监狱由于各方面指标都未达到标准，只能保持基本的稳定，能够根据罪犯个别化的心理上、人格上的缺陷去进行心理矫治或是教育改造的少之又少。那么，真正能通过服刑来完成刑罚目的的特殊预防的监狱是很少的，而且由于社会上的种种原因，社会对服过刑的人员的接受度很低，他们活在社会的边缘地带，所以他们往往会造成社会隐患，再犯率很高。再犯率高就是未达国民之预期的，刑罚的效果就是未达成的，刑罚效果违背国民预期的幅度，刑罚的特殊预防的目的未实现，那么刑罚的价值就是无法体现的。

国民的预期幅度是刑罚效果的重要衡量标准，国民的预期的完成度间接地决定了刑罚立法的价值体现，我们要关注国民对于刑罚立法的期待要真正地落到实处，从走访到司法审判中立法者、司法者都要善于去听取每一个国民的意见，能够真正地了解到国民之所需、之所求。如若刑罚效果与国民预期幅度大相径庭，社会的维稳将会成为另一个问题，我们致力于在立法、司法、执法环节就使刑罚能够平衡，弥补每一个环节中的不足，平衡刑罚效果与国民期待的天平。

（三）立法效果是否达成关乎刑罚的正当性

刑罚的正当性是刑罚的立身之本，关乎刑罚的法律性、政治性和社会性，本书把刑罚的正当性分为三个部分：制刑的正当性、配刑的正当性和行刑的正当性。接下来就来讨论立法效果是否达成是否对这三个方面都产生影响。

1. 制刑的正当性影响立法效果

立法效果是否达成的判断是司法结果是否与立法者原意和预期相符。制刑的正当性指的是在立法上制定刑罚是否合法，这里的是否合法主要指的是在制刑时程序上的合法。制刑是刑罚的源泉，制刑的正当性关乎刑罚适用和执行的问题，那么是必然对立法效果产生影响的，那么相应地，立法效果是否能够达成也是关乎制刑的正当性的。这就是一因一果的关系，互相制约与影响。

全国人民代表大会及其常务委员会是制刑的主体，也是我们所认为的刑罚的立法者。制刑的正当性应从人民代表大会的正当性开始体现，人民代表大会的组成和选举不是我们所讨论的范围，但是关于制刑程序的合法性是制刑正当性的关键。刑罚的制定是刑法的制定的一部分，制刑的程序应按照《立法法》中之规定。当然，制刑的结果也会关系到刑罚的正当性，即恶法是不是法的问题，笔者对于这个问题的观点是恶法非法。制刑的正当性是一切正当性的源泉，我们要保证源泉的不受污染，通过各种手段技术保证制刑的法案是能够调整社会关系、惩治犯罪的公平正义之法。

2. 配刑的正当性是重要一环

对于配刑的正当性是否会影响立法效果达成，答案肯定是必然的。配刑的问题我们可以与刑法中的罪责刑相统一的原则联系。罪犯所犯之罪的社会危险性和罪犯的主观恶性要与所判之刑相统一，这就是配刑的问题，所谓"轻罪轻判，重罪重判"中的"判"主要指的就是罪犯被指控的罪名应配何种刑罚的问题，配刑过轻会导致"不公"而配刑过重往往会触及人道问题。配刑的正当性不仅是指量刑的刑法适用是否合法，更重要的是罪与刑是否相一致。配刑失去正当性是必然导致罪、刑的不相适应，那么立法效果是很难达成的，立法原意也很难在实践中显现。所以，配刑正当性在整个刑罚过程中处于重要的地位。

司法实践中，完成配刑的机关是法院。法院是一个独立的审判机关，法院的独立性不容置疑，但是法院在庭审的环节中是否能够清晰地认识到犯罪人的人格特性，以作出合法又合理的、适合于犯罪人的判决也是一个有难度的问题。配刑的正当性，不仅仅是以对罪犯的报应为目的，更重要的是对罪犯的特殊预防。如果法院在审判中只是根据法律作出一个司法审判结果，这个结果是没有错的，但是是否合适犯罪人本身值得商榷，这个角度而言配刑的正当性则很难被保证。这里就要谈到后文所提及的人格评估制度，通过人格评估制度，直观了解犯罪人人格上的缺陷和动向，这会使得配刑的正当性得到一定的保证。

3. 着重行刑的正当性是最后的底线

行刑是刑罚过程中的最后一个环节也是最重要的环节，可谓是最后的底线。行刑的结果也能大致等同于立法的实践结果，行刑的正当性当然影响着立法效果的是否达成。行刑的正当性包含两个方面：形式的合法和实质的合法。先说形式的合法，指的是程序上的合法性，这是保证刑罚执行的正当性的根本，而实质的合法与配刑相关，最终能通过正确的量刑对罪犯进行惩罚与改造，这就达到了立法者立法的目的，达成了立法效果。

在以自由刑为主的刑罚体系的当下，监狱是主要的刑罚制刑机关。关于监狱行刑的正当性，监狱本身固然是正当性完成的主体，重要的是监狱对罪犯矫正教育的方式和方法，是否实现了惩罚与改造的平衡，罪犯是否减小再犯的可能。笔者认为，现代监狱的主要职能在于对于罪犯的矫正教育，监狱并不是为了惩罚而惩罚的执行机关，如果只是为了惩罚而存在，那么监狱的职能与孤单肉刑的性质并无区别。自由刑的意义是通过限制犯罪人的自由来让罪犯认识到自己的罪行并能够通过这种方式改造自己，从而降低罪犯自身对于社会的危害性。监狱是刑罚执行的核心机关，保证了监狱中罪犯服刑过程的正当性，就基本能够把握刑罚执行整体的正当性，刑罚的效果才能得以实现。

所以说，当制刑的正当性、配刑的正当性和行刑的正当性对于立法效果的达成都存在着诸多的影响，我们就认为立法效果是否达成关乎刑罚的正当性。立法效果是立法、司法共同作用的结果，刑罚的正当性是刑罚所自有的，两者都是立法者立法所要顾及的，两者的关联性也是必然的，也是永续存在的。

三、刑罚分隔化运行的制度风险

刑罚目的融贯性的缺失的深层次症结在于刑罚的分隔化运行，所谓刑罚的分隔化运行就是指刑罚的制定、裁量、执行分别由不同的国家机关实施。刑罚的分隔化运行是刑罚运行的必然要求，我们不可能让刑罚的制定、裁量、执行机关中的任何一个全部将三者统一实施。刑罚规定于刑法之中，刑法的制定和修改机关是全国人民代表大会及其常务委员会，刑罚的制定机关同样也是全国人民代表大会及其常务委员会；人民法院是审判机关，拥有刑罚的裁量权，但从整个刑事司法程序来看，刑罚裁量也受到检察院、公安机关和辩护律师的影响。法官在进行量刑的时候，必然参照公安机关和检察机关提供的犯罪证据，考虑公安机关和检察机关的量刑建议，也不可能完全忽视辩护律师的辩护意见。实际上我们可以认为，量刑结果是在法院、检察院、公安机关和辩护律师的共同作用下产生的。刑罚最主要的执行机关就是监狱，但是执行刑的变更并非只受监狱一个机关的影响。我国《刑法》第79条规定，对于犯罪分子的减刑，是由执行机关向中级以上人民法院提出减刑建议书。人民法院应当组成合议庭进行审理，对确有悔改表现或者立功事实的，裁定予以减刑。非经法定程序不得减刑。被判处有期徒刑的罪犯减刑、假释，由监狱提出建议，提请罪犯服刑地的中级人民法院裁定。因此，执行刑的变更在一定程度上受法院的影响。故刑罚的分隔化运行主要有以下三种刑罚的制度风险：

（一）主体立场不一导致刑罚价值诉求的动态变化

根据资料显示刑罚纵向的动态运行包括刑罚的制定、刑罚的裁量、刑罚的执行三个阶段。这三个阶段分别由不同的国家机关进行。《刑法》是基本法，我国《立法法》第 7 条规定："全国人民代表大会和全国人民代表大会常务委员会行使国家立法权。全国人民代表大会制定和修改刑事、民事、国家机构的和其他的基本法律。全国人民代表大会常务委员会制定和修改除应当由全国人民代表大会制定的法律以外的其他法律；在全国人民代表大会闭会期间，对全国人民代表大会制定的法律进行部分补充和修改，但是不得同该法律的基本原则相抵触。"我国《宪法》第 128 条规定："中华人民共和国人民法院是国家的审判机关。"只有法院拥有审判权，任何人未经人民法院判决不得被认定有罪。刑罚的裁量虽然受检察机关、公安机关和辩护律师的影响，但其最终决定权还在法院。我国《中华人民共和国监狱法》第 2 条规定："监狱是国家的刑罚执行机关。依照刑法和刑事诉讼法的规定，被判处死刑缓期 2 年执行、无期徒刑、有期徒刑的罪犯，在监狱内执行刑罚。"刑罚的执行机关主要是监狱，除此之外还有法院对死刑立即执行、罚金、没收财产、免除处罚的执行，公安机关对管制、剥夺政治权利、有期徒刑缓刑、拘役以及拘役缓刑的执行，看守所对于在交付执行前，剩余刑期在 1 年以下的有期徒刑罪犯的代执行。在此，我们只讨论制定刑罚的全国人民代表大会及其常务委员会、刑罚裁量中的人民法院、刑罚执行中的监狱。

刑罚动态运行中不同的机关有不同的职业特点，进而决定了不同的立场。全国人大代表并不是一个专门的职务，他是人民选举产生的能够代表民意的一部分人。据统计，十二届全国人大代表中，少数民族代表 409 名，占代表总数的 13.69%，全国 55 个少数民族都有本民族的代表。来自一线的工人、农民代表 401 名，占代表总数的 13.42%,专业技术人员代表 610 名,占代表总数的 20.42%;政党干部代表 1042 名,占代表总数的 34.88%。由此可见,我国政党干部代表在全国人民代表大会中所占的比例仍居首位,虽然说在我国立法权属于全国人民代表大会,全国人民代表大会是国家最高权力机关,但是政府官员、法检系统、政党干部却可以参与立法,这就相当于自己参与制定的法律到最后还是由自己来实施。人大代表多站在维护社会稳定、促进经济发展的立场上去制定法律,刑罚的制定自然也不能例外。在我国,法官出于客观公正的立场审理案件,在案件处理中处于中立的地位。法官处理案件应当保证当事人不论民族、职业、宗教信仰、政治背景、社会地位、财富状况的差别,摒弃个人感情好恶,采用科学合理的措施,确保其中立地位。对于监狱来说,虽然我们一直在强调监狱矫正和罪犯的教育改造,但是监狱稳定才是监狱最重要的考核指标,因此,将罪犯刑罚执行完毕,安安稳稳不出任何事情,成为每一所监狱的最大追求,只有在稳定的基础上才能进行罪犯的教育改造。

在刑罚动态运行中,不同机关的职能在立法与司法中不同,所扮演的角色不同。在刑罚立法上,全国人民代表大会作为立法者,全国人民代表大会的职能就是以一个独立的姿态给予最基本的行为规范准则。立法者是起点,在整个刑罚体系中处于引领者的位置,决定的是整体框架的价值体系,立法者的职能就是平衡各方,制定一个相对公平并能够促进法律进程的法案。而法院作为司法的中心,是审判者,是司法进程的终点,法院是最独立的司法机构,法院的独立性不仅体现在每一个法院相较于外的独立,上下级之间不是领导关系而是监督关系,他的独立性还体现在每一个法官身上,每一个法官独立地对自己所办案件负责,不受任何人的干预。法院作为司法环节中的核心,公平正义是最原始的价值,体现在法院的职能上就是绝对的独立,是公正的审判者。那么监狱就是在刑罚执行中的核心机关,大部分的刑罚就是在监狱中进行的。现在刑罚体系中主要的刑罚方式就是自由刑,自由刑的主要执行场所就是监狱,由于刑罚的目的体系以对罪犯的矫正教育为主,对罪犯进行改造并进行特殊预防,通过劳动、教育学习、心理矫治等减小罪犯的再犯风险。

在刑罚动态运行中,不同的立场产生了不同的刑罚价值诉求。在刑罚立法中,人大代表站在维护社会稳定、促进经济发展的角度,着重追求刑罚的威慑、预防作用。由上文论述可知,在我国刑罚目的呈现多元化发展趋势,而在横向上又缺少一个有效的目的整合体系。立法者受这一缺陷的影响,在进行刑罚立法过程中,有一种过分强调刑罚的预防目的而忽视刑罚的惩罚目的的倾向。在刑罚裁量中,由于法官处于中立地位,其价值诉求则是刑罚公正、正义的实现。公正、正义是刑罚的重要价值目标,法官作为国家刑罚权的唯一发动者,在捍卫刑罚公正、正义上起着举足轻重的作用。法官对于公正、正义的价值诉求,必然导致其重视刑罚的报应目的,进而过少地考虑刑罚的预防目的和关系修复目的。在刑罚执行过程中,由于监狱容纳量有限,犯罪却在源源不断地发生,监狱稳定又是监狱考核的重要指标,虽然我们一直在强调教育改造,但是与监狱稳定相比,监狱自然会选择后者,其最重要的价值诉求就是监狱稳定,而监狱改造在刑罚实际运行中则处于次要地位。另外,随着社区矫正逐步引入我国,刑罚执行中的非渐进化也越来越多地受到人们的重视。

(二) 人格评估技术缺失导致刑罚目的的阶段性偏移

本书认为犯罪源于人性,是人性在现实生活中的一个真实写照。人是社会性与非社会性、理性与非理性、善与恶的结合体,单纯地认为人性的恶才能催生犯罪是片面的,无论人性的善还是恶都能促使犯罪的产生。比如一个人在其至亲即将饿死之时,在公交车上偷了一些钱，买了吃的，我们不能认为这是人性的恶。善与恶本身就存在于社会生活之中，直到人们发现并赋予一定的评价标准。对于一个社会来讲，并没有绝对的善和绝对的恶，善恶都是相对的。由此，每个人都可能实施犯罪，都是潜在的犯罪人，即使是我们传统意义上的"善人"也不例外。犯罪是社会的常态而非病态。我们知道人格是人在与自然环境相互作用之时而形成的内在心理品格，包括人的世界观、价值观、人生观、个人需求、兴趣、态度、气质和性格等。每个人都或多或少地存在一定的人格缺陷，完美意义上的人格是不存在的。一个人犯罪与否在很大程度上取决于其对犯罪心理的控制，这也是我们通常所说的好人与坏人的区别在于好人能把自己的恶念控制住。因此，良好人格的塑造能在很大程度上控制犯罪念想，减少犯罪现象的发生。人格在刑罚的特殊预防目的中占据重要地位，在服刑期间对犯罪人进行人格重塑，对于减少犯罪人的再犯可能性意义重大。当然，我们不得不承认人格重塑是一个很艰难的过程，在监狱中可能更难。

我们在这里先简单介绍一下人格评估制度，在本章最后一节会对人格评估制度的具体内容和建立作详细的阐述。人格评估就是一套科学的，由专业的人格鉴定人员提供专门的服务，对犯罪人在各阶段的人格作出一定评估以作考量的制度。人格评估技术在刑罚裁量、刑罚执行各阶段都要保持统一。目前，我国刑罚立法并没有建立专门的人格评估制度，也没有相应的人格评估技术。我们对于犯罪人的人格考量，多数是从行为人的人身危险性出发，将其作为法定量刑情节规定于刑法之中。比如累犯、坦白、自首、立功和犯罪中止等；在刑罚裁量中，法官除了考虑是否存在法定量刑情节之外，还要考虑酌定情节，对于酌定情节的考量实际上就是法官根据自身的价值判断对犯罪人人格的一次简单评估，而这种简单评估缺少一定的科学性，仅仅是法官的主观评价，这就使刑罚的轻重在一定程度上取决于法官的业务素质，甚至法官的心情；在刑罚执行中，犯罪人的悔改表现、立功或者重大立功，都可以成为减刑、假释的适用条件。我们知道，尽管一个人的人格特征可以通过人的语言和行为来表现出来，但是仅仅依靠法官和监狱执行人员的价值考量，很难实现对其人格的准确评估。这就在一定程度上致使刑罚的特殊预防目的难以实现。

由此可见，人格评估在刑罚目的的实现上占据重要地位，而我国缺少一套统一的人格评估机制。在刑罚制定、裁量和执行过程中，权力运行者都是根据自己的经验和价值判断对犯罪人进行人格测评，这就导致了刑罚目的的阶段性偏移，刑罚目的在刑罚立法、刑罚裁量和刑罚执行中表现出不同的内容。在刑罚立法中，虽然我们给予了刑罚预防目的足够的重视，但是也仅仅局限于一般预防的实现，很少考虑刑罚的特殊预防。这对于减少犯罪、降低累犯发生率从立法上就产生了不良影响。我国立法中并没有人格评估制度的完整体现。在刑罚裁量中，法官多数站在中立的角度，主持正义，对犯罪人人身危险性的考量多数是为了正义的实现，当然也有出于对预防目的的考虑因素存在。这其实在很大程度上就是体现了刑罚的报应目的。在刑罚执行中，刑罚执行人员在维持监狱稳定的前提下，才对罪犯矫正加以考量。总之，在刑罚运行中统一人格评估技术的缺失致使刑罚目的在刑罚立法、刑罚裁量、刑罚执行中表现出不同的内容，在刑罚立法中注重惩罚和预防，在刑罚裁量中注重正义目的的实现，在刑罚执行中注重矫正和效益的实现。

那么，如果人格评估技术能够被统一运用到刑罚立法、刑罚裁量、刑罚执行之中，并能够将前后的评估结果进行对比，那么就能很容易地发现罪犯在前后的人格的变化，有利于减小罪犯的再犯危险。在刑法立法中，人格评估技术可以帮助立法者更加清晰地明确特殊预防的重要性，以及刑罚立法中对罪犯的特殊预防应该如何规定,这样就从根本上减少了罪犯再犯发生的可能性。在刑罚裁量中,法官不仅仅是对犯罪的客观事实作出裁量,还可以直观地通过了解罪犯的人格来对其进行更加全面合适的审理裁判。法官能够通过人格评估制度,将司法结果的各方面做得既合法又合理。在刑罚执行中,刑罚执行机关和人员不再只是在刑罚执行的维稳上下功夫,刑罚执行人员对罪犯人格上的动态变化的重视,能够更有针对性地对罪犯进行教育改造,更好地实现刑罚立法的目的。将人格评估技术融入刑罚立法、刑罚裁量、刑罚执行的每个环节中,让刑罚的体系运作不再被动和抽象,有利于刑罚真正的效益和目的的实现。

(三)制度理念多元导致刑罚执行变更的定位偏差

本书刑罚执行变更主要包括减刑和准予监外执行,准予监外执行又包括假释和保外就医,其中假释实行社区矫正。社区矫正是我国司法体制改革的一项重要举措,是一种非监禁的刑罚执行方法。2011年2月25日十一届全国人民代表大会常务委员会第十九次会议审议通过了《中华人民共和国刑法修正案(八)》,明确规定了对判处管制、缓刑以及假释的罪犯依法实行社区矫正,标志着社区矫正制度在我国的确立。目前,我国拥有大量的社区矫正研究文献,社区矫正人员的帮扶现状大致可以概括为以下几点:经济困难方面的扶助、重新就业方面的扶助、家庭关系方面的扶助、社会适应方面的扶助、心理健康方面的扶助,社区矫正也存在着民众对矫正人员扶持工作的不理解等困境。[1] 我们在此不讨论社区矫正如何去解决其困境,只讨论社区矫正的理念问题。我们知道社区矫正是一种刑罚执行方法,虽然把罪犯放到社区中服刑,但他们依然是罪犯,应该被教育改造。我们必须明确他们在

---

[1] 李光勇:《社区矫正人员帮扶现状、困境与对策调查研究》,载《中国刑事法杂志》2013年第4期,第80~86页。

服刑，从事必要的劳动，在一定范围内限制人身自由，定期进行说服教育改造以及有专业的社区矫正工作人员，这些都是社区矫正的重点所在。我们不是一味地去研究或者去进行经济扶贫、重新就业等，有人甚至强调要为无住处的人员提供住处。从本书的角度来看这是对社矫正理念的一种曲解，社区矫正是在服刑，服刑应该解决的问题就是劳动教育改造，至于就业、扶贫，甚至所谓的解决户口、住处问题，那是服刑结束之后国家社会保障制度的问题，在服刑期间为罪犯解决这些问题，正常的思维都会不理解。犯罪前找不到工作，犯轻罪后国家还能在服刑期间帮忙解决工作问题，这在一定程度上有鼓励人犯罪之嫌。犯罪预防并不是所谓的监狱或者社区矫正就能解决的问题，他需要整个国家、社会共同努力才能实现，监狱和社区矫正只是凤毛麟角。

  从上文论述我们可以知道，刑罚立法者站在社会稳定、经济发展的立场，注重刑罚犯罪预防目的的实现。犯罪预防包括一般预防和特殊预防，由于我国人格评估制度的缺失，其实立法者更为注重的是刑罚的威慑作用，着重强调其一般预防的目的，但并没有完全忽视特殊预防目的。减刑、假释作为一种减免和附条件的减免罪犯服刑期限的方法，是作为对罪犯的一种奖励措施，规定于刑法之中的。对于认真接受教育改造、表现较好、遵守监规等的罪犯可以减刑，这是对服刑人员认真接受监狱改造的一种鼓励，对于重大立功表现的应当减刑，更是在一定程度上鼓励罪犯去积极主动地做一些对社会有意义的事情。在刑罚执行阶段，刑罚执行机关在一定程度上与立法机关将减刑、假释作为一种奖励的理念发生偏差。只要是在监狱里没有违法乱纪现象，不问其是否真的悔改，就对其减刑，刑罚执行机关把减刑当作了罪犯的一种权利。我们一直强调刑罚执行的人道性，禁止打骂罪犯，维护罪犯未被剥夺的权利，再加上刑罚执行机关对效益实现的重视，监狱有限的罪犯容量和源源不断的罪犯被送进监狱，使得其减刑、假释的执行理念发生转变,把奖励曲解成了权利。

由此可知,在刑罚立法和刑罚执行中对减刑、假释存在着多元化的制度理念。在刑罚立法阶段,将减刑、假释作为一种奖励措施,在刑罚执行阶段,将其作为了一种权利。假释之后实行社区矫正,多数学者对社区矫正的理念也存在偏差,一味地强调矫正,而忘记了惩罚,矫正的方式更是解决工作、住宿、贫困等问题,这在很大程度上混淆了社区矫正与社会保障之间的关系。理念是人们长期参与社会活动,在其内心深处形成的一种对事物的内在观念。理念是进行各项工作的心理基础,正确的理念才能够指引人们朝着正确的方向发展。刑罚作为最严厉的处罚方法,其制定、裁量和执行都必须要有一套科学完整的刑罚理念深藏于法律工作者内心之中。刑罚执行中理念发生偏差,尤其是对减刑、假释制度理念的不同理解,导致刑罚执行与刑罚立法的定位偏差。这也是上文我们所讲的刑罚刚性流失的深层次根源,必然影响刑罚公正价值的实现。

四、社会风险增加导致刑的精确度严格化

(一)行政职能不同所带来的冲突导致立法滞后和立法模糊

1. 行政职能不同带来的冲突的表现现状

刑罚立法、司法到执行,经历了各种行政机关和司法机关,在这些国家机关中,司法机关的职能是相对比较单纯的,而行政机关则不然,行政机关由于他们的行政职能的不同,对于刑罚的态度和处理做法也是完全不同的,最严重的会导致对于刑罚所得到的结论不能统一,刑罚效果不佳,立法滞后、立法模糊的现象就会接踵而至。

由于各行政机关之间诉求不同,责任的互相推诿时有存在,这

也是一个古来有之的现象。故此这也是导致立法滞后和模糊最关键的点。在刑罚立法的整个环节会涉及诸多的行政机关,然而,他们每一个行政机关对于自己的职能虽然有的是很明确的,但是每个机关都有自己的利益诉求,互相的诉求的不同所产生的矛盾是致命的,不谈互相的配合仅仅让每一个参与的机关都能够完成自己分内的事务都往往是难以协调的。不能够及时地作出立法解释,或是在修正立法中的错误的时候也不能明确而完善地将其修改,这将法律自有的滞后性的影响又进一步地扩大了。再有就是行政机关在立法中职能的不明确,或者责任推诿的情况所导致的立法的迷糊。行政机关都只是将对自己利好的方面进行了立法总结或是立法建议草案,并没有真正地从一个立法者角度权衡各方去做出一个明智的定夺。立法、司法和最终刑罚的执行所经历的行政机关对于刑罚的理解不尽相同,虽然这是客观事实不可避免的,必然会导致刑罚的目的存在一定的偏差,刑罚效果也会受一定的影响,但必须通过立法将之控制在一个可控的范围内。

行政职能的问题就是社会所固有的风险,是不可避免的,想要规避这样的风险,重点还是提高刑的精确度,也就是让每个机关都能明确自己所要承担的那一部分责任,并将刑的精确度严格化。要将刑的精确度严格化应该设立监督机制和一个详细的监督制度,同时严格化也应设计奖惩制度,规范的框架需要精确到每一个立法、司法的环节。

2. 从死刑角度看这个冲突所带来的问题

谈一个刑罚实践中比较敏感的问题——死刑的执行。根据现行的法律规定,我们国家死刑立即执行的执行单位是法院,法院作为一个单纯的司法机关却在执行刑罚执行机关的职能,拥有着审判者和执法双重身份,这就让人很疑惑了。根据审判中心主义,一个司法机关拥有着裁判者和执行者的双重身份却没有人对其合法性与公平性进行质疑,本书认为,这一定程度上就是一个司法漏洞。有关法院只执行死刑的职能可以追溯到中华人民共和国成立的初期，我国司法行政职能分配还很混乱的时候，由于当时历史环境、政治要求等各种因素的作用，法院拥有了执行死刑的权利。直到1996年《刑事诉讼法》和1997年《刑法》修改的时候，由于政治上的利益和法院行政编制等问题，并没有将法院执行死刑这一职能所存在的问题提出，法院的双重身份也就延续至今。不过，这种双重身份会对法院的司法权的公正产生影响，刑罚的执行权应属刑罚执行机关，法院是单纯的司法机关，为保证法院的司法审判的公正和独立，死刑执行的权利转移给刑罚机关是必须的。刑罚执行的权利、职能不能互相推诿也不能互相争抢，立法应从现实和法理等各方面对刑罚职能作出详细而明确的规定以保证刑罚效果的实现。

（二）社会舆论对于刑罚立法的不良影响

在日新月异的现代社会，网络技术的飞速发展，社会舆论不再是传统上所认为的舆论了，现在的社会舆论通过网络的膨胀往往会给刑罚立法带来很大的压力。对于社会舆论的态度我们首先要明确的是：舆论，特别是网络舆论并不代表着所有国民的意志。这些舆论往往是存在情绪化、不全面等缺点的，对于舆论制造者的目的的正当性我们是无法判断的，舆论只能作为各种社会回声中的一种，不一定是代表着主流大众的。

1. 现代社会舆论所带来的不良影响的现状

社会舆论可以被认为是社会法律监督的一种，是随着社会发展和人们权利意识的增强而产生的。我们一般认为的社会法律监督指的是国家机关以外的社会组织、政治团体、人民群众对执法、司法、守法的督促。社会法律监督是国家法律监督的基础，不直接运用国家权力，社会法律监督的目的在于通过社会组织、政治团体、社会公众对国家机关的执法、司法、守法过程中的不合法行为进行披露,以保证法律实施的合法性。这是一个信息爆炸的时代,新型通信手段也日新月异,人们能够接收的信息量是人类社会以往任何一个时代所无法比拟的。特别是网络环境下的人们每天都被海量信息所冲击,我们也可以从另一个角度认为,现代社会,人们的知情权得到相对全面的保障,但同时也存在着弊端,人们也容易因获取的信息真假难辨而将不客观、不理性、不全面的言论带入网络环境,甚至成为一些始作俑者所利用的工具。较之传统社会的舆论监督,网络环境下社会舆论监督呈现出速成高效性、兼容广泛性、互动炒作性和制约偏差性[1]。除了速成高效性是网络舆论所自有的特征外,兼容广泛性、互动炒作性和制约偏差性共同的问题都缺乏网络的严格监管。所谓兼容广泛性所产生的问题就是,人们针对具体事件发表的评论一般是不需要经过筛选就会被发表在网上的,一般也不会经过把关。而互动炒作性由于缺乏严格监管所产生的问题则更加明显,因为网络环境的开放性和网络观点不可避免地具有不理性性,当一个备受关注的新闻事件出现,由于缺乏严格的监管,媒体为了吸引眼球,追求点击率就会不负责任地夸大,甚至会出现子虚乌有的扭曲报道。至于制约偏差性,缺乏监管的网络环境中很多言论是网民将网络当成发泄情绪的工具而发表的,这些言论往往是扭曲的事实、非理性的言论。他们借助网络环境的透明性,极大地促成了网络暴力的形成。

2. 社会舆论对刑罚影响之深远

根据上文所详述的现代网络环境的现状,缺乏严格监管的网络环境给我们带来的种种不良的影响,社会舆论不仅在一定程度上干扰司法活动的独立运行,影响司法公正,而且还会影响刑罚立法。社会舆论对刑罚立法所产生的消极影响,我们将其概括为以

---

[1] 徐娟:《网络环境下社会舆论监督与司法公正的冲突与协调——以李某某案为例》,载《鄂州大学学报》2014年第5期,第12页。

下几点：首先，有些社会舆论存在非理性，往往会要求个案道德上的公正而放弃法律上的公正。我们清楚地明白道德与法律并不是完全等同的，对于某些个案会作出完全不同的判断，如果我们刑罚立法一味地迁就社会舆论，那就不是法律的立法而是道德的审判了。媒体与网民过度的参与会影响立法者立法的原意，对于立法的公正性等产生巨大的影响。其次，媒体报道的倾向性会影响刑罚立法的独立，前文所提到的过度炒作就是媒体为博人眼球所惯用的手段。媒体对于个别敏感的罪名或是刑罚进行渲染，煽动大众的情绪，给立法机关的立法工作将会带来不小的压力甚至会影响立法机关立法的独立性。还有一点就是，社会舆论的过分关注可能导致同罪异罚，造成形式或是实体上的不公。由于案件的曝光程度不同，在配刑上，法官的裁量受到影响而导致的同罪异罚，究其根本就是媒体对某些特殊案件的过度渲染所致。

3. 对现行立法的影响及对未来的影响

社会舆论对现行立法的影响，我们先从有关死刑的角度进行剖析。死刑的存废之争由来已久，各家对于死刑的存废之争也各有道理。我们在网络上所见的对于死刑的观点大部分是支持的，并且对于强奸罪、拐卖妇女儿童罪等社会比较敏感的罪名，呼声更是高涨。网民在面对有关这些罪名的案件时往往会产生极大的负面情绪，网络将这些负面的情绪聚集、发酵，然后产生极大的网络负面效应甚至网络暴力。这些引起网民热议的罪名，立法者在立法时会面临巨大的压力，特别是当遇到被媒体炒作的社会性案件的时候，我们的立法修改、司法过程、刑罚执行都被推上舆论的风口浪尖，对司法结果和刑罚效果带来了极大的不良影响，我们可以预见，在我们无法用立法去遏制舆论日益猖行的日后，司法与刑罚会越来越艰难。当然，社会舆论不仅会对司法审判过程和刑罚执行这些实践环节产生不良的影响，而且对于刑罚立法会产生更大的不良影响。立法本是一个严肃的过程，立法者是独立的,不能受任何方面的负面影响,但是,现在立法者在立法过程中所要承担的舆论压力之大是极有可能直接影响立法结果的,立法者往往会为了迎合某些声音在立法上作出一些妥协,这就与立法的原意所不符了,即使法案最后被施行了,律法的威信也是减了一半的。

舆论的不良影响不仅是对现行的法律,而且对于即将被制定的也会产生不良的影响。社会舆论态势越来越凶猛的同时,立法者也是最受影响的,他们会对于自己的立法技术产生怀疑,立法者本应处于一个中立的状态中,不受任何负面的影响,立法作为一项严肃而公正的工作有严格的程序和步骤的。故而,社会舆论对刑罚立法产生不良影响时,应从严格网络监管入手,在源头上解决,对那些社会舆论暴力的始作俑者进行严密的监督,这样才能保证不良的社会舆论不会影响我们刑罚立法的进行。

(三) 特殊个案所导致的失衡

近年来,信息化时代的到来,信息的传播速度达到传统信息传播速度的几倍甚至几十倍,信息传播速度的飞速增长使个案对刑罚立法的影响日益扩大。个案的发生到公安的侦查、检察院的审查起诉,再到最后法院的审判,每一个环节公开的案件信息都能以最快的速度到达互联网所能到达的每一个角落。但是,信息的快速传播与发展给我们带来的利弊是共存的,电子信息传播所带来的便捷不用详述,然而信息所带来的膨胀和舆论的过度参与导致立法的失衡也是广泛存在的。如何面对个案所带来的立法上的失衡和如何应对这样的现状的存在是我们应当去探究的课题。

1. 特殊个案对立法现状的影响

特殊个案对于立法的影响的主要途径和方式就是网络的传播和舆论的压力。这里我们首先探讨两个案例(罪名)以论证特殊个案对于立法的影响力。

笔者首先要谈到的是关于《刑法修正案（九）》中的收买被拐卖妇女、儿童罪的修改。在《刑法修正案（九）》之前，法律对于该条罪行中的"对被买儿童没有虐待行为，不阻碍对其进行解救的"和"按照被买妇女的意愿，不阻碍其返回原居住地"这两种从宽的事由的规定是"可以不追究刑事责任"，而在修改后对于这两种从宽情形做出了分别的处理，即"可以从轻"和"可以从轻或减轻"，而去除了"可以不追究刑事责任"的规定。这项修改所代表的含义是收买被拐卖妇女、儿童的人无论存在何种情形都会受到刑事的处罚、承担刑事的责任，这就是从犯罪的源头上来控制犯罪。关于推动这条法条的修改，经过调查发现，在《刑法修正案（九）》修改该条之前一年，网络井喷式地报道有关拐卖妇女儿童的案件，不少电影电视文化产业也以此为素材拍摄影片，经过媒体和各方面的渲染和传播，网络舆论出现一边倒的态势，支持不论是拐卖还是收买妇女、儿童的都应判处死刑。我们不得不说，这样舆论的出现的初衷也许是好的，但是从法律的角度来看，若按照网民所愿将死刑也加入到收买被拐卖妇女、儿童罪中，显然量刑是畸重了，而且考虑到社会现实等各方面因素，将死刑加入到该罪中也是不符合情理的。但是，在立法者立法时舆论还是发挥了它的作用，于是在《刑法修正案（九）》中这条修正应运而生。单从修正案来看，经过修改后的法条在法理和司法实践的角度都弥补了之前法条的欠缺，在修正之前对于收买被拐卖妇女、儿童罪的法定刑过轻，只是规定"犯本罪的，处3年以下有期徒刑、拘役或者管制"，对于从宽事由更是不用担负刑事责任。从另一个角度看，收买被拐卖妇女、儿童的人只要略微操作就能轻易逃脱法律的制裁，那么，原本的这条罪名放在这里的意义就不存在了。修正之后，法条赋予了该罪名一定要惩罚犯罪的价值与没有收买就能阻碍买卖妇女儿童犯罪的深刻意义于其中，使该罪名才能真正发挥刑罚的作用以产生实效。但是在笔者看来，这条修正，立法者在决定对该法条进行修改时，不仅掺杂了主观因素还受到了网络舆论的影响，虽然说这个网络舆论的影响使得法律的立法往好的方面发展了，但受到了影响这一客观事实是不可否认的。立法与司法在面对社会舆论、网络舆论或是立法者的个人情感因素时何以保持自身的独立性，舆论的影响在此处或许是积极正面的引导，把法制往好的方向而发展，但是也许在另一个方面则并不是如此，不能靠舆论来引导法治社会的进程更不能靠舆论来立法。立法者必须以中立和独立的立法态度，根据法律客观上所产生的不足和司法实践中所体现的缺陷来对法律进行修正或是解释，立法关乎的是每一个国民的利益，并不是少数人的呼声，我们所认为的立法应是绝对独立的，完全不能受到任何舆论的左右。《刑法修正案（九）》的修正，从整体上来看，减少了大多数非暴力犯罪的死刑，代替这些的是罚金刑，对于贪污贿赂犯罪更加是进行了大改并规定了关于"终身监禁"的相关提法。不难发现，做出大篇幅改动的重点和罪名，往往是时下热议的罪名。比如贪污罪，对于贪污罪的改动不仅是迎合政策上的动态而且也是迎合了国民对于加重贪污贿赂犯罪的惩罚的积极情绪。这样的改动，在法理和量刑上也许并不存在问题，但是会产生立法的失衡，即对敏感热议罪名的大改，而对于其他罪名不改的情况发生。立法、法律的修正是严密的一项工作，在严整的过程，不应因为任何外部的原因而打破罪名之间的平衡，更没有罪名间轻重缓急之分，单单只是为了迎合或者是受到外部左右而影响了立法是非常不应该的，失去了立法最初的原意，即使法律的结果是利好的，但是程序过程值得我们保持合理的怀疑。

另一个案例就是许霆盗窃金融机构案，本案一审许霆被判处无期徒刑并剥夺政治权利终身，许霆上诉，二审改判有期徒刑5年并判处罚金2万元。本案在网络中和法学界是引起重大讨论的，抛开该案程序上所出现的问题，从刑法的角度来讲，一审中许霆盗窃金融机构数额巨大，事实清楚，按照当时的法律规定定罪量刑是合法的，但是案件最终却被改判并在法定刑以下做出处理，我们从这个改判中所获得的信息并不仅仅是情理与法理的结合，更重要的是分析背后的原因。据笔者了解，此案在网络和学界所产生巨大影响，一是该行为是否构罪的争论，二是同期河北省国税局局长李真犯贪污贿赂罪，数额近千万被判处死刑的案件。在这里，我们所要讨论的是关于第二个争议点，两个案件关于案件所犯数额差距之大，许霆盗窃金融机构的数额是17.5万元，而李真贪污贿赂案件涉案数额上千万，两者相较，若按照一审的判决许霆被判处无期徒刑，根据涉案数额和对社会造成的影响的恶劣程度，这个量刑与所犯之罪是极度不匹配的。那么另一个特殊个案所带来的问题就从中体现，罪名在立法中所定的量刑的标准不同导致量刑在某些时候会出现极度不公的现象，再加上舆论的推波，就会影响司法最后的结果，虽然通过了最高院的许可在法定刑下判决，结果会是相对公平正义的，但是特殊个案还是导致了在司法上有所偏颇，结果与立法时所定下的量刑幅度有巨大的差距。这看似的公平正义导致的是罪与罪之间的失衡，最重要的是国民会对立法产生怀疑，这怀疑是合理的，但是怀疑所滋生的舆论往往会影响立法者的判断从而影响立法。

2. 如何规避特殊个案所带来的失衡

考虑到个案的特殊性、影响性和争议性这三个特性，在规避特殊个案所带来的失衡时也要考虑到个案原有的属性并根据个案所导致的原因的不同进行不同程度和方式的规避。笔者就上文所提到的特殊个案对立法现状的影响的两个案例中不同的表现形式提出不同的规避方法来弥补立法中所客观存在的失衡现象。

首先，上文所讲述的有关收买被拐卖妇女、儿童罪，这个特殊个案（罪名）所特殊的不是案件的特殊性，是数个案件涉及同一罪名所引起舆论的轩然而导致立法失衡的影响，笔者把这一情况归为第一种特殊个案（包括社会敏感案件、敏感罪名等）。在面对这类特殊个案所产生的失衡时，我们所要先抓住的点是原因即社会舆论的影响，笔者在上一个小节详细阐述过社会舆论对刑罚立法的影响，在此就不再赘述。在明确问题的原因之后，所要探究的就是规避此类情形的方法，这里我们就三个方法进行讨论：其一，就是通过对网络舆论的控制进行立法。网络在近几年才快速发展起来，对网络上言论的发表的管控是处于完全松懈的状态，立法未在此处进行规范。由此可见对网络舆论控制的立法是亟不可待的，只有通过立法的强制力度对舆论进行管控才能真正地起到效用。对肆意或是恶意发表言论的行为进行惩处也是对网络舆论的有效控制，还能对网络言论暴力的产生起到足够的抑制作用。其二，就是网络管理者对于网络的监管，立法的范围不仅是对网民言论的规范，而且也涉及对网络管理者监管行为的规范。我国《信息网络传播权保护条例》中借鉴了国外的"避风港"制度，只要"通知+移除"就能免除网络服务提供商的侵权责任。"避风港"制度是一条"君子制度"，网络服务提供商在对网民提供网络平台的时候，网络服务提供商也是网络管理者，有义务保证网民的网络安全环境，如果只是做到在被通知后及时移除就不负侵权责任，网络监管的效果一定是达不到在立法时预想的结果，管理松散、不及时等情况层出不穷，所以，对于这些网络服务提供商、网络管理者应立法（特别是从刑事处罚的角度，不能仅停留在民事层面）或通过其他有效的手段先保证他们的规范性，通过他们来保证整个的网络环境。其三，就是从立法者的角度和立法程序的严格制定与执行。立法者作为刑罚立法的初始也是最重要的一环，立法者决定整个法案的方向和价值，立法者的素质的好坏在立法中有着深刻的影响，刑罚的立法中，立法者保持绝对的中立不被舆论或是一些主观因素所影响，并按照法定的严格程序进行立法工作才能保证立法的中立与平衡。

其次，许霆案所表现的特殊是案件本身的特殊。笔者把这种案件本身的特殊归为第二类特殊个案。这类案件的本身就会有极大的争议性，但是事实清楚、证据充分，量刑也是在法定幅度内进行的，却由于立法本身的不足和不全面性而与其他各罪出现量刑不适当（过轻或是过重），这样的结果的出现必定会引起国民的猜测与怀疑，从而推动改判，而改判就是失衡的开始，立法的漏洞在遇到特殊案件时导致的刑罚的失衡。在这样的司法实践情形出现时，司法者为了保证个案的正义而作出公平正义的裁量，这一点的正当性毋庸置疑，那么针对刑罚的失衡，所要纠正的就是立法者。立法者由于各种客观因素的存在，在立法时存在漏洞属于正常的情况，那么在特殊的案件发生时，立法者应在第一时间作出反应并作出解释。立法天生的滞后性不得不让立法者对司法实践进行预测，但是对于立法的预测并不都是准确的，立法者无法预估特殊个案，所以立法者应对司法实践的每一个动向都作出及时的反应以弥补司法不公的漏洞。在第二类特殊个案中，主要的解决点就是在立法者身上，而且第二类特殊个案存在着不可避免性，当此类案件发生时不仅立法者应作出反应，司法者也应在案件审查起诉和审理的环节作出合理的解释，以平衡各罪，做到相对的公平正义。

关于规避特殊个案的失衡，主要就是针对这两类特殊案件的方式方法，刑罚立法失衡的现象是肯定会存在的，对特殊个案的处理应紧扣因果作出正确的选择与裁量。

五、刑罚纵向运行的融贯技术与制度保障

（一）目的融贯

第一，在刑罚的纵向运行中，刑罚目的融贯的关键在于刑罚目的多元化趋势下，刑罚目的体系的整合。刑罚目的体系的整合必须以刑法目的体系的内在要求作为出发点进行建构，只有满足刑罚目的体系的内在诉求，方能实现多元化刑罚目的的理论的内部和谐。刑罚目的首先是一个多元化体系，而且此种多元目的体系贯穿于刑罚应用的全部过程。同时，考虑到刑罚适用阶段的特殊性，各阶段之中也有有限目的的存在余地。也就是说，在法定刑配置阶段以积极的一般预防为有限目的，以犯罪的严重性为刑罚适用的主要依据。而在裁量刑配置阶段，以特别预防为优先目的，以犯罪人的人身危险为刑罚适用的主要依据。在刑罚执行阶段，也以特殊预防为优先目的，以针对犯罪人的矫正为主要依据。这样，刑罚适用诸目的之间不仅能够实现彼此的有机整合，而且呈现出刑罚目的理论在刑罚不同适用阶段的层次性效果，进而实现刑罚目的体系的内在统一。具体而言：

在刑罚适用的立法阶段，应当以积极的一般预防目的为优先目的。此时，立法者主要考量如何通过法定刑配置，教育社会大众接受法规范，建立社会大众的法律信赖，进而最大可能地减少潜在的犯罪。积极的一般预防目的应当通过报应目的得以实现，在此，积极的一般预防目的与报应目的之间具有潜在的一致性。而在刑罚适用问题上，二者的着眼点也是一致的，即都以犯罪的严重性作为法定刑设置的主要依据，以罪刑均衡为刑罚适用的目标。在此过程中不仅公正报应的目的得以实现，积极的一般预防目的的学习效应、信赖效应也能够得以彰显。同时，刑罚适用的其他

目的即特别预防目的以及关系修复目的则共存于刑罚的立法配置阶段，这些目的以减免刑事责任作为主要存在形式，潜伏于抽象可能实现的层次，如累犯、自首、立功、坦白、精神障碍等法定减免刑事责任事由，均可视为是犯罪人人身危险性之考量事由，同时酌定事由中也有特别预防目的与关系修复目的的考量。此外，假释、缓刑的规定在一定程度上也受特别预防目的与关系修复目的的决定或影响。

第二，在刑罚的裁量阶段，刑罚裁量追求的是具体犯罪人个别刑度确定的问题，因而应以刑罚的特别预防目的为有限目的。以特别预防为优先目的，要求在刑罚的司法配置上以犯罪人的人身危险性为主要根据，以刑法的个别化为刑罚适用目标。对人身危险性较大的犯罪人，配置以较重的刑罚，对人身危险性小的犯罪分子，配置以较轻的刑罚。人身危险性不仅包括再犯可能，而且包括初犯可能，是再犯可能与初犯可能的统一。对人身危险性的把握，也应综合犯罪人的罪前、罪中以及罪后表现来确定。当然，其他的刑罚目的在此阶段也有存在位置和实现的可能。首先，特别预防目的要受到报应目的的限制，必须在报应目的所限制的法定刑种类与幅度范围内配置，不可因特别预防目的的需要超出报应目的的上线配置刑罚，而对于严重的犯罪，特别预防目的的需要也不能突破报应目的的下限配置刑罚。其次，关系修复目的也应进入法官配置刑罚的考量中，对于有效达成犯罪人与受害人和解，并充分补偿受害人的，可以考虑在法定刑允许的情况下减轻刑罚的配置。最后，通过刑罚适用的司法阶段，对具体的犯罪人配置相应的刑罚，可以有效地在社会公众中实现为犯罪所损害的法规范情绪平复，进而达成积极的关系修复目的。

第三，在刑罚的执行阶段，依然需要以特殊预防为刑罚的主要目的。监狱要求惩罚和改造相结合，犯罪人本身的服刑就是刑罚报应目的的最好体现，但此时的工作重点还是应当以教育改造为主。监狱的矫正作用,已经受到了社会各界的重视,但监狱矫正的效果并不是很好,累犯现象一直没有得到有效控制,监狱中"二进宫"的罪犯人数不在小数,这与我国的经济状况、社会环境有较大的关系。但是我们不能因此抹杀监狱矫正的积极作用。刑罚执行除了监内执行之外,还有监外执行,管制和假释实行社区矫正。社区矫正对刑罚特殊预防作用的重视程度是有目共睹的,但是却存在一种泛滥的现象。社区矫正虽然以矫正为主,借以实现刑罚的特殊预防目的,但是并不代表要放弃惩罚的目的。社区矫正人员虽然相对监内执行人员有很大的人身自由,但是我们不能忘记他们是罪犯,他们依然是在服刑,我们仍然需要强制性地限制其人身自由。上文也已经提到,社区矫正混淆了社会福利保障与社区矫正自身的职能,社区矫正永远是刑罚执行方法之一,其严厉性应在行政处罚之上,其作用绝对不是去解决罪犯的经济困难、户口、住宿问题,这些问题应当交于相关社会保障部门进行。在此,我们必须强调,阶段优先理论只是主张某一刑罚目的在特定的阶段优先于其他目的,但并不意味着对其他目的的完全忽视,在刑罚目的的多元化趋势下,刑罚的各种目的都应该体现在刑罚运行的各个阶段,只是有主次先后之分。阶段优先理论的确立,是对刑罚目的的一次有效的横向整合,有利于刑罚目的的纵向融贯的实现。

目的融贯结合于阶段优先理论,我们根据刑罚三阶段每一阶段的具体特征找出不同的优先目的,更加有利于目的的融贯。刑罚的基本目的——惩罚和预防贯穿刑罚之中,从立法到执法的过程之中都应涉及,同时在每个阶段突出了根据每个阶段不同特征所要重视的点:一般预防、特殊预防和个别刑度。刑罚的体系是一个纵向运动的完整制度,要整体地把握与融贯,不能区分对待。把握整体突出重点,才能达到刑罚的目的融贯,完成刑罚所要达到的效果。

（二）方法融贯

我们这里所说的方法的融贯就是统一、科学的人格评估技术在刑罚裁量和刑罚执行中的运用。我们一直在强调社会危害性与人身危险性的结合，对于社会危害性的考量我们基本上有一套相对完备的考量指标，而且对于各种伤害我们都有专家鉴定，也出台了相应的鉴定标准。正如上文所言，对于人身危险性的考量在刑罚裁量阶段我们还仅仅是以法定情节和酌定情节为标准，以法官的经验判断结果为依托。法官们采用的最为常用的方式就是考察犯罪人平时的表现、犯罪时候的表现、犯罪之后的表现（包括认罪态度、是否悔改、庭审表现等），但仅仅依靠法官的这种观察，很难准确把握犯罪人的人格状况，我们每个人都会或多或少的有部分的人格缺陷，法官的这种对人身危险性的判断缺少一定的科学依据。在刑罚执行中，犯罪人是否悔改多数以刑法中规定的减刑、假释的条件为基准，以监狱工作人员的经验，观察罪犯是否积极接受教育改造、是否有悔改表现、是否在狱内犯罪等，最终得出犯罪人再犯危险性有无的结果。由此可见，无论是刑罚裁量、还是刑罚执行中的再犯危险性审查，都存在着一定的不科学性。本书探讨的罪犯的人格评估，无论是在刑罚裁量阶段还是刑罚执行阶段，都应当像人身伤残鉴定或精神病鉴定一样，有一套专门的制度作为保障，有一个科学的评估技术为依托，有一群专业的人格鉴定人员提供专门服务，而且应当实现刑罚裁量与刑罚执行阶段人格评估制度和评估技术的统一。因为，只有统一的人格评估制度和技术，才能实现监狱矫正前后人格的对比，以此来验证罪犯的人格矫正情况，进而判断罪犯的再犯危险性。具体而言：

1. 人格评估制度的建立

我们一直在强调刑罚裁量中要注重犯罪人的人身危险性和社会危害性，根据阶段优先理论在刑罚裁量阶段我们优先考虑刑罚目的中的特殊预防目的的实现。然而，通过上文论述我们知道，现阶段我国刑罚裁量，出现了重社会危害性、轻再犯危险性的状况。面对这一问题，我们应当建立人格评估制度，以确立再犯危险性在量刑中的地位，保障刑罚特殊预防目的的实现。人格评估制度建立的基础就是对人格评估制度的法律确认，即通过立法将人格评估制度规定于法律之中，并制定人格评估实施细则。据此人格评估实施细则应当包含三个方面的内容：①总则。总则应当包含人格评估宗旨、人格评估的原则、人格评估的对象等。人格评估制度的宗旨应当是通过评测行为人的再犯危险性，给予与其人格状况相当的刑罚处罚或决定减刑、假释，并根据这一人格状况，对其进行适当矫正，以降低累犯率，促进刑罚特殊预防目的的实现；人格评估应当包含三个基本原则：人格评估必须遵守法律的规定，人格评估应当针对所有犯罪嫌疑人或罪犯进行，人格评估必须客观公正符合科学的鉴定标准。人格评估的对象应当是接受审判的犯罪嫌疑人和即将决定对其进行减刑或假释的罪犯。②分则。分则应当包含人格评估的机构、评估的程序、评估结果的处理等。评估机构必须由官方委托授权，应当有具备人格评估资格，拥有科学的人格评估技术和高素质的评估人员；关于评估程序应当由法院要求评估中心对犯罪嫌疑人进行人格评估，中心在受理后15个工作日内完成鉴定工作，并出具完成、规范的鉴定报告。中心在实施鉴定前，鉴定人应预先阅卷，了解案情，做必要的核实。人格评估工作应当有办公室主任或中心指定的人员主持，参加人格评估的人员不能少于3人（其中鉴定人不少于2人）。在做出人格评估后，参加人格评估的人员签署评估意见，如有不同意见应记录在案。人格评估结论应当以《人格评估审查意见书》的形式作出。③附则。附则就是对人格评估细则实施的时间等进行规定。

2. 人格评估制度实施的各项保障条件

人格评估制度确立之后，必须有与其对应的保障条件。人格评估制度至少要在以下四个条件都具备的情况下实施：①科学完备的人格评估技术。人格是人在与环境互动时形成的一种内在心理品质，能够通过人的言语和行为表现出来，具有可测量性。由于人格的内在属性，人格在测量时容易添加评测人的主观因素，再加上人格评估是为了犯罪嫌疑人量刑而进行的，这很容易引起司法腐败，危害刑罚公正性。因此，在人格评估制度实施之前，我们需要集结大量的心理专家，搜集数据，并在部分犯罪嫌疑人中进行试验检测，最终形成一套完备的人格评估技术体系，人格评估工作的进行，需要在这一体系下进行。②专业的人格评估人员。为此，我们建议对人格评估人员实施统一的资格考核，主要以笔试、面试、试用的形式进行。另外，在进行笔试之前，应当通过人格评估专业考试，并取得人格评估资格证。这就要求我们要有人格评估资格证的考核。由于参加考核的人员已经通过人格评估考试，笔试应当着重对其进行法律知识的简单测试，并在以后的面试和试用期对其是否称职进行考评。③专门人格评估机构的建立。通过上文对人格评估实施细则的简单描述我们可以看出，人格评估需要对所有的接受审判并可能接受刑罚制裁的犯罪嫌疑人和可能接受减刑、假释的罪犯进行，由此可见，人格评估的工作量，并不比法院少多少。因此，仅仅将人格评估委托给一个机构是远远不够的，我们需要一个专门的人格评估机构。每一所法院，都应当有与其相配套的人格评估机构，但是人格评估机构不能受法院领导，为此我们建议人格评估机构直属各级人大。人格评估机构只对相关人员的人格进行评估，出具人格评估报告，不得以任何形式干涉法院裁判。④人格量刑指导意见。人格可以划分为多种类型，法院在参考人格评估结果对犯罪嫌疑人进行量刑之时，需要一个具体的量刑指导意见，即什么样的人格，应当判处怎样的刑罚。法官量刑不宜擅断，人格因素的考量是一个新的领域，在确立人格量刑制度之时，必须有与人格测评结果相配套的人格量刑指导意见的出台。

（三）价值融贯

减刑、假释制度只能是罪犯的奖励而非权利。这一部分所谈的价值融贯具体体现为减刑、假释制度的价值判断在刑罚动态运行中的统一和连贯。正如本书所言，在刑罚立法阶段，减刑、假释制度是作为对罪犯教育改造状况的一种鼓励而设立的奖励制度，而在刑罚执行中，由于刑罚执行机关过分追求稳定和效益价值，只要是遵守监规、听从教育的罪犯基本都能适用减刑，也就是说只要在监狱里认真改造，很大机会能获得减刑或假释，减刑、假释在刑罚执行阶段不再是一种奖励而变成了罪犯的权利。这种减刑、假释理念的转变，是刑罚刚性在刑罚执行阶段严重流失的深层次原因所在。在此，减刑、假释只能是罪犯的奖励而非权利。罪刑相适应是刑罚的基本原则，它不仅指导定罪量刑阶段，也要延伸到刑罚的适用阶段。刑法公正性的最终体现不在于定罪量刑时的罪刑相适应，而在于最终的刑罚执行结果，定罪量刑只是一种宣告，最实质性的表现还在于刑罚的具体执行。刑罚刚性的流失致使刑法公正性严重失衡，刑罚执行机关相对刑罚立法，对减刑、假释价值理念的偏移，是其根源。若把减刑、假释制度当作罪犯的权利进行适用，其最终结果就是刑法公正受损。本书认为减刑、假释制度是对罪犯的一种奖励，并不是所有的罪犯都能得到减刑、假释的"优待"。即使每一个罪犯在监禁中都认真接受改造，那也有优劣之分，我们只能对于优秀者进行奖励，也就是说只奖励一部分罪犯。减刑、假释在每一所监狱应当有名额的限制。考虑到司法效益和减刑、假释是对罪犯的一种奖励的问题，因此减刑假释的名额数，应当在本监狱罪犯人口数量的40%到50%之间进行选择,[1] 建议奖励应当针对一半以下的人进行。

　　减刑、假释作为一种奖励的价值理念融贯于刑罚运行的整个过程的基本前提就是对减刑、解释制度的完善。上文已经提到，减刑是比假释更为优越的奖励措施，因此减刑的条件应当比假释更为严格，对犯罪分子进行减刑之后，依然可以适用假释。减刑、假释制度目前存在实际刑罚执行的最低期限与原判刑期差距过大，限制减刑、不准假释的条件限制过于狭隘，减刑和假释之间的衔接存在一定的不合理性等问题。针对这些问题，应当采取以下几种措施进行解决：其一，提高无期徒刑的最低执行期限。正如前文所言，一个人数罪并罚被判处24年有期徒刑和另外一个人一个罪名判处无期徒刑，其最低执行期限一个是12年一个是13年，这种差距并不是很大，虽然无期徒刑和有期徒刑都是对人身自由的限制，但其限制程度存在着本质上的差别，无期徒刑是对犯罪人人身自由的永久性剥夺，虽然有期徒刑的12年和无期徒刑的13年的最低执行期限之间似乎表现出了一定的刑罚衔接，但存在一定的不合理性。因此应当将无期徒刑的最低执行期限适当提高。其二，适当扩大不准进行减刑、假释的犯罪种类范围。目前，在我国减刑、假释的执行条件都有限制，限制减刑的是累犯以及因故意杀人、强奸、抢劫、绑架、放火、爆炸、投放危险物质或者有组织的暴力性犯罪被判处死刑缓期执行的，而不得假释的是犯上述罪刑被判处10年以上有期徒刑的。有些犯罪造成的社会危害性可能比上述这些犯罪还要严重，也应当规定于上述不准减刑、假释的范围之内，例如武装叛乱、暴乱罪等。其三，关于减刑、假

---

〔1〕　减刑、假释是对罪犯的一种奖励，既然是奖励就不宜过多，奖励范围过大，不利于罪犯劳动改造，容易导致刑罚刚性的流失。而奖励比例过小，又容易降低罪犯劳动改造的积极性。比如，河南省《罪犯考核奖惩办法》规定获得表扬、记功等行政奖励的比例是15%，有的法院限定获得减刑、假释等刑事奖励的比例是25%，这一奖励比例偏低，在很大程度上限制了罪犯的改造积极性。因此，本书将对罪犯的减刑、假释比例界定在40%到50%之间。

释的衔接问题，应当将不准减刑的条件与假释的条件等同，都是累犯和犯某些罪被判处10年以上有期徒刑的不得假释。我们知道，减刑比假释更轻，我们不能说在不准假释的情况下，却可以适用减刑。

另外，应当建立减刑"缓刑"制度。减刑是直接减除罪犯的刑期，在目前的条件下，假释实施之后尚可撤销，而减刑实施之后，却不具有逆转性。如果一个已经获得减刑的犯罪在服刑期间再次犯罪，对他之前作出的减刑决定仍然有效。这种减刑实施方法，存在一定的弊端，因此，减刑也需要考验期，在考验期内再次犯罪的，减刑也可以依法撤销。假释的考验期是其剩余的期限，不符合假释考验条件的都可以重新收监。关于减刑的考验期，应当是决定对其进行减刑之日开始到罪犯判决应当执行的刑期结束。比如一个人如果被判处10年有期徒，在其入狱第6年被决定施于减刑3年的奖励，那么其减刑考验期应当为从决定对其进行减刑之日起到其10年有期徒刑执行完毕时结束，其中包括其在监狱中服刑的1年和被释放后的3年。关于减刑制度的撤销条件，应当包含三种情况：其一，重新犯罪的。我国《刑法》第86条规定，被假释的犯罪分子，在假释考验期限内犯新罪，应当撤销假释，依照《刑法》第71条的规定实行数罪并罚。对于减刑考验期内再犯新罪的也应当参照假释的处理措施进行处理。其二，被减刑的犯罪分子，在减刑考验期内，有违反法律、行政法规的行为，尚未构成新的犯罪的，应当依照法定程序撤销减刑，收监执行被减去的期限。其三，在减刑考验期内，发现被减刑的犯罪分子在判决宣告以前还有其他罪没有判决的，应当撤销减刑，依法实行数罪并罚。

当然，本书所指刑罚的价值不仅仅只体现在减刑、假释上面，减刑、假释上所体现的刑罚的价值的点是比较能够说明问题的。本书依旧认为，刑罚最基础的价值就是公正、惩罚、预防，当然

第五章　目的融贯：刑罚立法的反思与评估

还包括之前对于关系修复目的阐述中的修复。究其根本，最核心的价值还是公正，公正是所有法律的核心，是价值中最重要的，也是必须被遵从的。从刑罚的立法、裁量到执行的每一个环节，公正在每一个法律行为或者是法律条文中都要有体现，融贯法律的血液。立法者的立法、司法者的裁判、执法者的执行，公平与正义的价值都应印刻其中，这不由任何一个制度制定也不由任何一个机关监督执行，这是法律的本质，特别是刑罚作为最严厉的法律惩罚方式，更离不开公平正义的价值存在。

本节从目的、方法和价值三个方面论述了刑罚在纵向运行时的技术方法和制度保障。融贯的方式不仅是一种技术的体现，也是一种价值观念，是一种整体性意识。法律的制定，每一个法条所规定的具体细节固然重要，但是整个法案的价值与前后目的、方法的相同也是值得立法者重视的。对刑罚立法的整体结构进行融贯，刑罚效果才会得以实现，这个立法的法案才能算是完满。

本章所要强调的就是刑罚立法的目的，在融贯技术中，本书主要需要注重之处是目的的融贯和融贯方式中的主要技术，即人格评估技术。本章从理论到实践，从缺陷问题到解决对策，层层递进，由浅入深。我们始终要明确的就是刑罚之本质即违法之底线，惩罚与改造之目的，在当今的学界，刑罚的目的理论已经逐步完善，司法实践中所产生的问题已日益凸显，我们所要做的就是将理论融入实践。本书认为，刑罚学作为社科类学科是离不开实践与技术的，刑罚的立法要完成技术性的卓越发展，我们第一个要做的就是立法技术的进步。本章中详细提出的人格评估制度就是立法技术的一大技术发展，人格评估技术对于立法者、裁量者和司法者的作用中的直观性和差异性明晰了这一技术在司法实践中会产生巨大的影响，国民所期待的公平正义的价值并不会太远。从技术提升到价值的统一，立法价值的建立与融贯对于立法者来说就是一个"魂"的牵引，是立法者的"魂"，也是法的"魂"。

法的价值为我们所熟知：公平、自由、秩序，刑罚的立法也离不开这三个法的价值的体现，在立法、司法、执行环节都有三个价值的体现，只是不同的刑罚阶段所重点体现的价值是不同的。在立法者立法的环节，立法者更注重的是立法的权力与公平正义，所以我们就能了解到在刑罚立法中较为注重的价值是公平；而在刑罚裁量中，司法者对罪犯进行定罪量刑最注重的价值就是自由，即法官的自由裁量权，法官作为中立的裁判者，没有自由的裁量权将无法实现司法的正义，也无法让国民真正感受每一个案件中的公平正义；在执行环节中，刑罚执行机关最为关注的则是秩序这一价值，刑罚执行是刑罚环节的最后一个环节，由于是对于司法审判环节所做出的司法结果的一个操作执行，因而不需要太多的自由，更为重要的是按照法定程序将服刑人员根据所判刑罚进行服刑，刑罚的执行是一个严密的执行过程和体系，因为面对的都是犯罪的人员，精确严密的秩序就成为这一阶段的特征与价值。

社会、时代、政策都在变化中前进，立法也应该在时代的大潮中克服立法自身的滞后性与不完全性，通过立法技术的改革与创新，完成刑罚立法在立法体系中新一轮的改良，让刑罚立法的效果和立法目的得以一一实现且与国民之期待性的差距逐步缩小，升华法的价值，做到目的、方法等各方面立法技术的融贯。立法者与司法、执法者一道完成刑罚体系的完善，并引领整个刑罚的体系制度不断向前发展。刑罚权作为国家权力的重要组成部分，这一权力的实现首先从立法开始。